멜처 읽기

멕 해리스 윌리엄스 편저
이재훈 옮김

한국심리치료연구소

A Meltzer Reader

-Selections from the writings of Donald Meltzer-

Edited by Meg Harris Williams

멜처 읽기

발행일: 2019년 1월 15일
멕 해리스 윌리엄스 편저
옮긴이: 이재훈
펴낸이: 이재훈
펴낸곳: 한국심리치료연구소

등록 • 제 22-1005호(1996년 5월 13일)
주소 • 서울시 종로구 새문안로 5가길 28 918호
Tel • 730-2537, 2538 Fax • 730-2539
www. kicp.co.kr E mail: kicp21@naver.com

값 20,000원

ISBN 978-89-97465-43-9 93180

이 도서의 국립중앙도서관 출판시도서목록(cip)은 홈페이지
(http://www.nl.go.kr/cip.php)에서 이용하실 수 있습니다.
(CIP제어번호: CIP2019000219)

멜처 읽기

멕 해리스 윌리엄스 편저

목차

기고자들

Grete Tangen Anderson

노르웨이 Stavanger에 위치한 외래환자 유닛에서 일하고 있는 아동 및 청소년 전문 임상심리학자,

Morten Anderson

노르웨이 법정에서 일하고 있는 임상심리학자

Miriam Botbol

바르셀로나 정신분석 그룹의 멤버인 임상심리학자. 「Psychoanalytic Work with Children and Adults」 등의 책들을 저술하였고, 바르셀로나에서 임상활동을 하고 있음.

Martina Campart, PhD.

Malmo University의 사회복지분야 시니어 교수. 정서적 지능, 그리고 정신분석학과 인지심리학의 통합에 내러티브를 사용하는 문제에 주로 관심을 갖고 있는 심리학자.

Irene Freeden

영국 심리치료사협회 및 IPA 멤버이며, 영국 정신분석학회의 훈련 분석가 및 슈퍼바이저로서, 옥스퍼드에서 임상활동을 하고 있다.

Trond Holm

노르웨이 Haugesund 외래환자 유닛에서 일하고 있는 임상심리학자.

Renata Li Causi

영국 정신분석협회에 소속된 분석가, 런던에서 임상활동을 하고 있음.

Neil Meizels

오스트리아 Melbourne에서 활동하는 임상심리학자 및 정신분석적 심리치료사로서, 오랫동안 예술과 문학에 관심을 가져왔고, 많은 정신분석적 논문들을 출간하였음.

Robert Oelsner, MD,

아르헨티나 부에노스아이레스 정신분석협회의 훈련분석가 및 슈퍼바이저이며, IPA 아동 및 청소년 정신분석가로서 시애틀, 샌프란시스코, 미네폴리스 등의 여러 도시들에서 정신분석을 가르쳐왔음. 「Bion Know/Unknown」과 「Melanie Klein in Buenos Aires」를 공동으로 저술했음.

Tomas Plankers

독일 Frankfurt/Main에 위치한 Sigmund Freud 연구소의 교수로서, 임상적 및 사회적 정신분석에 관심을 갖고 있으며, 독일 정신분석협회 및 IPA 멤버이고, Frankfurt 정신분석연구소의 훈련 분석가로 일하고 있음.

Lennart Ramberg

스웨덴 정신분석협회와 IPA 소속 훈련분석가로서, 개인적인 임상활동을 하고 있으며, 스웨덴어로 많은 논문들을 발표하였음: www.lennartramberg.se.

Kenneth Sanders

영국 정신분석협회 Fellow로서 타비스톡 아동심리치료 과정을 위한 훈련 분석가로 활동해왔으며, 「Post-Kleinian Psychoanalysis」(Karnac, 2001)을 저술하였음.

Jon Morgan Stokkeland

노르웨이 Stavanger University Hospital의 정신과의사로서 정신의학 레지던트 교육 및 슈퍼비전에 참여하고 있으며, 노르웨이 심리치료 연구소의 멤버로 활동하고 있음.

Lilian Stokkeland

노르웨이 Stavanger University Hospital의 Sola 정신건강 센터에서 정신과의사로서 일하고 있으며, 노르웨이 심리치료 연구소의 멤버임.

Lars Thorgaard, MD.

덴마크의 National Health Psychiatry에서 정신과의사 및 심리치료사로서 일하고 있으며, 덴마크 정신분석적 심리치료사 협회의 회장을 역임했음.

Eirik Tjessem

노르웨이 Stavanger에 위치한 외래환자 유닛에서 아동 및 청소년 전문 임상심리학자로 인하고 있음.

Meg Harris Williams

미적 경험에 특별한 관심을 갖고 있는 예술가이자 저술가로서, 도널드 멜처와 함께 「The Apprehension of Beauty」와 「The Claustrum」을 저술했으며, 최근에는 「The Vale of Soulmaking」, 「The Aesthetic Development」 그리고 「Bion's Dream」을 저술했음. Website www.artlit.info.

서문

이 책에 실린 글들은 멜처를 알지 못하는 새로운 독자들에게 그의 아이디어들과 가르침을 맛볼 수 있는 기회를 제공하기 위해 그의 저술들 중에서 선택된 것이다. 각 장은 그의 저서나 논문으로부터 발췌된 것으로 구성되어 있고, 그의 동료들이나 제자들 중의 한 사람이 쓴 서론과 함께 제시되고 있다.

도널드 멜처는 1923년에 뉴욕에서 태어났고, 예일 대학교에서 의학을 공부했다. 정신과의사로서 활동하던 그는 멜라니 클라인에게서 분석을 받기 위해 영국으로 갔고, 그 후 영국정신분석학회에 소속된 훈련분석가로 일했다. 그는 성인과 아동 모두에게 관심을 가졌다. 그의 아동과의 작업은 처음에, 엄마-아이 관찰에 기초해서 클라인이 발견한 것들의 함축들을 자신의 아동들과의 작업에서 찾으려고 추구함으로써, 타비스톡 클리닉의 정신분석적 훈련을 위한 새롭고 영향력 있는 양태를 창조하고 있던 에스더 빅(Esther Bick)이 슈퍼비전을 해주었다. 멜처는 말사 해리스(Martha Harris, 그의 세 번째 아내인)가 아동 심리치료 훈련과정의 책임자로 있는 동안 수년 간 타비스톡에서 가르쳤다. 그들이 세계의 여러 나라들을 함께 다니며 가르친 결과, 이 정신분석적 심리치료 방법은 이탈리아, 프랑스 그리고 아르헨티나의 모든 주요 도시들에서 자리를 잡게 되었다.

멜처의 아이디어들과 방법들은 일부 분석가들에 의해 논쟁거리로 간주되었다. 그는 가르치는 방법과 정신분석 훈련 지원생의 선발 방법에 대한 견해 차이로 인해 영국 정신분석학회를 떠났다. 대신에 그는 옥스퍼드에서 분석가로서 일하는 동시에 유럽, 스칸디나비아 그리고 남미의 여러 도시들에 소재한 아뜰리에-스타일 집단들에서 정신분석적으로 지향된 전문가들을 슈퍼비전하는 일을 했다: 나중에는 뉴욕과 캘리포니아에 소재한 집단들도 방문했다. 그의 방법은 완성된 글보다는, 회기들에 대한 편집되지 않은 임상적 자료를 제출하도록 요구하는 것이었다. 그는 그의 슈퍼바이지들에 의해 열렬히 환영받았고, 그들 중 몇 사람은, 개인적 및 집단적으로, 그들의 경험에 대한 글을 모아 책으로 만들었다.[1] 2004년도에 멜처가 죽은 후에 그의 작업을 공고화하고 계속해서 발전시키기 위한 노력의 일부로서, 여러 도시들에서 많은 국제 컨퍼런스들이 개최되었다: 런던, 플로렌스, 부에노스 아이레스, 사보나, 바르셀로나, 스타방거, 상 파울로, 시애틀.

멜처는 정신분석의 역사를 가르쳤고, 자신은 프로이트-아브라함-클라인-비온의 전통을 따르는 사람이라고 생각했다. 비록 그는 개인적으로 비온에게서 분석을 받지 않았지만, 비온에게서 심오하게 영향을 받았으며, 아마도 비온의 보다 추상적인 개념화들이—특히 그의 후기 작업들에서—상담실에서 임상적으로 사용될 수 있는 방식들을 서술한 첫 번째 분석가일 것이다. 그는 또한 마음에 대한 정신분석적 모델이 새로운 임상적 관찰 결과들에 스스로를 적용하기 위해 끊임없이 확장될 필요가 있으며, 모델의 발달과 방법의 발달이 상호 의존되어 있다고 믿음으로

---

1) 그 예로, Cohen and Hahn (eds.) (2000), R. and M. Oelsner (2005)를 들 수 있다.

써, 그 자신이 독창적인 이론가였다. 그가 가장 중요하게 그리고 가장 광범위하게 사용한 클라인학파의 이론에서 발달한 것들은 다음과 같다: 내적인 엄마-아기 관계에 기초한, 정상적인 발달의 토대로서의 "미적 갈등"(aesthetic conflict); "침범적 동일시"(intrusive identification)—"폐소"(claustrum) (자기애적 병리) 안의 삶과 관련된 투사적 동일시의 한 형태; "거짓된-성숙"(pseudo-maturity)—정지된 발달에 대한 공통된 임상적 표현; 이-차원적인 자폐적 상태 안에 있는 "점착성 동일시"(adhesive identification)와 "해체"(dismantling); 진정한 전이의 확립에 앞서 극복되어야만 하는, 환자의 분석적 관계에 대한 최초의 선입견에 대해 말하는 "사전에 형성된 전이"(preformed transference). 그는 또한 멜라니 클라인의 "결합된 대상"의 압도하는 성질보다는 정신적 발달을 일으키는 유익한 성질을 강조함으로써, 그 개념의 질을 재평가 했다. 이러한 재평가는 (그의 표현에 따르면) 멜라니 클라인의 "신학적 모델"[2)]의 일부가 되었다. 멜처는 무의식적 환상을 내적 가족의 정서성을 표현하는 것으로 보는 클라인의 견해와 출현하는 사고들을 담아주는 수단으로서의 생각하기를 강조하는 비온의 견해를 연결시켰다. 그는 또한 프로이트의 "죽음 본능"을 비온이 부정적 정서성으로—즉, 직접적인 파괴성이라기보다는 정서적 접촉의 부재로서—개정한 것의 의미를 명료하게 밝혔다.

비온이 그랬듯이, 멜처는 정신분석이 그것의 문화적 뿌리들을 인정해야 할 필요성과 철학, 신학 그리고 예술과 건설적인 연결을 만들어낼 필요성을 강조했다. 그는 평생 동안 시각 예술에 대한 열정을 가졌다. 그는 런던에서 클라인학파 예술 비평가인 아

2) 역주. 클라인의 이론 안에 비록 엄격한 의미에서의 신학은 아니지만, 내적 대상들과 관련된 일종의 영적 측면이 존재한다는 멜처의 사고를 엿볼 수 있다.

드리언 스톡스(Adrian Stokes)를 만났고 이마고 그룹의 멤버가 되었는데, 그 그룹에는 리챠드 볼하임(Richard Wohlheim), 윌프레드 비온(Wilfred Bion), 로저 모니-컬(Roger Money-kyrle), 마리온 밀너(Marion Milner), 에른스트 곰브리치(Ernst Gombrich) 등이 포함되어 있었다. 그는 스톡스와 함께 "예술의 사회적 기초에 관하여"(Condering the social basis of art)라는 논문을 썼는데, 이는 정신분석과 예술 형태들 사이의 구조적 연결에 대한 그의 탐구 열정을 보여주는 것이었다. 나중에, 말사 해리스 가족의 영향력 덕분에, 어떻게 이것이 이루어질 수 있는가에 대한 그의 관심은 시각적 예술의 영역에서 문학의 영역으로 확장되었다. 그는 분석가와 피분석자 사이의 관계를 상징을-만들어내는 미적 과정으로 보았고, 이것은 예술과 정신분석의 관계에 대한 철학적 지각에 영향을 끼쳐왔다.[3) 실비아 파노 까세스(Silvia Fano Cassese)는 그것을 「도널드 멜처의 작업에 대한 소개」(Introduction to the Work of Donald Meltzer)에서 다음과 같이 표현한다:

> 멜처의 관심은 계속해서 말로 서술하는 것이 어렵고 아마도 관습적인 언어로는 표현할 수 없는 영역에로 향한다: 비언어적 의사소통의 정서적 영역, 몽상과 무의식적 사고의 영역. (Cassese 2002, p. xvii)

이 책에 실린 대부분의 멜처의 글들에서 우리는 정신분석의 미적 특질에 대한 그의 몰두를 볼 수 있을 것이다. 임상적 자료를 다루기에는 충분치 않은 것이 사실이지만, 멜처의 공헌의 범위와 본성을 독자들에게 소개하기에는, 그리고 그가 바라보았던

3) Gosso (2004)와 Glover (2009)를 참조할 것.

정신분석의 넓은 사회적 맥락을 제시하기에는 그런대로 충분할 것이다. 그는 정신분석이 "인격의 잃어버린 아이들"(lost children of personality)을 양육하는 데 그리고 그럼으로써 세상을 양육하는 데 기여할 수 있다고 믿었다—정신분석의 실천가들이 제도적 독재를 버리고 대신에 "정신분석의 정신"을 굳게 붙든다면.

이 작은 책을 소개하는 글에서, 정신분석적 "개척자들"이라는 주제에 대한 말사 해리스의 글을 인용하는 것이 적절해 보인다. 그 글에서 그녀는 아이디어들을 공식화하기 위한 개인적 투쟁과, 그 다음에 그 아이디어들이 세상에 수용되는 것 사이에 존재하는 긴장을 지적한다. 그녀는 프로이트, 클라인 그리고 비온에 대해 말하고 있지만, 그녀가 1978년에 말했던 것은 삼십 여년이 지난 지금 멜처에게도 똑같이 적용될 수 있는 것으로 보인다:

> 의존 집단 구조는 매우 자주, 때로는 멜라니 클라인(마지막 날의 성인)에게서 가져온 유사한 외삽에 의해 울퉁불퉁해진, 프로이트(최초의 메시야)의 이론들을 경직되게 선택하는 것에 의존하는 것으로 스스로를 드러낸다. 비온 역시 같은 운명을 피할 수 없어 보인다. 그러한 양극화 분위기 안에서, 그들의 이론들은 끊임없이 자신들이 만들어내고 있는 임상적 관찰들을 개념화하기 위해 노력하고 있는 개척자들의 공식 안에 내재되어 있는, 본질적 질문, 모순들 그리고 진보들을 제거하기 위해 적절하게 선택되고 제시된다.
>
> (Harris 1978, p. 328)

멜처는 많은 글들을 썼고, 그의 책들과 많은 논문들은 불어, 이탈리아어, 스페인어, 독일어, 포르투갈어, 일어, 스웨덴어 그리고 노르웨이어로 번역되었다. 멜처의 영어로 된 책들은 그와 말사 해리스가 카르낙과의 협력 하에 1970년에 설립한 롤랜드 해리스 교육 재단을 계승한 해리스 멜처 재단에 의해 출간되었다. 저서들과 논문들의 전체 목록은 그 재단의 웹사이트에서 찾아볼 수 있다: www.harris-meltzer-trust.org.uk.

Meg Harris Williams

1장
인간의 활동으로서의 정신분석

서론

Kenneth Sanders

「정신분석의 과정」(The Psychoanalytic Process, 1967)은 도널드 멜처의 첫 번째 저서이다. 그와 그의 동료들은 멜라니 클라인이 투사적 동일시라고 부른 현상, 즉 정체성의 혼동을 가져오는, 엄마의 신체 내부로 침범해 들어가는 유아의 무의식적 환상에 대한 작업을 완성해야 하는 과제를 그녀에게서 유산으로 물려받았다는 사실을 알고 있었다. 그가 그 책을 쓴 당시는 아동과 성인 모두의 분석에 대한 새로운 발견들과 그것의 더 큰 잠재력에 대한 전망으로 인해 낙관주의와 흥분이 지배하던 시기였다.

하지만 그 책의 서론에서 멜처는 "투사적 동일시"보다는 "침범적 동일시"라는 용어가 더 바람직할 수 있다고 제안한다. 분명한 사실은 멜처의 주의가 또한 침범적이지 않은, 담아주는 투사적 동일시의 한 형태를 확립하고 있는, 그 당시에 출간된 비온의 작업에 집중되어 있었다는 것이다. 몇 해가 더 지나면서, 침범적인 편집-분열적 자리에서 본 세상에 대한 견해가, 비-침범적인 유형의 동일시에서 본 우울적 자리와 갈등을 일으킨다는 사실이 분석적 과정의 본질로서 드러나게 되었다. 그 과정 안에서 분석가의 마음 안으로의 침범은 내적 아이가 내적 엄마 안으로 침범해 들어가는 것으로서 경험되고 인식되었다. 그때 그것들은, 무의식적으로, 분석가의 역전이 안에서의 담아주기와 사고를 통해 연구될 수 있다.

그 책에서 멜처는 그가 "자연사"(natural history)를 갖고 있는 것으로 간주한 다섯 단계의 과정을 서술한다: 이것들은 전이 모으기(미리 형성된 전이와 구별되는), 지형학적 혼동들의 분류, 지대의 혼동들에 대한 분류, 우울적 자리의 문턱, 그리고 이유 과정이다. 내 생각에, 멜처가 마지막 장에서 "인간의 활동으로서의 정신분석"이라는 제목의 글을 쓰도록 자극한 것은 전이 현상이다. 그는 그 글에서 "과연 상처를 입지 않은 채 정신분석을 실천할 수 있는 사람이 있는가?"라는 심각한 질문을 다룬다.

그 장에서 멜처는 분석가의 온전성을 보존하고 분석가와 피분석자 모두를 손상으로부터 보호하기 위해 어떤 것이 행해질 수 있는지를 논의한다. 그는 분석가들이 "경마 상황"에 있는 것이 필요하다고 제안한다. 그것 없이는 그들의 작업은 "최종적인 열매를 얻지도 못하고, 그들 자신의 마음속에서 확신을 성취하지도 못할 것이다."

인간의 활동으로서의 정신분석[1] (1967)

자신의 꿈을 분석하는 법을 배울 수 있는 사람은 누구나 정신분석을 실천할 수 있다는 프로이트가 초기에 가졌던 낙관적인 생각은 정반대 방향으로 나아갔다. 우리는 지금 분석가가 어떻게 손상을 입지 않고서 정신분석을 실천할 수 있는가라는 심각한 물음을 물어야만 한다. 물론 어떤 직업이라도 그것의 특별한 위험들을 갖고 있으며, 따라서 우리는 그 점에 대해 불평할 것이 없다. 그보다는 정신분석적 작업에 내포된 위험들을 차분하게 바라보고, 추론하며, 안전을 위한 조치들과 예방적 책략들을 실험해보는 것이 필요하다.

의심의 여지없이 소위 훈련 분석은 그것 자체로서 분석적 작업의 엄격함에 대한 보증서였고, 분석가의 자기-방어를 뒷받침해주는 성채였으며, 앞으로도 계속해서 그럴 것이다. 그리고 그것은 체계적인 방식의 자기-분석으로서 계속될 때 가장 현실적으로 그럴 것이다. 두 번째 성벽은 분석적 방법으로서, 그 방법을 충실하게 따르는 것은 거의 항상 기법에서의 이탈의 징조인, 역전이 활동의 매복에 걸려드는 것에 대한 최상의 방어였다.

아마도 이 예비적 책략들 중 어느 것도, 다른 분석가들과 함께 하는 협회, 세미나, 학술 모임, 슈퍼비전과 학회 등이 없이는 실제 분석가들을 위해 계속해서 효과적으로 기능할 수 없을 것이다. 미래의 정신분석 역사에서 이 학문을 지구상의 새로운 영역들에 전파하는 외로운 선구자는 찾아보기 힘들 것 같다. 그것

1) 멜처의 「Psychoanalytic Process」(1967), 9장, pp. 92-95.

은 거의 확실히 집단적인 노력을 통해서만 가능할 것이다. 이 모든 것에서 출간된 문헌이 어떤 역할을 할 수 있는지는 아직 불분명하다. 확실한 것은 문헌을 통해서 이루어지는 우리 분야에서의 과학적 진보에 대한 소통은 그러한 진보에 대한 지적 개요에 지나지 않는다. 물론 프로이트 같은 탁월한 문학적 재능을 가진 소수는 여기에서 제외된다.

지금 내가 이 문제에 대한 이 모든 잘 알려진 측면들을 언급하는 이유는, 그것들을 옆으로 밀어두고 상황에 대한 보다 개인적이고 직접적인 수준에 초점을 맞추기 위해서이다: 예술적 활동과 운동선수의 활동이 결합된, 하나의 예술가의 행동으로서의 정신분석의 실천.

여기에서 "상태"(condition)라는 용어는, 경주마에게 적용될 수 있는 것처럼, 분석가에게 적용될 수 있다. 물론 그것의 내용에 대해서는 설명이 필요하지만 말이다. 나는 이것이 이 장에서 중심적인 용어라고 생각한다: 기술도, 지식도, 정신분석가의 성격도 아닌, 그의 "상태," 그리고 그것에서 떨어지지 아니하고, 그것 위에 머물러 있는 것.

운동선수의 상태는 훈련이라는 배경을 갖고 있고 바이올린 연주자는 연습이라는 배경을 갖고 있듯이, 분석가의 상태는 분석적 수행을 직간접적으로 지원하기 위해 매일, 매주, 분기별 그리고 매년 이루어지는 활동들을 배경으로 갖고 있다. 나는 조절이 필요한 몇몇 영역들을 지적할 수 있다. 예컨대, 작업 시간, 그가 버는 돈의 액수, 환자의 유형별 분포와 질병의 심각성, 분석가의 휴식시간의 양, 환자를 보기 전와 이후에 메모를 쓰거나 읽는 시간의 정도, 졸업 이후 교육에 참여하는 정도, 문헌에 대한 독서의 정도, 글을 쓰거나, 강의하거나, 가르치는 정도, 휴일의 양 등이 그것이다. 이 목록은 물론 확장될 수 있지만, 분석가는 지원

체계 안의 각각의 목록을 발견해야 하고, 최적의 수준으로 유지해야 하며, 증거가 변경을 요구할 때 변경할 수 있어야 하지만, 그것을 변경하라는 외부적 요구에 직면해서 그것을 거절할 준비가 되어 있어야만 한다.

이 모든 것을 고려하는 데는 안내 원리가 있어야만 한다. 목표는 안정성이고, 비밀은 단순성이지만, 내 생각에, 안내 원리는 한계에 가까우면서도 균형을 갖춘 "긴장 상태"(strain)를 유지하는 것이다. 나의 동료는 나에게 그의 아들에 관해 말하면서, 그가 럭비를 하다가 다친 많은 상처들에 대해 꾸중을 하자, "다치지 않는다면, 그것 스포츠가 아니죠"라고 대답했다고 했다. 내가 정신분석적 활동을 예술적 노력과 운동선수의 노력이 혼합된 것이라고 말했을 때, 그것은 이런 중심적인 사실을, 즉 그것이 제대로 행해지기 위해서는 "아파야만" 한다는 사실을 염두에 둔 것이었다. 그것은 분석가의 한계에 근접하는, 매우 긴장된 상태에서 수행되어야 한다. 균형 있는-긴장-하에서의-작업을 통해서만 창조성이라는 신비한 기능이 출현할 수 있으며, 그것만이 분석가로 하여금 숙련된 분석가나 초보 분석가 또는 훈련 분석가 협회의 구성원이 아니라 과학적인 동료 집단의 구성원이라고 느낄 수 있게 해준다. 그 문제는 또한 사회적인 것이기도 하다. 왜냐하면 "학파들"과 "집단들"이 판을 치는 곳에서는 과학자로서의 개별성을 유지하는 것과 활력을 빼앗는 고립 상태를 피하는 것이 쉬운 일이 아니기 때문이다. 그러나 나의 목록이 보여주듯이, 사회적인 문제들과 개인적인 문제들은 매우 밀접하게 연결되어 있다.

정신분석적 활동이 예술가와 운동선수의 태도에 기반을 두어야 하는 이유는, 그들이 절대적으로, 그들의 작업에서 무의식—의식이라는 기관에 의해 불러내지고 관찰된—에 의존하기 때문이다. 정신분석이 규칙성을 부과하는 경향이 있는 것은 다행스러운 일이다. 비록 아마도 너무 많은 분석가들이 그들의 스케줄을 따르는 바람에, 이것의 이점을 취하지 못하기는 하지만 말이다. 매일 같은 시간에 환자를 보는 것이 강의나 저녁 회의와 같은 전문적 활동 때문에 불가능해지는 경우가 종종 발생한다. 환자나 학생이, 심지어 미리 약속을 취소하는 바람에 그날의 작업에 갭을 발생시킬 때, 작업의 질이 영향을 받는다는 사실을 우리는 알 수 있다. 뜻밖의 쉼이 반가울 수도 있고, 또는 다른 활동들을 위해 그 시간이 유용할 수도 있지만, 그것은 작업의 "페이스"를 망칠 가능성이 높다.

정신분석의 작업이 얼마나 힘든 일인지, "쉬는 날"이 어떻게 초기 단계 동안에 전이가 깊어지는 것을 방해할 수 있고, 후기 단계 동안에 극복 작업에서 장애물이 될 수 있는지가 인식될 때, 분석의 "페이스"와 "상태"를 유지하기 위한 계획을 세울 필요가 중요한 것으로 드러난다. 환자가 인격의 유아적 수준에서 우울적 자리의 "문턱"을 통과하는 것은 정신증에서 자유로운 정신 건강의 기초를 확립하는 과정에서 결정적인 단계임이 분명하다. 그러나 대상관계 안의 가치와 관련된 이 불투명한 영역을 관통하는 것은 환자와 분석가 모두의 극도의 노력을 요구한다. 시간과 반복만으로는 극복과정을 성취하지 못할 것이다. 최소한 두 해의 힘든 작업을 포함하는 이 기간은 확실히 장거리 달리기 선수나 등산가의 과제와 어깨를 겨룰 수 있고, 환자의 꿈 안에서 종종 그렇게 표현된다.

나는 성격에 대한 분석과 그것의 통합에 그토록 집중하는, 클라인학파의 틀 안에서 일하는 분석가들이 지속적으로 "최상의 수행"을 유지하지 않고서는, 그들의 환자들과 이 힘든 작업의 단계를 통과할 수 없을 거라고 생각한다. 그러한 임상적 성취가 없이는, 그들의 작업은 영속적인 열매를 얻지도 못할 것이고, 그들 자신들의 마음속에서 어떤 확신을 성취하지도 못할 것이다. 우울적 자리로 옮겨가지 못한 환자들은 재발할 것이고; 환자의 드러난 그리고 지속적인 임상적 호전에 묶여있지 않은 과학적 발견들은 인류 안에 그것들의 닻을 내리지 못할 것이고 사회적 가치에 대한 그것들의 지지 구조를 상실할 것이다. 이것은 그것들을 덜 과학적으로 만들지도, 덜 정확하게 만들지도 않을 것이지만, 그것들의 저자들은 그것들이 지닌 중요성을 도둑맞을 것이다. 이 힘든 작업에서 한 개인이 사회적 업적과 과학적 성취의 지원 없이 얼마나 오랫동안 버틸 수 있는가? 내 생각에, 오래 버티지는 못할 것이다.

다른 한편, 임상적 와해를 제외하고서, 내가 말하는 "손상"의 표현들은 어떤 것들인가? 그 질문에 대한 대답은 놀랄 만치 단순하고 곤란할 정도로 공적인데, 그것은 발달의 실패이다. 그것은 결국 모든 분석가를 덮칠 것이다. 왜냐하면 계속적인 성장을 위해 요구되는 생명력을 가진 분석가는 프로이트나 멜라니 클라인 같은 극소수의 천재를 제외하고는 발견되지 않기 때문이다. 그리고 지친 정신분석 협회의 멤버들이 보수적인 위치로 전락하고, 열광적인 상태를 조절하는 자들이 되는 것이 정신분석 운동에 해로운 것도 아니다. 그러나 이러한 과제의 요구 앞에서 태만이나 혐오 때문에 뒤로 물러서는 다른 사람들은 진보의 조절자들이 아니라 파괴적인 비판자들이 된다는 사실은 상당히 분명해 보인다.

2장
꿈 생활: 의미를 생성하는 극장

서론
Miriam Botbol

「꿈 생활」(Dream Life)은 멜처의 책들 중에서, 꿈이 분석적 관계 안에서 의미를 생성하는 요소라는 그의 공식화 덕택에, 임상 실제를 가장 풍요롭게 만들어준 책이다. 「정신분석의 과정」과 「클라인학파의 발달」 이후에 출간된 이 책에는 그가 훗날 논문들과 저서들에서 확장하고 더 깊이 추적하게 될 아이디어들의 씨앗이 심겨져 있다.

파트 A에서, 그는 프로이트의 "경직된 이론들을 형성하고 증명하고자 하는 경향성과 관찰하고 상상적으로 추론할 수 있는 그의 비범한 능력(p. 11)" 사이의 당황스러운 불일치를 구별하는 것을 통해서 프로이트학파 개념들의 이론적 기초를 개정한다. 그는 이 책의 한 장에서 클라인과 비온에 의해 확장된 프로이트의 초심리학을 다루는데, 그것은 「클라인학파의 발달」에 담긴 아이디어들에 대한 훌륭한 요약이다. 프로이트의 아이디어와 다른 두 가지 중요한 차이가 분명하게 언급되었다: 꿈은 실제로 생생한 삶을 사는 데 필수적인 경험이고, 정동은 그것들의 표상들에 앞선다. 파트 B를 시작하면서, 멜처는 꿈 생활에 대한 그의 새로운 이론을 제시한다: 꿈꾸기는 생각하기이다; 의미는 외부 현실에서 포착되는 것이 아니라, 내적 현실에 의해 생성된다. 그는 말한다: "이 책을 쓰면서 나는 이 책에서 수행하고자 하는 과제의 중요성을 점점 더 인식하게 되고, 그러한 인식과 함께, 새로운 꿈 이론의 토대를 놓는 것 그 이상을 하는 것이 불가능하다는 것을 깨닫게 된다"(p. 29). 파트 C는 꿈 조사의 실제, 사고와 행동 사이의 경계영역, 꿈 탐구와 꿈 해석 사이의 차이를 다룬다. 멜처는 말한다: "나는 탐구가 작업의 더 중요하고 더 예술적인 측면이라고 확신한다. 환자의 자기-분석 능력의 점진적인 발달에 있어서, 분석가의 탐구 방법을 환자가 점점 더 동일시하는 것은 그가 증명할 수 있는 공식을 얻기 위한 어떤 노력보다도 훨씬 더 중요한 기초이다"(p. 147).

이 책은 매우 독창적인 공헌을 제시하면서 끝을 맺는다: 이미 분석을 거친 사람들이 꿈을 통해서 그들 자신의 자기-분석을 슈퍼비전하는 방법. 꿈을 이전의 정신적 자료를 훈습하는 것에 국한된 것으로 보는 프로이트와는 대조적으로, 멜처는 꿈은 "분석이 다시 한 번 성장의 발동을 거는 곳이고, 이 성장은 꿈 생활의 조용한 번데기 안에서 계속된다"고 보았다(p. 177).

꿈 생활: 의미를 생성하는 극장[1)]
(1984)

우리는 꿈 생활의 증거와 관련된 인식론적 문제, 꿈을 아기와 어린 아이들의 행동과 놀이에 해당하는 무의식적 사고의 한 형태로 간주하는 근거, 우리의 정서적 경험이 갖는 의미에 대한 사고에서 그것의 핵심에 위치한 상징주의 이론, 그리고 마지막으로 확장된 초심리학 이론—그 토대 위에 우리의 꿈 이론을 건설하고자 하는—에 대한 요약 등을 다루어왔는데, 이는 우리가 새로운 꿈 이론을 위한 역사적 기초를 검토하는 일에서 꽤 멀리 나아갔음을 말해준다. 이제 우리는 그 이론의 다양한 구성요소들을 좀 더 상세하기 검토할 수 있기 위해서, 그 이론 자체를 요약할 필요가 있다.

우리가 논의를 진행해 나가면서 다시 참조할 수 있는 얼마의 꿈 자료에 대한 이야기로 시작해보자. 독자는 네 개의 "십자가 형벌" 꿈을 기억할 것이다[2)]: 깨끗이 정리된 승마길 가운데서 자라고 있는 개암나무 묘목; 자신들이 키우는 토마토를 숭배하는 ㅉㅈㅓㄹㅐ은 커플; 억제된 시체 성애; 그리고 51세 된 파커씨에

1) 멜처의 「꿈 생활」(1984), 6장, pp. 86-95.

2) 이전 장에 담긴 내용임: 사십대의 한 남성이 부활절 휴가가 다가오는 시점에 네 개의 꿈을 꾼다: 1) 새로 정리한 승마길 한 복판에 세 개의 개암나무 묘목이 자라고 있다; 2) 잘생긴 ㅉㅈㅓㄹㅐ은 커플이 여물통 안에서 무릎을 꿇고 있는데, 그 앞에는 식물용 봉투에서 자라고 있는, 두 개의 가지가 있고 그것 각각의 끝에 토마토가 달려 있는 토마토 모종이 있다; 3) 해부학 실습실 안에서 그의 여성 분석가가 여성의 상반신을 보여주는데, 그는 그 여성과 성교를 하고 싶지만, 그렇게 할 수가 없다; 4) 그가 침대 위에 누워 있는데, 그때 키가 크고 마른 51세 된 남자가 들어와 그와 마주하고 눕는다; 그의 의지는 마비되고, 따라서 그는 그 침입자를 쫓아낼 수 없다.

의한 마비. 한 젊은 남성이 가져온 두 개로 된 꿈 시리즈를 첨가해보겠다. 그는 주말 이후의 분석에서 자신에게 관심을 갖고 있는 새로운 여자 친구를 만났고, 그녀는 그와 함께 그의 아파트에 갔었지만, 그가 그녀에게 성적으로 접근하지 않아서 아마도 실망했을 거라고 보고했다. 문제는 그가 그의 선배 동료들 앞에서 해야 하는 강의원고를, 한 달 전부터 알고 있었음에도 불구하고, 아직 쓰지 않았다는 것이었다. 그는 그 여자를 실망시켰을 뿐만 아니라 그의 학생들에게 해야 하는 강의 역시 취소해야만 했다. 그는 새벽 다섯 시까지 글을 쓴 다음에, 그의 사무실에서 잠깐 낮잠을 잤는데, 그때 두 개의 작은 꿈 이미지들이 그의 마음속에서 생생하게 기억되었다:

1. 리처드 닉슨은 아직 대통령으로 선출되기 전임에도 불구하고 백악관과 그 시설을 모두 사용하고 있는 것 같았는데, 그는 그 기회를 그의 패거리를 조직하는 일에 사용하고 있다.
2. 가족과 함께 국빈으로 워싱턴을 방문하고 있던 미스터 캘러한은 사용할 수 있는 자동차가 한 대도 없었지만, 그래도 모두가 택시 하나에 간신히 탈 수 있었다.

첫 번째 환자의 꿈들은 그의 성인의 삶의 다양한 측면 그리고 분석의 종결에 대한 그의 접근 근저에 있는 유아기 갈등의 일부를 보여주는 것처럼 보인다: 시골길을 걷는 사람과 자연인; 신비적 성향을 가진 종교적 남자; 성적인 남자와 그의 관능적 탐욕; 창조적인 남자와 그의 글쓰기 억제. 네 개의 꿈 모두에서 그는 정서적 갈등에 열심히 참여하고 있다. 그러나 두 번째 환자는 그의 내적 세계 안에서 일어나고 있는 일을 거리를 두고서 관찰하고 있고, 그것이 그의 욕망을 추구하는 것과 그가 해야 할 일들을 행하는 것을 방해한다: 그의 유아적 인격의 정신병리적 조각은 사고를 위한 시설물(젖가슴을 나타내는 백악관)에 자유롭게 접근할 수 있는 반면에, 그의 좋은 내적 가족에 대해서는 거의 언급조차 되지 않는다. 그의 깨어있는 삶의 시간이 어떻게 할당될지는 이 내적 모델에 따라 결정된다.

우리는 우리의 삶의 삼분의 일에서 사분의 일을 잠을 자면서 보내는데, 렘 실험은 그 중 최소한 이십 퍼센트는 꿈을 꾸는 시간이라는 것을 보여준다. 사람들은 꿈꾸는 것에 대해서와 마찬가지로 잠을 자는 것에 대한 그들의 태도와 관련해서, 삶의 그 부분을 커다란 즐거움 중 하나라고 간주하는 태도로부터 그 시간을 다른 깨어 있는 활동을 위해 사용하지 못하는 것을 애석해하면서 이러한 생리학적 골칫거리를 없애줄 약이 발견되기만을 기다리는 태도에 이르기까지 분명하게 나뉜다. 만약 우리가 신경생리학적 장치가 위-창자 체계의 경험이라는 모델에 기초해서 느끼고, 생각하고, 기억하고, 판단하고, 결정하고, 소통할 수 있는 마음으로 진화되었다는 비온의 제안을 진지하게 받아들인다면, 마음이 마치 되새김질하는 동물처럼 행동한다는 사실을 발견한다고 해도 놀랄 일이 없을 것이다. 그것은 그것의 음식을 추구하고, 그것을 섭취한 다음에 그것을 되새김질하고 소화하기 시작한다. 이것은, 특히 우리가 은유가 무엇보다도 마음이 작동하는 방법이라는 사실을 고려할 때, 그다지 멋진 은유가 아닌 것처럼 보인다. 비온은 우리에게 이러한 섭취(정서적 경험의)와 소화과정을 이해할 수 있게 해주는 사고 이론(알파-기능, 좌표, Ps↔D, 담는 것-담기는 것, L, H, K 정점들, 변형)을 주었다. 그러나 물론 그가 강조하듯이, 그것은 상대적으로 "텅 빈" 가설이고, 그는 우리에게 그것을 삶으로, 특히 임상적 삶으로 채우는 과제를 남겨주었다. 우리는 위-창자 모델이 그 안에 다른 가능성들을 위한 공간을 갖고 있다는 것을 기억해야만 한다: 독이 들어 있을 수 있는 소화의 부산물과 마찬가지로 소화되지 않는 것을 비워내기. 만약 우리가 이 모델 위에 꿈 이론을 건설해야 한다면, 우리는 다음의 세 과정을 허용해야만 한다: "마음의 양식"으로서의 진실로 사용될 수 있는 것으로 만들기 위해 경험들을 소화해내기; 소화될 수 없는 정서적 경험들의 불필요한 측면들을 비워내기; 부정적 좌표 안의 부산물로서 생성된 "마음의 독"인 거짓말을 비워내기.

그러한 이론은 프로이트의 이론과 매우 다른 것처럼 보이고, 실제로 많은 점에서 다르다. 잠재된 내용은 검열을 속이기 위해 항상 왜곡을 통한 작업을 거쳐야만 한다는 그의 견해는, 꿈이 도달하기 위해 애쓰고 있는 진실과, 갈등 안에 거주하고 있는 과도한 정신적 고통을 다루기 위해 꿈들을 침범하는 거짓말 사이를 구별하는 비온의 견해와 상당한 유사성을 갖고 있다. 그리고 물론 꿈이 수면의 수호자라는 아이디어는, 신체 내부에서 오거나 환경에서 오는 과도한 자극이 그럴 수 있는 것처럼, 과도한 불안이 잠자는 사람을 방해할 수 있는 한, 얼마의 진실을 갖고 있다. 그러나 우리는 우리의 이론 안에서 이 사소한 기능에 부차적인 지위 이상의 것을 할당하지 않을 것이다. 우리의 강사가 꾼 꿈들은 꿈 과정 안에서 갈등과 그것에 수반하는 불안이 조절될 수 있는 거리두기라는 아주 단순한 장치—확실히 "거짓말처럼 쉬운" 장치—를 보여준다.

비슷한 방식으로 낮 동안의 잔여물이라는 프로이트의 아이디어 역시 수용될 수 있는 것이지만, 우리는 일상생활의 소음 속에서 어떤 항목들이 표현되기 위해 선택되는지에 대한 질문을 좀 더 깊이 들여다볼 필요가 있다. 그는 낮 동안의 잔여물이 종종 의식적인 몰두와 그날의 드라마와는 거리가 먼, 사소한 문제들인 것처럼 보인다는 놀라운 사실을 주목했다. 그는 낮 동안의 사건이 꿈에서 표현될 수 있기 위해서는 유아기 경험과 특별한 연결이 필요하다고 옳게 결론 내렸다. 그러나 그것은 모두 정신분석의 방법이 계속되는 과정으로서의 전이 안에 확고한 자리를 잡기 오래 전에 형성된 것이다. 지금 전이 과정에 대한 체계적인 연구는 정신분석적 방법의 핵심으로 간주되고 있다. 오늘날 재구성적-회고적 방법보다 이러한 보다 직접적인 방법을 선호하는 분석가들은, 자연스럽게 유아적 정신과정들을 낮 동안의 의식적인 경험들에 의해 방해받지 않는, 현재 계속되는 과정으로 생각한다. 그보다는, 정서적 경험들—외부 세계 안에서 사람 대상 또는 사물 대상을 포함하는 실제적인 문제들에 반해, 친밀한 인간관계적 의미를 간직하고 있는 경험의 측면들인—을 다루는 무의식적 측면들은 분석적 경험에서 실제로 연속체를 형성하는 것으로 드러난다. 멜라니 클라인이 그토록 전적으로 사용하는 그리고 비온이 그의 좌표 안에서 C열(꿈 사고와 신화)에 위치시킨 수잔 아이작스의 "무의식적 환상"은 꿈꾸기를 서술하는 데 적합한 개념으로 보인다. 즉, 우리는 꿈꾸기를 신체의 소화과정이 그렇듯이 계속되는 것으로 간주해야겠지만, 잠을 자는 동안 외부 세계를 다루는 다른 정신과정들이 중지되어 있을 때, 그것의 과제에 좀 더 전적으로 집중한다고 보아야 한다. 이 가정은 상담실에서 일부 환자들이 "섬광처럼 스쳐가는 장면들"(flashes"—직접적인 언어적 교환과는 관련이 없어 보이는, 갑작스럽고 설명할 수 없는 생생한 시각적 이미지들—이라고 부르는 현상에 의해 강하게 지원받는다. 그것들이 꿈 이미지들로서 취급될 때, 그것들은 그 순간에 활동하는 유아적 전이에 대한 풍부한 통찰을 산출한다.

이 섬광처럼 스쳐가는 장면들이 분석적 대화의 흐름 안으로 침범해 들어오는 것은 프로이트가 말한 "대화 안으로 들어오는 신체"—도라가 그녀의 손가방을 가지고 노는 것에서 고전적 예를 찾을 수 있는—를 생각나게 한다. 여기에서 우리는 "꿈꾸기 과정이 대화 안으로 들어왔고, 시각적 언어로서 들어왔다고 말할 수 있는데, 이는 종종 정치적 만화가의 그림 한 컷이 수천의 말만큼이나 가치 있는 것처럼 신랄하게 느껴질 수 있다.

우리가 주의를 기울여야만 하는 것은 이러한 확장된 언어의 개념, 즉 수많은 상징적 형태들을 지닌 다양화된 언어(Cassirer, Langer, Wittgenstein, Russell)이다. 만약 우리가 꿈들을 언어로 봐야 한다면, 우리는 그것을 본질적으로 내적인 것으로서, 즉 내적인 의사소통의 양태로서 취급해야만 한다. 이것은, 말의 언어에서 그렇듯이, 우리가 그것의 어휘뿐만 아니라 그것의 문법도 연구하고 이해할 필요가 있다는 것을 의미한다. 나는 그것을 위한 구문론이 꿈의 문제가 우리에게 보여줄 준비가 되어 있는 것처럼 보이는, 보다 세부적인 구조를 암시하는 것 같다고 말할 수밖에 없다. 마치 시각 예술이나 음악에서의 작곡처럼 말이다.

그러나 꿈의 문법적 구조—서로 다른 꿈의 문장들이나 이미지들이 논리적으로 서로 연결된 것처럼 보이는 방식—는 종종 명백해 보인다. 예를 들면, 우리 강사의 꿈들은 "만약 이렇다면 … 이럴 것이다"라는 구조를 갖고 있는 것으로 보인다. 우리의 부활절 환자의 꿈들은 다음과 같은 바꿔 쓰기를 제공하는 것일 수 있다: "A, B 그리고 C인 한, S인 것은 당연하다." 내가 아직도 나 자신이 토마토 나무를 산출할 수 없기 때문에 엄마의 어린 묘목을 파괴하기를 원하는 한, 그리고 그녀의 신체를 단순히 나의 관능을 만족시키는 데만 사용하고 싶은 한, 나의 펜이 나의 마비된 손 안에서 무겁게 느껴지는 것은 당연한 것이다.

그러나 우리가 꿈을 우리가 그것에 대한 논의에 다가가기를 원하는 내적 드라마로서 접근한다면, 우리는 그것이 우리 자신의 마음의 무대이든 아니면 우리 환자의 마음의 무대이든 상관없이, 무대 위에서 일어나고 있는 일에 대한 매우 불완전한 이해를 도출하는 것에 만족해야만 한다. 문제는 단순히 음향효과가 빈약하거나, 액션의 움직임이 너무 빠르고 진행이 너무 복잡하거나, 너무 광범위하게 다양한 체호프의 극중 인물들을 따라잡을 수 없는 것만이 아니다; 문제는 언어 그 자체에 있다. 언어가 우리 자신에게서 오는 것이든 다른 사람에게서 오는 것이든, 우리는 어떤 언어의 의미를 완전하게 이해할 수 없으며, 또한 어떤 언어라도 그것이 잡으려고 하는 이제 막 생겨난 사고의 의미를 완전하게 포착할 수는 없다.

문제는 두 가지인 것으로 보인다: 하나는 갓 생겨난 사고가 어떤 언어로 변형되는 과정이 왜곡들로 가득하다는 것이고; 다른 하나는 모든 언어가 그것의 표현 가능성에 한계를 갖고 있다는 것이다. 설령 우리가 모든 상징적 형태들을 어떤 슈퍼 발레-오페라 안에서 종합할 수 있다고 해도, 우리는 여전히 비트겐슈타인[1922]이 "말로 표현될 수 없고 드러나도록 기다려야만 하는 것"—아기와-젖가슴의 접촉 또는 포옹하고 있는 연인만이 소통할 수 있는 정서적 친밀성의 영역—이라고 부른 것의 잔여물을 갖게 될 것이다.

꿈을 언어로 취급하는 것은 프로이트의 사고방식에 전혀 낯선 것이 아니다. 왜냐하면 그는 꿈의 분석을 외국어 번역과 비교했기 때문이다. 그러나 아마도 우리는 그것을 번역하는 방법과 관련해서 문제를 제기하고 싶어 할 것이다. 그는 라틴어에서 독일어로 옮긴 리비(Livy)의 번역 방법을, 먼저 문자적인 번역을 한 다음에 사고들을 수준 있는 독일어로 재배열하는 어린 남학생의 방법과 비교했다. 그것은 "번역"에 대한 충분히 좋은 서술일 수는 있지만, "라틴어 그 자체를 읽는 것"과 같은 것은 아니다. 우리는 "꿈을 읽고" 싶어 한다: 우리는 언젠가 우리의 많은 환자들 각자의 꿈-언어를 배우기를 열망할 수 있지만, 그 과제는 불가능한 것이 아닐지는 몰라도 벅찬 것으로 보인다.

사실상 그것은 우리가 사용하는 방법이 아니다. 왜냐하면 우리는 우리가 우리 자신의 꿈에 접근하는 것과 같은 의미에서 환자의 꿈에 접근할 수 없기 때문이다. 아마도 많은 분석가들이 유용한(working) "번역" 방법을 따르고 있고, 또는 최소한, 프로이트가 그렇게 생각했듯이, 그렇게 하고 있다고 생각한다; 그러나 경험이 강하게 말해주는 것은 그것이 사실이 아니라는 것이다. "기억과 욕망을 멀리하라"는 비온의 권고와 일치하게, 자료가 일화적인 것인지 또는 역사적인 것인지에 따라 이것이 어려울 수 있지만, 환자의 꿈을 경청할 때 그것은 매우 쉽게 그리고 자연스럽게 이루어진다. 그때 분석가가 환자의 말을 들으면서 그의 상상 속에 출현하는 이미지를 보는 일이 일어난다. 우리는 분석가가, 환자가 자신 안에서 꿈을 불러내도록 허용한다고 설득력 있게 주장할 수 있을 것이다. 물론 그것은 분석가의 꿈이고 그 자신의 인격의 변천사에 의해 형성된 것일 것이다. 그러나 결국 여러 해 동안의 분석 경험과 추후의 자기분석 경험은 그가 자신의 꿈 언어에 있어서 일종의 예술의 경지에 도달했다고 합리적으로 기대할 수 있을 것이다. 이런 관점에서 볼 때, 우리는 환자의 꿈을 해석하려는 모든 시도는 암묵적으로 다음과 같이 말하는 것이라고 상상할 수 있다: "당신의 꿈 이야기를 듣는 동안 나는 나의 정서적 삶 안에서 다음의 것을 의미할 수 있는 하나의 꿈을 꾸었습니다. 나는 당신의 꿈이 당신에게 어떤 의미를 가질 수 있는지에 대해 나의 꿈이 얼마의 빛을 줄 수 있을 거라는 희망을 갖고서 그 꿈을 당신과 함께 나눌 것입니다."

당신은 이 방법이 프로이트가 버린 "직관주의자"의 방법과 전혀 일치하지 않는다는 것을 알 것이다. 확실히 직관이, 심지어 영감을 받은 직관이 분석적 작업 안으로 들어와서, 환자에게서 "당신이 그런 유형의 말을 하다니 우습네요"라는 반응을 불러내는 순간들이 있다. 그리고 물론 우리는 매 순간 변화하는 상담실의 정서적 분위기를 관찰하기보다는 직관한다. 그러나 나는 직관의 개념을 내가 불어 또는 이탈리아어를 직관한다고 말하는 식으로 확장하고 싶지는 않다. 비록 그것이 그 언어들에 대한 나의 불완전한 언어와, 그 언어들을 매체로 사용해서 유창하게 생각하고 말하지 못하는 나의 무능력이 그것들이 천천히 말해질 때 그것들에 대한 나의 이해와 일치하지 않을 수 있지만 말이다.

아마도 꿈 작업에 대한 초기의 태도는 꿈 안의 "시적 어법"에 대한 엘라 샤르프(Ella Sharpe, 1937)의 강조와 가장 잘 연결될 수 있을 것이다. 그러나 시적 어법은, 비온만이 아니라, 우리 모두가 열망하는 것이다. 우리는 단지 치장을 위해서가 아니라 우리의 말해지지 않은 사고들 안에 숨어 있는 정서적 의미에 대한 보다 풍부하고 보다 정확한 소통을 위해서 모든 예술적 장치들을 사용하는 것을 통해서, 시적으로 말하고 쓸 수 있게 되기를 원한다. 우리는 우리 자신들과 다른 사람들에게 우리가 생각하고 있는 것을, 아마도 심지어 우리가 알고 있는 것을 발견하는 데 도움이 되는 방식으로 말할 수 있기를 희망한다. 그리고 우리는 꿈을 우리 자신들과 다른 사람들에 대한 지식의 원천으로서 존중하는 것과 관련해서, 프로스페로(Prospero)[3]와 견해를 같이할 것이다. 그러나 우리는 우리 자신들에 대한 "신비의 핵심"이 그 안에 놓여 있는 "멋진 음악"에 다가갈 수 있기 위해서 그리고 감

3) 역자 주: 셰익스피어의 「Tempest」에 등장하는 인물로서, 오늘날 건강과 사회적 돌봄 분야의 데이터 베이스의 명칭으로 사용되고 있다.

정의 배출구를 관리하기 위해서 그 언어를 배워야만 한다.

그러나 플라톤이 강조했듯이, 시인들은 예언자들과 마찬가지로 거짓말쟁이일 수 있으며, 우리는 꿈이 진실을, 전체적 진실을 그리고 진실만을 말하고 있다고 생각할 수 없다. 그것이 진실을 말하는 한, 그것은 마음 깊은 곳에서 정서적 경험들이 어떻게 다루어지고 있는지에 관한 진실이다; 그러나 진실은 정신적 고통이라는 화물을 싣고 있기 때문에 항상 소중하게 여겨지지는 않는다. 우리의 강사가 워싱턴에서의 사건들로부터 거리를 둔 것은 그 사건들에 관한 진실일 수 있지만, 그것이 그가 그것들로부터 거리를 두는 것에 관한 진실은 아니다. 십자가 처형의 이미지는 "아버지, 왜 나를 버리십니까?"라는 말과 관련해서 다가오는 분석의 종결에 관한 환자의 감정에 관한 진실일 수는 있지만, 그것이 그의 유아적 탐욕, 시기심 그리고 질투의 지배에 맞서 투쟁할 수 있는 그의 능력에 관한 진실은 아니다.

비온은 우리에게 최소한 진실을 왜곡하는 세 가지 방법을 설명해주는 이론을 주었다: 그가 좌표의 칼럼 2, 역방향으로 작용하는 알파-기능, 그리고 부정적 좌표라고 부른 것. 첫 번째 방법, 즉 진실에 대한 우리의 무지를 감추기 위해 알려진 어떤 것을 거짓된 것이라고 주장하는 방법은 우리가 임상적 작업과 일상생활에서 친숙하게 알고 있는 것이다. 그것은 존재하지 않는 것으로 알고 있는 인과관계를 덧붙이는 것을 통해서 어떤 것을 "설명"하고자 하는 우리의 경향성에서 예증된다: 우리는 단순히 사건들의 시간적 연쇄만을 알고 있을 때, "왜냐하면"이라고 말한다. 두 번째 방법인, 몽상에서의 알파-기능은 이따금씩 꿈에서 확인될 수 있는데, 우리는 그것이 환자가 괜찮은 해석에 대해 무의미한 난도질을 가할 때 상담실에서 작동하는 것을 볼 수 있다. 그러나 부정적 좌표는 우리가 꿈들에 대한 작업을 통해서 그것의 지도를 만드는 데 도움을 받아야만 하는 아직 알려지지 않은 영역이다. 이 부정적 좌표에서 우리는 "방어기제들"로 서술되어 온 모든 장치들을 발견하는 것을 기대할 수 있다. 그것들에 기제들이라는 이름을 붙여주는 것은 그것들이 작용하는 위치를 우리에게 확인시켜줄 수 있지만, 그것들의 내적 작용들에 대해 인식론적으로 우리에게 말해주는 것은 거의 없다.

클라인과 비온에 의해 "확장된" 초심리학의 관점에서 꿈에 관한 정신분석적 이론을 건설하는 것이 우리의 의도이기 때문에, 우리는 그 과제의 복잡성에 직면할 수밖에 없다. 인식론적 측면에 대해서는 우리가 이미 논의했지만, 지형학적 측면은 어느 정도 문제들을 제기한다. 우리는 정신적 "세계"가 그것의 다양한 공간들로 나뉘는 것뿐만 아니라, 마음의 통일성의 결여도 다루어야만 한다. 분열 과정은 마음의 한 부분을 다른 부분과 나눈다; 투사적 동일시와 다른 양태의 자기애적 동일시는 자기와 대상 사이의 구별 대신에 혼동을 발생시킨다; 반면에 내사적 동일시는 인격의 성인 부분의 진화를 촉진시킨다. 꿈 과정과 그 과정에 대한 관찰 사이의 구별은 우리가 "의미를 생성하는 극장"이라고 은유적으로 서술한 문제를 야기한다. 그리고 어떤 특정한 꿈과 관련해서 그 꿈 행동의 지형학적 위치뿐만 아니라 인격의 다른 부분들의 다양한 역할들을 정의하는 데 있어서 그 이미지를 따르는 것이 유용한 것으로 판명될 수도 있다.

이러한 연극에서 사용하는 용어들 안에서, 우리의 강사는 청중 안에 있는 반면에 우리의 십자가에 달린 친구는 네 개의 꿈 모두에서 주인공이라는 사실에는 의심의 여지가 거의 없다. 우리는 극장의 조직표를, 즉 참여자들의 위계를 보여주는 도표를 만들 수 있다: 비평가, 청중, 제작자, 감독, 성격의 부분들을 나타내는 인물들, 천진한 소녀, 남자 주역, 여자 주역. 아마도 브레흐트 스타일[4]을 따라 우리는 이따금씩 이 유한한 자녀들의 진전을 평가하기 위해 내려오는 "신들"을 첨가할 수 있다.

우리의 과학적 역사의 이 순간에, 그 과제는 지리, 무대 장치, 드라마가 상연되는 "세상"과 관련해서 상당히 복잡해 보인다. 이것들은 두 개의 주요 가능성들에 국한된 것처럼 보인다: 대상들의 내부 또는 외부, 특히 어머니의 신체의 내부 또는 외부. 그러나 우리는 이미 혼동 상태에 대한 연구로부터 어머니의 신체 내부의 세계가 그것들이 지닌 의미의 관점에서 뚜렷이 나뉘거나, 또는 적어도 구별될 수 있는 하위 세계들이라는 것을 배우기 시작했다.

매우 분명하게 우리는 정신적 영역에서 "왜"는 항상 "원인"이 아니라 "이유"를 의미한다는 사실을 기억하면서, 비온의 "일곱 명의 종들"[1977]을 우리의 조사에서 사용할 것이다. 예를 들면, 왜 나는 나의 지형학적 히트 목록에서 망상적 체계의 "아무 데도 아닌"(nowhere) 영역을 빠뜨렸는가? 나는 그것을 우리의 이론에서 배제하고 싶다. 왜냐하면 나는, 나의 경험을 토대로, 망상적 체계가, 그 사람이 깨어있든 잠들어있든, 꿈을 생성하기보다는 환각을 생성하는 것이라고 생각하는 것이 가장 유용하다고 느끼기 때문이다. 즉, 만약 우리가 망상적 체계는 본질적으로 "아무데도 아닌 곳"에 위치한 "장소"라는 의미로 받아들인다면, 우리는 거기에서 일어나고 있는 것이 본질적으로 "허튼말"(nonsense), 거짓말 조직(tissue of lies), 복마전의 의미를 갖는다는 것을 암시한다. 그것은 진실에 아무런 관심이 없는 곳, 진실과 거짓말 사이의 갈등이 없는 곳, 현실 검증—사고, 감각들에 대한 공동감각적 타당화의 다중적 정점들에 의한 것이든, 아니면 실험

4) 역주: 정서적 참여보다는 거리두기를 강조하는 Brecht가 주창한 연극 스타일.

적 행동에 의한 것이든—이 아무런 상관이 없는 정신적 공간이다. 꿈속의 리처드 닉슨이 침범하게 허용된 "백악관"은 여전히 엄마의 젖가슴 내부일 수 있지만, 일단 그가 그의 패거리를 조직하고 나면, 그것은 "워터게이트"라는 망상체계—편집증—로 변할 수 있다. 해롤드 핀터[5]의 생일파티(Pinter' s Birthday Party)에서 일단 스탠리(Stanley)의 안경이 박살나고 그의 드럼이 파괴되자, 그는 말을 잃고 혼동 상태가 된 채, 골드버그(Goldberg)와 맥칸(McCann)에 의해 몬티(Monty)에게 실려 갈 준비를 마치게 된다. 깨어있는 것과 잠자는 것은 아무런 상관이 없는 구별이 된다.

의미를 생성하는 우리의 극장에 등장하는 인물들에게로 돌아가보자: 우리는 각기 다른 역할들의 심리학적인 구조적 토대를 어떻게 서술해야 하는가? 만약 우리가 의식을 "정신적인 특질을 지각하는 기관"으로 정의하는 것을 기억한다면, 우리는 여전히 다음과 같은 질문을 할 수 있다: "꿈을 꾸는 순간에 우리의 극의 어떤 등장인물이 그 기관을 차지하고 있는가?" 또한 "그것은 분석 회기 동안에 꿈을 기억해내고 이야기하는 사람과 동일한 인물인가?" 우리는 그들이 동일한 인물이 아닐 수 있다—사실상 보통 동일하지 않다—는 가능성을 허용해야만 한다. 정서적 갈등의 핵심으로부터 거리를 두는 것은 정신적 고통을 조절하는 가장 흔한 방법인 것으로 보인다; 또는 아마도 "거리두기"를 "방어기제"로부터 구별하기 위해서, 정신적 고통과의 접촉을 조절하는 가장 흔한 방법이라고 말하는 것이 더 정확할 것이다. 이런 의미에서의 거리두기의 정도는 멜라니 클라인의 "정신적 현실에 대한 부인"의 정도라는 개념을 고려하도록 허용하며, 이는 환자들이 종종 상담실에서 그들의 고통에 점진적으로 접근하는 것에

5) 노벨 문학상을 수상한 바 있는 영국의 극작가(1932-2008).

대한 우리의 경험과 일치한다. 그것은 또한 프로이트가 「애도와 멜랑콜리아」에서 그토록 훌륭하게 서술한, 포기(relinquishment) 과정의 유형을 넘어서는 "극복 과정"(working through) 개념에 얼마의 정확성과 내용을 더해준다.

아마도 우리가 건설하고 있는 꿈-생활 모델이 프로이트 작업 안에서 명료하게 그리고 클라인의 작업 안에서 암시적으로 표현된 마음의 고고학적 모델과는 크게 다르다는 것이 이미 분명해졌을 것이다. 우리는 그 자리에 어떤 것을 둘 것인가? 한 가지 답은 "정점들," 즉 다양한 관점들일 것이다. 다양한 참여자들이 등장하는 우리의 극장 모델은 드라마의 통일성을 암시하지만, 그러면서도 위대한 일본 영화인 라쇼몽(Rashomon)에서처럼, 드라마에 대한 매우 다양한 관점을 허용한다. 우리는 한 무리의 아이들을 극장에 데려간 다음 공연이 끝나고 나서 그 연극이 무엇에 관한 것이었느냐고 묻는 것을 상상해볼 수 있다. 한 어린 여자아이는 아름다운 드레스를 입은 예쁜 여성에 대해 말할 것이고, 작은 남자아이는 주인공이 악당을 총으로 쏘는 장면에 대해 말할 것이다. 이 드라마의 통일성과 관점의 다양성은 또한 우리에게 겉으로는 그토록 다양해 보이는 연속적인 꿈들 안에 있는 주제의 기본적 통일성—내가 "꿈의 연속성"이라고 부르는—을 관찰할 수 있는 유리한 지점을 제공한다. 이런 유형의 드라마의 통일성은 우리의 시골을 걷는 자와 강사 모두의 꿈들에 이미 부과된 통일성의 문법적 유형과는 구별될 수 있는 동시에, 그 유형 위에 덧씌워질 수 있다. 그러나 하나의 회기에 가져올 수 있는 꿈들은 항상 같은 날 밤에 꾸는 것이 아니다; 우리는 실로 수개월 또는 수년에 걸쳐 계속되는 정신분석 과정에 퍼져있을 수 있는 "꿈들의 이야기적 연속성"을 보여줄 수 있는 수단을 갖기를 소망하고 있다.

비온이 “연장된 꿈”(protracted dream)이라고 부른 그리고 그가 「미래에 대한 비망록」에서 예시한 이 긴 분석 과정은 여러 면에서 우리의 관심을 끈다. 우리는 또한 이러한 내적 드라마들이 꿈꾸기 과정에 따라오는 액션들, 관심들, 가치들, 계획들 그리고 희망들과 갖는 관계에 관심을 갖는다. 이것들은 물론 “낮 동안의 잔여물”—꿈-생활을 침범하는 깨어있는 삶에서 받아들인 것—이라는 제목 하에 모아지지는 않는다. 우리는 그것들을 무엇이라고 부를 것인가? 우리는 분석 작업을 통해서 이미 행동화와 꿈꾸기 사이의 관계에 대해 알고 있다—또는 그것은 특별히 행동화와 꿈을 기억하는 것 사이의 관계일까? 그러나 이러한 유아기 드라마의 유출 그 이상으로 정신적 고통의 원천을 포착하고, 갈등을 해소하고, 감당할 수 없는 자리를 포기시키는 데 성공하는 것을 통해서 그 꿈들이 가져다주는 유익한 결과물은 무엇인가? 우리는 확실히 꿈-생활에 대한 우리의 가설이 성격의 성장과 발달에 관한 이 문제에 얼마의 빛을 줄 것을 소망할 것이다. 우리는 이 문제에 관해서 명백한 입장을 갖고 있다. 왜냐하면 결국 꿈-생활을 의미를 생성하는 극장으로서 서술함으로써, 우리는 의미가 생성되고 바깥으로 배치되기 전까지는 외부 세계는 의미가 비어있는 곳이라는 것을 분명히 말하고 있기 때문이다. 자폐 아동들—일차 대상의 실패로 인해 이차원성과 점착성 동일시에 갇혀 있는—에 대한 연구들은 “의미 없음”이 인간 존재의 삶에서 중요한 현상일 수 있다는 반대할 수 없는 아이디어에 이론적이고 임상적인 확고함을 제공해주었다.

우리는 특정한 꿈들이 사람들의 삶에서 갖는 커다란 중요성에 대해서 언급하지 않고서는 꿈-생활 이론에 대한 이 요약을 만족한 상태로 떠날 수 없다. 성교에서 여성이 되는 쉬레버의 꿈, 나무 위의 늑대들에 대한 늑대 인간의 꿈은 심각한 정신병리의 발달에서 핵을 형성하는 시달리는 꿈들에 대한 완벽한 예시일 수 있다. 그러나 거기에는, 에밀리 브론테가 말했듯이, 정서적 채색에 취하게 함으로써 세계에 대한 개인의 비전을 그 어느 때보다 풍요롭게 만들어주는, 마치 물속으로 번져나가는 포도주처럼, 한 사람의 삶을 관통하는 꿈들이 존재한다. 아니면 그것은 세계에 대한 미적 관계에서 그것의 지배를 되찾기 위해 꿈을 기다리고 있는, 한 때 가졌다가 잃어버린 조급한 비전일까? 그러한 꿈이 우리의 잠자고 있는 영혼을 방문할 때, 우리는 어떻게 다시 꿈들이 우리의 삶 속의 "사건들"이라는 것을 의심할 수 있을까? 이 꿈 세계 안에서, 우리 자신의 삶뿐만 아니라 생명 그 자체(Life)에 대한 낙관적 견해와 비관적 견해에 대한 위대한 선택이 행해진다.

3장
온도와 거리

서론

Neil Maizels

이 중요한 논문은 정신분석적 대화의 내용을 기록하는 방식에 대한 하나의 실험으로 간주될 수 있을 것이다. 멜처는 자신의 기법을 분석해보려는 생각으로 한 회기를 선택해서 환자를 향한 자신의 의사소통의 비-어휘적 측면들을 관찰하고 기록하는 방법을 찾으려고 시도한다. 이것은 이전에 정신분석 이론에서 불명료하고 간접적으로만 다루어왔던 것—분석적 해석에서 전달되고 조절된 어조, 거리 그리고 "음악"의 이슈—을 직접적으로 취급한다. 멜처는 분석가가 자신의 해석 안에 암시된 어조의 전체 범위 근저에 있는 내적 역동들을 끊임없이 새롭게 성찰하는 것이 가능하며, 심지어 필수적이라고 말한다. 이런 종류의 성찰적인 임시 논의가 종종 슈퍼비전 시간에 제시되기는 하지만, 그것이 해석 작업 안에서 불안의 수준의 정확성과 동등한 기반 위에서 충분히 진지하게 취급된 적은 지금까지 없었다.

이 논문은 멜처가 하나의 예술 형태로서의 정신분석의 본성과 그것의 요구조건에 대해 좀 더 진지하게 고려하기 시작했던 시기에 씌어졌다. 이것은 사적 언어를 만드는 것, 그리고 전이 드라마의 열기 안에서 환자의 자기의 다른 부분들에 대해 말하기 위한, 느낌과 음조—내적 안내자들과의 신비하면서도 독창적인—를 발달시키는 것과 같은 문제들을 포함한다. 그것은 각 회기 안에서 분석가가 단순한 영리함이나 이론에 집착하는 한계와 씨름하는 것을 통해서, 기본적인 기법의 원리를, 안아주는-분위기에 대한 보다 유연한 공명으로 바꾸는 끊임없는 재조각 작업을 포함한다. 이것은 정신분석의 기술이 세미나와 강의를 통해서 얼마나 많이 가르쳐질 수 있는 것인지 그리고 얼마나 많은 것이 내적 동일시를 통해서 흡수되고 발달될 수 있는 것인지에 대한 흥미로운 질문을 발생시킨다.

이 논문의 핵심은 각각 멜처의 해석을 수반하는 강조체로 된 언급들에 있다. 이러한 방백(傍白)들은 예술가로서의 분석가 모델을 설명해준다. 그것들은 해석의 내용물을 산출하는, 그리고 영감을 주고-결합시키는, 내적 커플과의 협력적 동일시가 발생하는 분석적 장의 "역-꿈꾸기"(counter-dreaming)로 나중에 인도하는, 분석적 꿈꾸기를 우리에게 보여준다. 따라서 이 논문은 「아름다움에 대한 이해」에서, "미적 상호성"을 향한 개념적 도약으로 가는 길에 있는 중요한 단계를 나타낸다.

해석의 기법적 차원들로서의 온도와 거리[1) (1976)]

다른 사람들을 슈퍼비전하는 과제는 그렇지 않았더라면 주의를 기울일 수 없었을 뻔했던 자기 자신의 임상적 작업에 관해 주목할 수 있게 돕는다. 이것이 자료의 이해와 관련된 내용의 측면에서 사실이지만, 기법에 있어서는 더욱 더 사실인 것처럼 보인다. 우리의 소위 기법에 대한 가르침은 특이하고 모호하게 정의된 영역이다. 즉 이것은 기본적인 기법적 원리, 이 기본적 방법 내에서의 기법적 창의성, 분석가 개인의 스타일과 관련된 요소, 그리고 심지어 대수롭지 않은 개인의 특이성 등이 혼합되어 있는 영역이다. 이 글에서 나는 기법적 표현의 창의성이 지닌 특정한 측면에 주의를 기울이기 위해, 근본적인 방법의 테두리 안에서 기법적 창의성의 한계라는 영역을 다루어보고자 한다.

이 탐구 영역으로 들어가기 전에, 내가 방금 말한 이 기법의 영역 안에 있는 네 가지 요소들에 대한 경계들을 정의하는 것이 필수적이다. 내가 말하는 기본적인 기법적 원리는 프로이트와 멜라니 클라인에게서 온 것을, 방법을 과정으로 보는 나 자신의 관점에서 수정한 것이다. 이 견해에서, 분석가의 과제는 전이 과정의 체계적 발달이 일어날 수 있고, 모니터될 수 있으며, 해석에 의해 지원받을 수 있는 세팅을 창조하는 것이다. 그것이 저항으로서의 전이를 조사하고 재구성을 목표로 하는 프로이트의 방법과 어떻게 구별되는지가 명료하게 정의된다. 따라서 초심리학적

1) 이 글은 1976년에 프랑스에서 열린 EPA 컨퍼런스에서 발표되었고, A. Hahn이 편집한 책 「Sincerity: Collected Papers of Donald Meltzer」(1994), pp. 374-86에 최초로 게재되었음.

진술(정의된 전이의 발생학적, 역동적, 구조적 및 경제적 측면들)로서의 적합성을 인정받은 해석(interpretation proper)과, 환자의 자료에 대한 보다 일반적인 해석적 탐색—자료의 출현을 촉진시키기 위한—은 구별될 수 있다.

이 기본적인 방법은 창의성에 의해 매우 다양하게 사용되고 있고, 기법적 실험과는 상당히 명료하게 구별될 수 있다. 유사하게, 창의성 영역은 사회적 의미에서의 분석가의 인격에서 방사되는 스타일의 요소와 구별될 수 있다. 이러한 스타일의 변조들은, 그것들이 분석가 자신에 의해 관찰되는 한, 계속될 수 있는 것으로 보인다. 왜냐하면 그는 그것들이 현재의 작업에 특별한 의미가 없는 것이라고 간주할 것이고, 따라서 공식화 하는 데 그리고 학생들에게 의사소통하는 데 가치 있는 것이라고 간주하지 않을 것이기 때문이다. 하지만 그것들은, 그들의 동일시 과정이 자기애적인 것으로 남는 한, 그 자신의 피분석자들에 의해 반영되고 아마도 희화화될, 그의 작업 방식 안에 있는 요소들로 남을 것이다.

마지막으로, "대수롭지 않은 개인의 특이성의 영역"이라는 표현에서 나는 환자의 정신병리의 부분이 아닌 특이성에 대한 분석가의 적응에 의해 결정된, 환자에 대한 분석가의 행동 영역을 의미한다. 이것들은 장애우 환자들을 돕는 것, 여성에 대한 특별한 정중함, 외국인을 위해 단순한 언어를 사용하는 것 등을 포함한다.

기본적인 기법의 테두리 안에서의 "기법적 창의성"의 영역으로 돌아가서, 나는 그것을, 그것의 내적 구조와 그것이 방법을 위해 갖는 중요성이라는 측면에서 좀 더 정확하게 정의할 것이고, 그러고 나서 이 논문의 주된 주제를 구성하는 특정한 소영역—언어적 창의성의 차원으로서의 온도와 거리—에 대해 검토할 것이다. 여러 해 전에 나는 아이들과의 작업과 병이 깊은 성인 환자들과의 작업을 통해서, 한편으로 나 자신이 타이밍의 개념에 의해, 다른 한편으로 직접적인 자료 안에 암시된 가장 깊은 불안들을 찾으라는 멜라니 클라인의 가르침에 의해 심하게 제한받고 있다는 느낌에 대해 알게 되었다. 나는 이 후자(불안의 탐색)가 주로 그녀가 "분석적 상황을 확립하기"라고 부른 것을 위한 그녀의 방법에 적용된 것임을 알고 있었다: 그러나 내 생각에, 그것은 또한 그녀의 일반적인 접근의 특징이었다. 이 두 접근들 모두는, 그리고 아마도 그것들이 서로 배타적일 수 있는 가능성은 소통의 자발성을 그리고 궁극적으로는 사고의 자발성을 제한하는 것처럼 나에게 느껴졌다. 전자(타이밍의 문제)는 비밀스런 영역에 접해 있는 유보적인 환자에 대한 불편한 느낌을 갖게 했고, 분석가를 전지한 존재가 되도록 초대했다. 후자는 자료에 대한 자유로운 탐색을 방해하는 것처럼 느껴졌고, 환자 안의 과정에 대한 이 좀 더 불확실한 내용을 그리고 탐색적인 모니터링을 그럴 듯한 것으로 만드는, 일어나고 있는 일을 설명하려고 한다는 느낌을 갖게 했다. 나는 그것이 환자의 의존 안에 수동성의 요소를 부추기고 있고, 분석가 안에서 통제에 대한 비현실적인 책임감을 조장한다고 느꼈다.

대조적으로, 나는 내가 환자를 놀라게 하거나, 성애적 흥분이나 혼동으로 인도하지 않으면서, 환자와 공유하기 위해 나의 떠도는 생각을 표현하는 방식을 찾고 싶어 한다는 것을 발견했다. 목적이 환자와 분석가 모두 안에 있는 무의식적인 직관적 과정이 보다 폭넓게 기능하게 하기 위해서 자료가 풍부해지는 것을 격려하는 것인 한, 이것은, 교정된 인격적 구조가 이것을 실제 가능성으로 만들어 줄 경우, 미래의 자기-분석이 가능해질 것이라는 희망 하에, 환자가 분석가의 마음의 분석적 특질을 자신의 내적 대상 안으로 들이기 위한 유용한 준비라고 느껴졌다.

나는 또한 이 소망이 탐색적 사고(해석적 활동)를 표현하기 위한 불확실한 반추의 언어와 초심리학적 진술(합법적인 해석)을 제시하기 위한 하나의 헌신(commitment) 사이에서 언어적 차별화를 수행하는 것임을 알아차렸다. 내가 나의 기법의 이러한 발달을 좀 더 자세하게 검토했을 때, 나는 내가 온도와 거리의 조절이라고 합리적으로 부를 수 있는, 이러한 목표들을 성취하기 위한 언어적 기법을 사용하고 있다는 것을 알 수 있었다. 나는 이것을 정의하고 예시하려고 시도할 것이다.

다른 어딘가에서 나는 언어를 두 개의 수준, 즉 깊은 수준과 얕은 수준에서 움직이는 것으로 보는 다양한 문법학자들과 철학자들의 작업에서 유래한, 언어에 대한 견해를 언급했다. 깊고 좀 더 원시적인 뿌리들은(Wittgenstein, Langer) 본질적으로 음악적인 것이고, 본래 투사적 동일시 기제를 통해서 마음의 상태들에 대한 의사소통을 위해 기능한다(비온). 이 토대 위에서 외부 세계에 관한 정보를 전달하기 위한 어휘적 수준이 점차로 세워진다(그리고 아이는 그것을 빠르게 건설한다). 마지막으로, 시적 기능은 외부 세계의 형태들을 사용해서 내면세계를 서술하는 은유적 수단을 발견한다. 의사소통의 분위기를 통제하는 수단을 발견할 수 있는 것은 이러한 세 가지 수준의 상호작용을 조절하는 것을 통해서이다. 그리고 그러한 차원들을 나는 온도와 거리로서 서술한다.

만약 우리가 말소리의 음악적인 범위 전체가 조절될 수 있다고 상상한다면, 이것은 단음으로부터 오페라의 멋진 화음에 이르는 스펙트럼을 제공할 것이다. 물론, 실제로 우리는 이렇게 하는 것을 원할 수도 없고 원하지도 않지만, 이 스펙트럼의 한 영역 안에서 작용한다. 그것의 요소들은 음악을 구성하는 일반적

인 것들일 것이다: 강세, 리듬, 음조, 음량, 음색. 이 음악적 요소들을 조절함으로써, 우리는 목소리의 정서성을 통제할 수 있을 것이고, 따라서 내가 말하는 우리의 의사소통의 온도를 조절할 수 있을 것이다. 이것은 다시금 상담실의 분위기에 영향을 미치고, 이 분위기를 다양한 정도로 고조시키기도 하고 누그러뜨리기도 하면서 환자와 분석가 사이의 공명에 영향을 끼칠 것이다.

그러나 분석가와 환자 사이의 거리는 또한 매 순간 수정될 수 있다. 환자 안에서 작용하는 분열 과정에 대한 인식이 이것을 가능케 하는데, 특히 우리가 환자의 인격의 다양한 부분들이 전이-안에서의-행동화 순간에 직접적으로 스스로를 드러낼 때, 그가 사용하는 언어의 차이를 주목함으로써 그렇게 한다. 우리는 환자의 말과 꿈에서 사용된 어휘, 이미지, 교육 수준, 저속함이나 세련됨의 정도 등에서 구별되는 상이한 언어들을, 방향을 지시해주는 충고로서 사용할 수 있다. 다른 순간에 환자의 다른 부분들에 대해 말해주는 이러한 지시적 장치 외에도, 우리는 또한 우리의 공식화에 관련된 부분을 전혀 언급하지 않고서, 그 부분에 대해 다른 사람에게 말함으로써, 또는 환자 앞에서 큰 소리로 그것을 반추함으로써, 그것을 경청하든지 무시하든지에 대한 선택을 환자에게 맡기는 것을 통해서, 그 거리를 수정할 수 있다.

조절의 창의성에 사용되는 이러한 의사소통 기법의 두 차원을 간략하게 서술했으므로, 이제는 조절 자체를 안내하는 것처럼 보이는 원리에 대한 보다 일반적인 진술을 할 것이, 그 다음에는 이것을 얼마의 임상적 자료와 함께 예시할 것이다. 그것은 이 창의성을 조절하는 목적이, 분석가가 환자 내부에서 오는 분석적 과정의 왜곡 없이(즉, 인도하거나, 도발하거나, 자극하거나 혼동시키는 요인으로 작용하는 일 없이), 자신의 사고들을 환자와 자유롭게 나눌 수 있게 하는 것이기 때문이고, 또한 자발성과

라포의 심각한 상실 없이 우리가 이미 알고 있는 어떤 것에 대한 실험을 하기에는, 상담실에서 일들이 발생하는 속도가 너무 빠르기 때문이다—내가 서술하려고 하는 것은 사후 통찰에 속한 것이다. 그것은, 좋건 나쁘건, 예술성에 대한 평가이다. 나는 그것을 지난 여러 해에 걸쳐 진화시켜왔고, 지금은 나의 기법의 확립된 측면으로서 인정할 수 있다. 물론 거기에는 살아남은 수없이 많은 창의성의 조각들이 있는데, 그것들 중에 많은 것들은 실패한 것이었고, 다음 작업에서 방어될 필요가 있는 것이었다. 자연스럽게, 나는 이것들을 다른 사람들이 채택하도록 요구하지 않고 있으며, 다만 다른 사람들이 그들 자신의 언어적 창의성의 발달을 검토할 수 있도록 돕는 안내자로서 그것들을 제시하고 있다. 나는 그 영역 전체가 방법론적 또는 이론적 선입견으로부터 상당히 자유롭다고 주장할 수 있다고 생각한다. 그러나 물론—그런 정도로 사후 통찰에 기초해서—일반화 시도들은 광범위한 실수에 열려있다. 그러나 내 자신의 관점에서 논의하기 위해 그런 논문을 제시하는 나의 목표는 다음과 같은 결정적 질문을 평가하는 데 있어서 나의 동료들의 도움을 이끌어내는 데 있다: 그러한 창의적인 장치들은 정말로 기본적인 기법적 방법의 틀 안에 머무는가? 다른 말로, 어디에서 창의성이 끝이 나고, 어디에서 전이-안에서의-행동화가 시작되는가? 물론 나는 내가 자유를 원하는 것이 그 과정을 풍부한 것으로 만들기 위한 것이지, 작업에서의 나의 즐거움을 증가시키기 위한 것이 아니라고 주장하고 있다. 그러나 우리 모두는 프로이트의 가르침을 통해서 무의식적 전이가 도입할 수 있는 심각한 한계들과 왜곡들에 대해, 그리고 환자 안에서 전이가 그렇듯이, 분석가 안에서도 충동과 행동 사이에 사고를 개입시키지 못하는 어려움을 통해서 무의식적 역전이가 드러날 수 있다는 사실에 대해 잘 알고 있다. "텅 빈 화면"으로서 행동하라는 프로이트의 충고와 다른 기법적 제한들은 "야생적 분석"(wild analysis)의 위험을 최소화하고자 하는 목적을 갖고 있었다. 이것은 젊은 사람에게 약간 내가-하듯이-하라가-아니라-내가-말하는-대로-하라에 해당되는 충고이다; 그러나 삶의 다른 영역들에서 도덕성이 그렇듯이, 이 제한들은 성공적이지 못하다. 그 문제는 단순한 수단들에 의해서 해결되기에는 너무 복잡한 것이다. "텅 빈 화면" 행동 안에 행동화가 숨어있을 수 있을 뿐만 아니라, 환자가 그것을 형식적인 것이거나 절차적인 것이라기보다는 성격적인 것으로 받아들이기가 쉽다.

만약 방법론적인 문제가 존재하고 수행 규칙에 의해 해결될 수 없다면, 만약 우리가 의사소통으로서의 의사소통을 풍부하게 하기 위해 분석가를 자유롭게 만들기를 원한다면, 만약 우리가 역전이-안에서의-행동화라는 판도라 상자를 여는 함정에 빠지지 않으면서 이 과제를 성취하기를 원한다면, 우리는 우리가 실제로 하고 있는 것을 검토하고 공식화하고 평가해야만 한다—제한하는 수행 규칙 대신에 안내하는 원리가 공식화될 수 있는지를 보기 위해.

나 자신의 기법을 면밀히 검토할 때, 나는 온도와 거리의 조절을 위한 다음의 원리들이 작용하는 것을 식별할 수 있다고 생각한다:

1. 목소리의 정서적 음악 영역 안에서, 나 자신이 중간지점을 향하는 경향이 있다는 것이 내가 받은 인상이다. 즉, 만약 우리가, 사람들이 실제로 그 안에서 작용하는, 이 정서적 스펙트럼을 상상한다면, 한 순간에서의 나의 기여는 평균적인 것에 분위기—일반적으로 열의를 누그러뜨리고, 침체 분위기 안에 생기를 불어넣음으로써—를 되찾아주는 기능인 것처럼 보인다. 나는 분

석에서 내가 말하는 스타일이, 속삭이는 정도보다는 조금 더 크게 그리고 소리를 지르는 정도보다는 조금 더 부드럽게, 우울한 사람보다는 덜 단조(minor-key)로, 조적인 사람보다는 덜 장조(major-key)로, 달리는 사람보다는 느리고 천천히 걷는 사람보다는 빠르게, 열정적인 음보다는 비브라토(역주: 덮어서 내는 소리)로 말하는 경향이 있다는 것을 주목한다. 아마도 그 누구라도 자연스럽게 그리고 자동적으로 이것을 할 것이다. 그러나 사실 나는 그렇게 생각하지 않는다. 왜냐하면 나는 나 자신의 경험과 슈퍼비전을 받는 사람들과의 경험을 통해서 강력한 투사자들인 환자들에 의해 창조된 분위기에 의해 휩쓸리거나 지체되는 것이 얼마나 쉬운지를 알기 때문이다: 모방에 의해 공감을 흉내 내는 것이 얼마나 유혹적인가. 나는 분석에서의 주요 어려움들이, 환자가 이것을 자신이 분석가를 전능적으로 통제하는 데 성공했다는 증거로서 경험하는 것에서 올 수 있다고 생각한다.

2. 거리의 차원과 관련해서, 나는 두 개의 차원을 서술했다—의사소통 대상의 변화와 방향의 변화. 아마도 나는 일반적인 원리를 도출하려고 시도하기 전에 이 두 범주를 좀 더 충분히 설명할 수 있을 것이다:

a. 의사소통 대상은 환자의 인격의 성인 부분이거나, 하나 또는 그 이상의 유아적 구조들이거나, 환자의 일부가 속해 있는 좀 더 일반화된 대상의 부류(성인들, 아이들, 아기들 등)일 수 있고, 이것들은 과거, 현재 또는 미래 안에서 언급될 수 있다.

b. 의사소통의 방향은, 비록 이것이 그 순간에는 그렇게 보이지 않더라도, 특정한 부분에 대해 직접적인 것, 간접적인 것(다른 부분에 관한 어떤 부분에 대해), 또는 방향이 없는 것(환자에게 또는 그의 어떤 부분에게 관심 대상일 수 있는 불확실한 반추

영역 안에 단순하게 넣어둔 것)으로 서술될 수 있다.

나는 내가 하는 말이 그 순간에 환자가 자각하고 있는 고통을 증가시키거나 감소시킬 수 있는지 아닌지에 따라, 거리를 조절하기 위한 이러한 방향과 대상의 측면들을 수정하는 경향이 있다는 것을 주목한다. 물론 나는 고통이 그곳에 있고, 환자가 그 순간에 고통을 받을 수도 받지 않을 수도 있다고 가정한다(Bion). 일반적으로, 박해 불안의 탓으로 돌리는 해석들은 그 순간에 고통을 감소시키는 경향이 있고, 우울 불안의 탓으로 돌리는 해석들은 고통을 증가시키는 경향이 있다. 그러므로 나는 고통 가운데 있는 환자에게 박해 불안을 직접적으로 해석하는 경향이 있고, 우울 불안으로 인해 고통 받는 부분에 관해서는 환자의 인격의 성인 부분에게 말하는 경향이 있다. 마찬가지로, 나는 협력과 책임감이 중요한 문제로 드러날 때, 그것에 대해 환자의 성인 부분에게 말하는 경향이 있다는 것을 안다. 방향의 문제는 차별적 어휘의 사용을 통해서 주로 언어적으로 다뤄지는 것으로 보이는데, 그것은 부분적으로 자신의 특정한 아동기와 관련된 부모의 언어에 대한 환자의 설명에서 온 것이거나, 그런 정보가 없는 경우 문화에서 온 것(엄마와 아빠, 갓난아기 말)일 수 있다. 나는 그 부분에 대해 말할 때, 환자 자신이 사용하는 정도의 저속한 언어(씨발, 똥 등)를 사용하려고 한다; 환자 안의 아이에게 단순한 언어를 사용해서 말하기 위해); 그리고 성인 부분에게는 그의 언어적 세련됨의 최대 수준(또는 그의 교육 수준이 그의 문화적 열망보다 더 낮을 경우에는 더 높은 수준)에 맞추고자 한다.

나는 나 자신의 기법에 대한 탐구를 더 진행하기 위해서는 그것을 가능케 해주는 임상적 자료를 어느 정도 제시할 필요가 있다고 생각한다. 가장 좋은 것은 성공적인 조절을 보여주는 예와 성공적이지 못한 조절을 보여주는 예를 제시하는 것일 것이다. 그러나 지면의 제한 상 그리고 내가 "성공적인 것"이라고 간주하는 것이 분명코 그 반대의 것에도 열려 있다는 점에서, 나는 단일 회기를 제시하는 것으로 만족할 것이다. 물론 그것은 축어록이 아니지만, 저녁에 회기가 끝나고 나서 십분 이내에 요약한 것으로 되어 있다. 나는 조절적인 언어적 변환들을 확인하고 그것들을 범주화하려고 시도할 것이다.

임상적 자료

연구원으로 일하고 있는 삼십대 남성인 G는 부분적으로 전문직과 관련된 문제로 분석을 받으러 왔다. 나는 그를 주 4회 만나고 있고, 그는 치료를 시작한지 2년이 되어가는데, 분석을 사기라고 하면서 깨버리는 것과, 자신을 "못된 인간", "이기적인 잡종"으로부터 구해주는 수단이라고 하면서 분석에 깊이 헌신하는 것 사이를 오가고 있었다. 그는 그의 이전 회기의 대부분을 그의 어머니에 대한 불평으로 소비했다. 그녀는 다른 엄마들이 항상 그녀의 아들의 지위, 수입, 또는 성취들에 대한 자랑을 평가절하하는 것으로 보였기 때문에, 아들의 성취에 대해 확신을 갖고서 자랑할 수 없었고, 그래서 그에 대해 결코 만족한 적이 없었다. 나는 주로 그가 나를, 당근과 회초리 기법을 사용하는, 분석적 엄마라고 비난하는 것 같다고 해석했다. 그는 이러한 나의 해석에 대해, 그가 알고 있는 사람들 중에는 그에게 특별히 감탄할 만한 것으로 보이는 분석을 경험해본 사람이 아무도 없다고 불평하는 것으로 반응했다—물론 그는 나에게서 분석을 받은 사람을 만나

본 적이 없다. 그러나 나는 그에게 항상 나의 다른 환자들이 그보다 훨씬 더 낫다는 식으로 넌지시 말하는 것처럼 보였다는 것이다.

내가 그에게 수잔 아이작이 초기에 했던 말—비록 그가 나와 정신분석이 지독히 파괴적일 수 있다고 생각하고 있음에도 불구하고, 그가 그의 삶을 내게 맡기는 것을 통해서 특별히 사랑받는 아이가 되고 싶어 하는 그의 소망—을 회상시킨 다음 회기가 끝나는 시점에, 그는 인상을 쓰면서 상담실을 떠났는데, 그때 그의 서류가방을 챙기지 못했다. 내가 그것을 깨달은 것은 그가 이미 집을 떠난 후였지만, 그가 그것을 필요로 한다는 것을 알고 있었기 때문에, 그가 막 그의 자동차를 돌리는 순간에 그것을 그에게 전달해주었다. 그는 그날 늦잠을 자는 바람에 회기에 20분 늦게 왔고, 나는 정해진 시간보다 3분 늦게 끝냈는데, 그가 그의 시계를 보지 않았더라면 더 늦게 끝낼 뻔했다.

다음 회기에 그는 제 시간에 도착해서 공격적인 표정으로 상담실에 들어왔고, 곧바로 약 십분 동안 통렬한 비난을 늘어놓았다. 그 내용은 내가 나의 행동을 통해서 항상 그를 열등감과 죄책감을 느끼게 만들고 있으며, 그래서 그는 내가 세심하게 사고되고 꼼꼼하게 적용된 나의 정신분석적 예의바름 뒤에서 비난을 피하는 동안에, 그 자신이 나에게 불친절한 것 같다는 것이었다. 그러나 내가 어제 그에게 서류가방을 넘겨주었을 때, 나는 신경이 거슬렸음이 분명했는데, 그 이유는 내가 감사하다는 그의 말에 "괜찮다"고 말하지 않았고, 그의 미소에 미소로 응답하지 않았기 때문이라는 것이었다. 나의 짜증스러움의 진실을 인식하기 전까지는, 그는 처음에 나에 대해 감사하다고 느꼈고, 나를 성가시게 한 것에 대해 죄책감을 느꼈었다.

분석가: 당신이 내가 무자비하게 당신에게 투사하고 있던 이 나쁜 감정들을 용감하게 싸워 쫓아버릴 때까지는 그랬단 말이군요. (가벼운 웃음과 함께 빈정대듯이) (어린 소년에게 말하듯이, 가볍게)

환자: (억지로 웃으면서) 맞아요. 사실이에요. 나는 선생님이 나를 못살게 굴도록 내버려두지 않을 거예요. 정확하게 그런 일이 일어났어요.

분석가: 그것은 당신이 경험한 것에 대한 하나의 설명일 수 있고, 회상하는 과정에서 수정된 것일 수 있어요. 설령 그렇다고 해도, 당신은 관찰하고 판단하는 과정에서 실수할 수 있다는 가능성에 대해서 의심하지는 않겠죠. 예를 들면, 당신 안에 있는 아이는 당신의 감사에 대한 대답으로 내가 고개를 끄덕인 것을 보지 못했을 수도 있어요; 내가 당신의 서류가방을 들고 있을 때 당신이 알아채지 못하고 계속해서 자동차를 돌렸던 것과 마찬가지로요, 내 입술에는 미소가 없었을지라도 내 눈에는 미소가 있었을 수 있는데, 그걸 보지 못했을 거예요. (성인에게, 진지하게)

환자: 나는 당신이 그 가방을 들고 있는 것을 보고 기뻤어요. 나는 그것이 "안녕, 죠"처럼 정상적이고 친절한 인사말이었다고 생각했고, 그것이 내 서류가방이라는 것을 깨닫지 못했어요. 내가 자동차의 창문을 열고 "감사해요"라고 말했을 때, 당신의 불친절한 행동으로 인해 충격을 받은 것은 바로 그 때문이에요.

분석가: 아마도 충격적이고 실망스러웠던 것은 내가 특별한 애정의 신호로서 나의 분석적 기법을 제쳐두기를 바라는 어린 소년의 욕망이었겠죠. 즉, 그에게 결코 다른 착한 아이들에 대한 질투의 고통을 야기하지 않는 좋은 엄마와 아빠가 되기를 바라는 욕망 말이에요. (아기-말 쪽으로 전환하면서, 아이에 관해 성인에게 약간 놀리는 식으로 말하는)

환자: 그런 행동이라면 누구라도 기분이 상했을 거예요. [다시금 분노를 일깨우려고 시도하지만, 성공하지 못한다.] 선생님을 제외하고는, 세상 사람 모두가 "안녕"과 "굿바이"를 말해요. 왜 선생님은 단순히 고개를 끄덕이기보다는 "천만에요"라고 말할 수 없는 거죠? 선생님은 불친절하고 괴상한 사람이에요(그의 과제를 위해 준비하면서). 선생님은 그것을 기법적 태도라는 가면 뒤에 감추지만, 실은 선생님의 환자를 경멸하고 있고, 그들이 선생님의 이론과 가치를 받아들이도록 내몰기 위해 그들을 열등하다고 느끼게 만들려고 시도하고 있어요. (승리감에 찬 확실성과 함께)

분석가: 이러한 가치는, 만약 당신이 늦잠을 잔다면, 만약 당신의 사례를 뒷전에 둔다면, 만약 당신이 분석에서 이익을 얻는다면, 당신은 당신의 발달을 촉진시키기 위해 가치 있는 죄책감이나 무가치감을 느낄 수도 있다는 것을 말해주죠. 그러나 만약 당신이 당신의 대상이 지닌 선함에 의해 자극된 가치 있는 고통과, 당신의 적들에 의한 박해의 고통 사이를 구별하지 않는다면, 당신에게 고통을 주는 사람은 모두 적이 되고 말 거예요. (일반적으로 유아적 구조들에게, 진지하게 그리고 약간 심하게)

환자: (미소를 짓고 있지만 냉소적으로) 그렇다면 선생님은 내가 어젯밤에 꾼 꿈을 좋아할 것이고, 그것을 선생님의 생각을 확증해주는 것으로 해석하겠지만, 나는 그것을 삶에 대한 나의 용감하고 싸우기 좋아하는 태도를 옹호하는 것으로 봅니다. 선생님은 내가 나의 옛 보스가 강의에 온다는 것을, 그리고 내가 그를 함께 머물도록 초대했고, 그를 위해 디너파티를 마련했다고 말한 것을 기억할 겁니다. 그런데 데이빗이 전화해서, 그가 스탠튼 세인트 죤에 친구들이 있어서 우리가 그를 위해 그런 수고를 할 필요가 없다고 말했어요.

분석가: (의심쩍어 하면서) 그런데 그 말은 꽤나 예의가 없는 것처럼 들리네요. (약간 빈정대는 어조로, 성인에게)

환자: 맞아요. 그 말을 할 때 느꼈어요. 그것이 실제로 일어난 것은 아니에요: 내가 그와 직접 접촉하지는 않았어요. 그가 다른 초대를 받아들일 때까지는 우리의 초대를 알지 못했을 수 있어요. 그는 비록 생각이 없고 자기중심적일 수는 있지만, 무례하거나 감사할 줄 모르는 사람은 아니에요. 나는 상처받았다고 느꼈지만, 아마도 이유가 충분하지는 않을 거예요. 나의 과민함 때문이겠죠. 어쨌든 꿈에서 나는 술집에 들어갔는데, 누군가가 다짜고짜 내 얼굴에 주먹을 날렸어요. 글쎄요. 나는 그가 나를 아프게 하는 어떤 행동을 했다고 생각해요. 얼굴을 치는 행동 말이에요. 그래서 나는 복싱 글로브를 끼었고, 그 역시 그랬어요. 그리고 싸웠는데, 내가 날리는 주먹마다 그의 얼굴에 맞았고, 그가 날리는 주먹은 모두 빗나갔어요. 그러나 그는 웬일인지 손상을 입은 것 같지 않았고, 데이빗이 지나쳐갈 때 나는 그에게 이것에 대해 말했어요. 그러나 그때 나는 그 녀석이 손상을 입는 대신에 점점 더 작아지고 있다는 것을 알아차렸고, 마침내 싸움을 계속하는 것을 통해서 내가 단지 깡패였다는 사실이 분명해졌어요. 그래서 나는 그만 싸우자고 제안했는데, 어쨌든 나는 더 이상 화난 상태가 아니었어요.

분석가: 만약 엄마가 젖꼭지를 줄 때마다 그녀가 지난 휴일 동안에 아빠에게서 받은 커다란 페니스를 자랑하고 있는 거라고 생각한다면, 당신은 그 젖꼭지-페니스를 깨물어도 된다고 생각하기 쉬울 겁니다. 엄마가 실제로 반격하지 않고 이 공격성을 견딜 수 있을 때에만, 모든 것들이 차츰 제자리를 차지할 수 있어요. 그때 당신은 그것이 그녀의 눈빛에 담긴 미소처럼, 친절한 작은 젖꼭지라는 것을 볼 수 있죠. (다정하고 부드럽게, 아기에게)

(3분 정도의 침묵)

환자: 글쎄요. 더 할 말이 없네요. (우울한 상태)

분석가: 설마요? (웃으면서) (가볍게, 아기에게)

환자: (웃으면서) 내가 또 졌네요.

분석가: 하지만 바로 그것이 문제가 아닐까요? 우리는 누군가가 이기고 누군가가 지는 싸움을 하고 있는 걸까요? 아니면 우리는 우리 두 사람 중 누구도 이기거나 지지 않는 또 다른 관점으로 옮겨갈 수는 없을까요? 왜냐하면 중요한 것은 우리의 개인적 발달이지, 사회적 승리와 우월성이 아니니까요. (진지하게, 성인에게)

(3분 정도의 침묵)

환자: (까다로운 어조로) 그러나 나의 어머니는 그런 식이에요. 그녀는 내가 태어난 이후로 평생 그래왔죠. 그러니 만약 내가 불친절하고 의심하지 않는다면 그리고 세상을 경쟁과 무자비한 싸움의 장소로 보지 않는다면, 그게 놀랍지 않나요? 그러니까 내 탓은 아니에요. (목소리가 작아지면서, 약한 목소리로 끝난다)

분석가: 그러나 이 자료는 또한 다른 가능성을 암시하고 있어요: 당신이 늦잠을 잔 것과 서류가방을 두고 온 것에 대해 불만족스러워 하는 것처럼, 여전히 불만족스러운 아기가 젖가슴에서 친절을 받아들일 수 없는 것일 수 있어요. 아기가 통제의 상실에 대해 고통스러워하고, 작고 굴욕스럽다고 느끼기 때문에 말이에요. 아기는 그 고통을 아빠의 크고 만족스러운 페니스를 자신에게 상기시키기 위해, 젖가슴이 젖꼭지를 자신 안에 집어넣고 있는 것으로 경험해요. 당신의 어머니는 오늘, 내가 분석에서 할 수 있는 것과는 달리, 당신 안에 있는 아기를 다루지 않고 있고, 그래서 아마도 그녀가 당신에게 한 행동은 모성에 대한 그림이 아니라 일종의 소녀다운 허영의 수준에 속한 그림일 거예요. 만약

당신이 당신 자신 안에 있는 다른 수준들을 인정하기 시작한다면, 당신은 또한 다른 사람들 안에 있는 다른 수준들도 인정하기 시작할 수 있을 겁니다.(설득적으로, 동시에 성인과 아기에게)

위의 임상적 자료는 내가 앞부분에서 제시한 아이디어들을 어느 정도 설명해준다. 프로이트가 디자인하고 발달시킨 정신분석의 방법은, 내가 굳게 믿기로는, 위대한 아름다움과 인간애를 품고 있는 방법이다. 게다가, 그것은 내게 심리학적 상황에 대한 관찰을 위한 과학적 방법과 결합되어 있는 것으로 보인다. 그 방법 안에서는 여러 시기들에 대한 관찰들을 장기적 연구 안으로 결합해내기 위해서 정확한 사고의 양태들이 적용된다. 이것은 추상화의 높은 수준으로 격상될 수 있고, 따라서 다양한 경험들이 타당한 일반화를 허용하기 위해 결합될 수 있다. 그러나 이것 이상으로, 그것은 분석가와 환자 모두에게 창조적인 예술적 활동을 위한 지평을 열어주는 방법이다. 이것을 위한 영역들 중의 하나가 기법의 영역—일반적으로 말해서, 기본적 원칙의 민감하고 적절한 적용—이다. 그것은 또한 창의성이 그 기본적 원칙을 확장하고 유연하며 강력한 것으로 만들 수 있는 한계에 대한 모험적인 탐색을 허용하며, 그 결과 환자와 분석가로 하여금 그들 사이에서 단순히 정신분석의 실천을 넘어 예술의 영역에 속한, 고도로 고유한 상호작용을 창조하도록 허용한다.

상담실 또는 놀이방에서의 순간의 열기 안에서, 우리의 기법의 기능을 체계적으로 관찰할 수 있는 시간이 충분하지 않다. 그러나 경험이 자라고 능력이 우리 자신의 인격의 성장의 표현으로서의 예술성으로 인도한다면, 쉬는 시간 동안에 기법적 영역에 대한 회고적 관찰이 가능해진다. 자연스럽게, 그것은 위조에 활짝 열려있다: 실수는 회기로부터의 시간적 거리에 따라 직접적으로 증가할 수 있지만, 이것은 확실히 관찰과 사고의 연쇄적인 정밀함에 달려있다. 내가 논의할 만한 가치가 있다고 생각하는 질문들은 두 가지 이슈에 집중되어 있다: (1) 이 논문의 주제는 실제로 기법적인 것으로 간주될 만한 가치가 있는 것인가? 아니면 그것은 단지 스타일의 문제인가? (2) 어떤 종류의 기준들이 우리가 기본적 원칙 안에 있는 창의성의 영역의 경계를 넘어 역전이-안에서의-행동화라는 끝없는 무한대 속으로 들어갔는지를 결정하는 데 사용될 수 있는가?

마지막으로, 물론 여기에는 그런 논문이 우리의 동료들에게 흥미로운 것인지, 아니면 본질적으로 사적인 것인지에 대한 질문이 있다. 이것이 중요한 이유는, 그것이 우리가 우리의 학생들에게 무엇을 가르칠 것인가를 결정할 것이기 때문이다. 만약 그것이 본질적으로 사적인 것이고 본질적으로 스타일에 관한 것이라면, 나는 그것을 가르쳐서는 안 된다는 생각에 동의할 것이다. 왜냐하면 그것은 배울 수 있는 것이 아니고, 단지 확인될 수 있는 것이기 때문이다. 이것은 교육분석에서 수련생들의 자기애적 동일시를 사용하는 경향성을 탐지하거나 교정할 수 있는 경우와는 달리, 그렇게 할 수단이 없는 슈퍼비전 상황에서 그런 자기애적 동일시가 사용될 수 있는 위험을 수반한다는 것을 말해준다. 그러나 이것이 사적 흥미와 관심의 영역이라는 생각에 대해서는 나는 그렇지 않다고 확신한다: 왜냐하면 비록 우리가 하는 것이 차츰 우리가 알고 있는 것을 행하는 데 숙련된 것이 되는 것이 사실이지만, 우리의 활동은 본성상 너무 복잡한 것이어서, 우리는 단지 우리가 하는 것에 대해 조금밖에 모른다고 주장할 수밖에 없기 때문이다.

4장
지역사회 안의-가족 안의-아이에 대한 정신분석적 모델

서론

Martina Campart

이 글은 도널드 멜처와 말사 해리스의 글에서 발췌한 내용으로 구성되어 있다. 그 논문의 저술은 1976년에 경제적 및 문화적 발달 기구(Organization for Economic and Cultural Development)에 의해 가족들의 교육적 과제를 지원하기 위해 추진된 정책들과 프로그램들을 개발하기 위한 프로젝트의 일부로서 저자들에게 위임되었다.

그 글은 지역사회 안에 있는 가족 안의 아이에게 발생하는 학습 과정에 대한 모델을 제시한다. 아이의 정서적, 인지적 및 사회적 성장은, 윤리와 삶에 대한 견해와 마찬가지로, 학습에 그것의 토대를 갖고 있다. 우리는 모든 것을 동일한 방식으로 배우지 않고, 모든 학습이 동일한 가치를 갖는 것도 아니다. 경험으로부터 학습하는 것은 불확실성과 정신적 고통을 견디는 능력에 기초해 있고, 그것은 진정한 성장을 촉진시킨다. 정신적 고통에 대한 부인에 기초해 있는 다른 학습 양태들은 좀 더 모방적이고 피상적이며, 발달을 방해하거나 "짝퉁" 발달로 인도한다. 이것들은 다음과 같이 분류될 수 있다: 투사적 동일시에 의한 학습; 점착성 동일시에 의한 학습; 게걸스런 흡입에 의한 학습; 망상적 학습; 박해자에게 복종하는 것에 의한 학습.

비록 "선호되는" 학습의 양태가 개인의 타고난 성질이나 재능과 관련되어 있지만, "학습 습관들"을 통해서 이 잠재력을 실현시키는 것은 가족이 자체의 정서적이고 교육적인 기능들을 수행하는 방식과 관련되어 있다. 그리고 이 과정은 청소년기가 끝나면서 완성된다. 사랑을 생성해내기, 희망을 갖기, 고통을 견디기, 그리고 사고하기 등을 포함하는 기능들이 경험에서 배우는 능력을 촉진시킨다. 증오를 공표하기, 절망의 씨를 뿌리기, 박해 불안을 방사하기, 혼동을 발생시키기 등의 기능들은 보다 파괴적인 형태의 학습과 발달을 선호하는 경향이 있다. 가족 역시 주변의 사회적 공동체에 민감한 학습 체계이다. 그러므로 어떤 유형의 환경이 지지적이고, 어떤 유형의 환경이 파괴적인지에 대한 분석이 이 모델에 대한 조사를 완성하는 것으로 보인다.

이 모델은 여러 유럽 국가들의 언어들로 번역되었고, 1980년대와 90년대 동안에는 치료사들, 교사들과 교사-양성가들, 사회복지사들과 인접 전문가들 사이에서 널리 알려져왔다. 학습에 대한 정신분석적 이론과, 다양한 체계들이 어떻게 교육 과정에 관련되어 있는지에 대한 생태학적인 관념이 통합되고 서로 연결된 덕택에, 이 모델은 복잡한 상황에서 일하고 있는 실천가들과 정책 결정자들 모두에게 오늘날까지도 커다란 영향력을 갖고 있다.

이 모델의 인식론적 차원[1)]
(1976)

이 초심리학의 차원은 비온의 후기 작업 안에 그리고, 멜라니 클라인에 의해 암시적으로 수정된 프로이트의 모델 위에 그가 덧씌운, 확장된 마음의 모델 안에 내재된 것이다. 그것은 우리로 하여금 학습의 다양한 범주들을 구별하고, 그것들 근저에 있는 정신적 상태를 정의하며, 인격 발달에서 그것들이 가져오는 결과들을 추적할 수 있게 해준다. 그것들은 경험을 통해 배우기, 투사적 동일시(projective identification)를 통해 배우기, 점착성 동일시(adhesive identification)를 통해 배우기, 닥치는 대로 먹는 것(scavenging)을 통해 배우기, 망상적인 배우기 등으로 명명될 수 있다. 이 모든 것들은 …에 관해 배우는 것(learning about)과는 대조를 이룬다.

비온에 의해 서술된(1965) *경험을 통해 배우기*는 인격의 수정이 발생하는 방식으로 정서적 경험에 참여하는 것을 포함한다. 그 사람은 그 전에는 그렇지 않았던 어떤 것이 된다. 말하자면, 어린 아이의 경우 "걷는 자"가 되고, 성인의 경우 "의사"가 된다. 이런 종류의 내적 자격은 사회적 구조들에 의해 수여되는 다양한 외적 자격들과는 대조를 이룬다.

대조적으로, *투사적 동일시를 통해 배우기*는 다른 사람의 정신적 속성들과 능력들 안으로 들어가고, 그것들을 점령하는 전

---

1) Meltzer & Harris, "A Psychoanalytic Model of the Child-in-the-Family-in-the-Community"에서 발췌한 내용임. 유엔의 경제적 및 문화적 발달을 위한 기구의 요청에 의해 1976년에 씌어짐. 「Sincerity: Collected Papers of Donald Meltzer」(1994)에 수록됨. pp. 392-94.

능한 환상을 포함한다. 다른 사람에 대한 관념이 제한되어 있고 투사가 주체의 속성들로 물들어 있기 때문에, 그 결과는 희화화된 것이다. 내적 대상과의 동일시가 일어나는 곳에서, 전지성과 판단적 태도의 속성이 지배적이 된다.

다른 한편, 대상의 표면에 달라붙는 깊은 무의식적 환상을 포함하는, *점착성 동일시를 통한 배우기*에서, 개인은 사회적 외양만을 골라 동일시하고, 따라서 겉모습과 행동을 생각 없이 모방하는 속성을 갖는다. 그것은 스트레스를 받을 때 쉽게 붕괴되고, 변덕스러우며, 직접적인 흥미나 애착을 갖게 하는 새로운 대상들에게로 쉽게 옮겨가는 경향이 있다.

*닥치는 대로 먹어치우는 양태의 행위를 통한 배우기*는 도움을 요청할 수도 없고 도움을 감사하게 받을 수도 없는, 시기심에 찬 인격의 부분에서 전형적으로 모습을 드러낸다. 그것은 모든 기술과 지식을, 자연과 사람들을 통제하는 데 사용되는 본질적으로 비밀스럽고 마술적인 것이라고 보는 경향이 있다. 그것은 사실상 "던져진" 물건들, 즉 그것들을 얻기 위해 "제발"이나 "감사해요"라는 말이 필요가 없는 것들을 찾기 위해 살피고 귀를 기울이며, 그러므로 그것의 제조법(formula)을 나누어주는 다른 사람들의 어리석음에 대해 승리감을 느끼는 경향이 있다.

*망상적인 배우기*는 자연 안에서 또는 사람에 의해서 드러난 것은 무엇이든지 본질적으로 무가치한 것이고, 숨겨져 있는 것만이 그리고 따라서 신비한 것만이 가치 있는 것이라고 믿고 있는, 전적으로 다른 질서에 속한 것이다. 그것은 명백한 것을 무시한 채 미묘한 증거를 보고, 본질적으로 적대적인 세상을 건설한다.

이러한 다섯 가지 학습 형태 모두는 본질적으로 자발적으로 생겨나는 것이고, 지식이나 이해에 대한 갈증, 또는 그와는 반대로, 침범적인 호기심에 대한 갈증을 나타낸다. 대조적으로, 세상에 관해 배우기는 교사의 동기 안에 그것의 원천을 갖는다. 그것의 방법들은 본질적으로 동물훈련에서 사용되는 것들로서, 주체의 탐욕, 소심함, 유순함 또는 경쟁심 등을 끌어다 쓰는 데 성공 여부가 달려있는, 채찍과 당근 기법이다. 그것의 성취는 인격의 깊은 수정을 가져오기보다는 환경의 요구에 적응하기 위한 목적을 위해 그의 사회적 가면을 장식하는 효과를 발생시키고, 궁극적 목적들이나 윤리적 원칙들과는 거의 연결되어 있지 않다.

이 여섯 가지 학습 형태들 중에서 첫 번째 것인, 경험에서 배우는 것만이 편집-분열적 자리에서 우울적 자리로 가는 움직임에 걸 맞는 가치의 전환을 요구한다. 그것은 새로운 아이디어의 영향을 수반하는, 불안의 짐을 (혼동적인 것이든, 박해적인 것이든) 함께 져줄 수 있는 호의적인 대상들의 지원과 안내에 크게 의존해 있다. 그러한 학습에 내재된 자기와 세상에 대한 변화된 견해의 결과인, 우울적 감정의 도래는 멘토에 대한 감사와 특혜를 받는 빚을 졌다는 느낌들을 수반한다.

이 모델의 구조적 차원[2)]

기질

개인의 타고난 성향은 정신분석적 연구 방법에 의해 정의되기가 어렵지만, 두 개의 범주로 이루어져 있는 것으로 간주된다:

---

2) Meltzer & Harris, "A Psychoanalytic Model of the Child-in-the-Family-in-the-Community"에서 발췌한 내용임. 1994, pp. 395-401.

하나는 관념들과 개념들로 자라나기 위해 근접한 경험들을 기다리고 있는 타고난 전관념들의 범주이고(Bion, Money-Kyrle); 다른 하나는 일반적인 생리학에 강하게 묶여있고, 따라서 심리적 상태의 변화에 따라 삶에서 변할 수도 있는 타고난 균형 잡힌 성향들의 범주이다. 그것들은, 예컨대, 능동적-수동적, 남성적-여성적, 격렬한-평온한, 내향적-외향적, 느린-빠른 등과 같은 다양한 이중성들로 서술될 수 있다. 그것들은 출생과 함께 어느 정도 스스로를 드러낸다고 생각할 수 있고, 탄생 직후, 또는 심지어 어느 정도는 출생 이전의 활동에서 스스로를 드러낸다고 볼 수 있지만, 이러한 추정들은 다음과 같은 대답되지 않은, 어쩌면 대답될 수 없는 질문에 의해 불확실한 것이 되고 만다: "삶을 경험하는 것은 언제 시작되는가?" 그 질문이 갖고 있는 숙고 불가능성을 고려할 때, 조심성 있는 관찰자는 유아 발달의 역사에 기초해서, 그 질문에 대한 답에 커다란 중요성을 부여하는 데 주저할 것이다. 그 대답은 무언가를 설명해치우기 위한 쓰레기통으로 사용될 수 있고, 따라서 우리의 무지의 정도를 모호하게 만들 수 있다는 위험이 내포되어 있다. 프로이트의 이드 개념이 "본능"을 의미한다는 점에서, 삶의 경험의 시작이 이드 개념과 일치하지만, 이드 개념이 "신체적 상태들의 정신적 표현"을 의미한다는 점에서는 그 개념과 일치하지 않는다. "자기"라는 개념은, 가장 시적인 것은 아닐지라도, 기능적인, 마음의 구조의 이론적 단위로 받아들여지고 있고, 신체적 상태들의 기능과 표현 둘 다와 관련해서 자아와 이드 모두의 측면들을 구성하고 있는 것으로 보인다. 그리고 이때 후자는 자기의 일반적인 지각적 기능에 종속된다.

따라서 기질은, 한 나라의 자연적인 자원이 인간 공동체와의 관계 안에 있는 것처럼, 자기와의 관계 안에 있는 타고난 장치라고 볼 수 있다. 또는 아마도 좀 더 정확한 유비는 이런 것일 것이다: 기질은 자연과 역사에 의해 주어진, 새로운 세대와의 관계 안에 있는 전체적인 물리적 환경이다. 이것은 생리학적-해부학적 장치와 정신적으로 물려받은 것을 함께 끌어모은다.

내적 대상의 조직

구조의 이 수준은 시간이 지나면서 안정성을 향해 나아가고 무드의 기초로서 사용될 수 있다. 내적 대상들은 다양한 방식으로 변동하며, 그것들에 대해서는 성인의 꿈과 아동의 놀이를 통해서 상당히 상세하고 정확한 연구가 가능하다. 그 변화의 범위는 통합의 수준 (부분적 대상 또는 전체 대상), 관련성의 정도 (분리된 대상 또는 결합된 대상), 아름다움, 선함, 진실됨, 신뢰성, 힘, 세심함, 지능, 정서적 풍부함에 따라, 그리고 그것들이 마음속에서 불러일으키는 윤리 의식(양심)과 관련해서 까칠한 태도에서 부드러운 태도에 이르는 스펙트럼에 따라 달라진다. 그것들은 인격의 유아적 부분들에 의한 잔인한 공격에 의해 손상을 입을 수 있지만, 적절한 정서적 분위기가 주어진다면(우울적 불안), 서로 복구할 수 있고, 심지어 서로 되살려낼 수도 있다. 성, 재생산, 그리고 엄마의 내적 및 외적 아기들의 양육은 인격의 유아적 부분들이 압도적으로 몰두하는 것들이다.

그것들은 다양한 방식으로 자기의 부분들에 의해 동일시될 수 있다; 한 가지 방식은 내사적 동일시로서, 그것은 인격의 성인 부분을 발생시킨다. 그러나 그것은 또한 인격의 파괴적인 부분에 의해 침범되고, 점령되며, 부패될 수 있다. 최악의 형태에서 그것은 가학적 초자아(프로이트) 또는 "초"-자아(비온)를 발생시킨다.

여기에서는 새로운 아이디어가 내적인 결합된 대상에 의해 동화되는 곳에서, 그리고 그 대상이 자기로 하여금 그 아이디어를 그리고 그것의 도래에 수반되는 정서적 격랑을 숙달하도록 돕는 곳에서, "경험으로부터 배우기"(Bion)가 발생한다는 견해를 견지한다(Meltzer).

성인적 조직

인격의 유아적 구조가 생리학적 상태와 그곳에서 나오는 욕구들과 직접적으로 접촉되어 있는 반면에, 인격의 성인적 구조는, 부모가 유아와 아이의 생리학적 상태에 관심을 갖는 것과 같은 방식으로, 간접적으로만 관련되어 있다.

인격의 성인적 구조는 교사들이나 멘토들과의 관계와 같은 열망적인 의미에서 동일시되는, 내적 대상들과 관련되어 있다. 이 관계는 종교적 믿음, 또는 현재의 또는 역사적인 외부 세계의 영감을 주는 인물들에 대한 성인의 전이 형태로 외재화될 수 있다.

마음의 남성적인 속성과 여성적인 속성의 통합의 정도는 내적 대상들의 통합 상태에 직접적으로 의존해 있다; 결합된 대상과의 동일시는 창조적인 정신적 기능을 위한 전제조건이다. 세상과 그 안의 아이들, 인간, 동물 또는 식물들을 위한 부모의 작업 윤리와 책임감은 그 조직의 중심적인 관심사이고 그것의 기쁨의 원천이다. 성 안에 사랑이 있는 동반자 관계를 포함할 수 있는 그것의 능력은 가족을 생성해내는 반면, 친절한 협력관계를 유지할 수 있는 그것의 능력은 작업-집단(Bion)을 가능케 한다. 그것은 아동기 초기에 형성되기 시작한다.

유아적 조직

단순화한 형태에서, 유아적 조직은 인격의 소년-소녀, 아기, 파괴적 및 분열증적 부분들로 구성된 것으로 생각될 수 있다. 그러나 이 기본적 부분들은 방어적인 분열 과정에 종속되어 있고, 증가하거나 혼동될 수 있다. 게다가 능력들은 지능, 힘, 그리고 기질에 관해 언급했던 다른 특질들과 관련해서 각 부분들 사이에 일정하게 배분되어 있지 않다.

그러나 유아적 수준에서 조직의 지배를 결정하는 것은 힘(본질적으로 정신적 고통을 견디는 것을 뜻하는)과 지능(특히 언어적 능력과 관련된 상상력과 속도)이다.

파괴적 부분은 항상 주도적인 위치를 차지하기 위해 좋은 대상들과 경쟁하며, 다른 유아적 부분들을 지배하기 위해 모든 이별 상황을 주도권을 확립하는 데 사용하며, 그것을 위해 선전, 유혹 그리고 협박을 가리지 않는다. 그것은 거짓말쟁이, 깡패, 냉소자, 부패한 자이다. 그것은 전지성(모든-것을-아는-자)과 전능성(실행 기법과는 상관없이, 소망의 힘만으로 목적을 성취하는 능력)을 주장하면서, 스스로에게 권위를 부과하기 위해 다른 부분들의 질투, 정신적 고통을 견디지 못하는 것, 그리고 무지를 이용한다.

그것은 사물의 의미에 대해 검토하는 것을 극구 반대하고, 오직 외부 대상들만이 존재하며(심리적 현실에 대한 부인), 겉으로 보이는 것이 전부라고 주장하는 경향이 있다. 따라서 사람들은 그들의 관찰 가능한 행동들의 총합으로 간주된다. 따라서 그것은 사건 기록들을 수집하면서 그리고 미래는 과거에 대한 직접적인 외삽으로서 미리 말해질 수 있다고 주장하면서, 전이 관계(즉 내적 부모와의 관계의 외재화)를 그것이 의심할 수 있는 부적절한 대상들로 격상시킨다. 그것은 그것의 유아적 부분들로부터 범죄자 집단을 형성하는 경향을 갖고 있으며, 충분히 성공적일 경우, 그것은 과대적이 되고, 기본적 가정 집단을 확립한다 (Bion).

가족 조직

제한된 가족이든 확장된 가족이든, 가족 집단의 각 구성원이 방금 서술한 인격의 핵이라는 측면에서 사고될 수 있다는 점을 고려할 때, 여러 개의 다양한 조직 원리들이 가족의 구성원들의 성장과 교육을 위한 매우 다른 환경들을 산출하는 데 작용할 수 있음이 분명하다. 이 모델의 관점에서 볼 때, 역할(명목상의) 및 기능(실제적) 모두의 측면에서 가족들의 실제 심리-사회적 배열을 서술하기 위해서는 그것들의 명목상의 구조를 옆으로 제쳐두는 것이 필수적이다. 각 구성원을 고정관념에 의해 오염되지 않은 인간 존재로서 취급함으로써, 가족 집단에 대한 연구에서 기능의 실제 조직을 인식하고, 그것이 명목적인 역할의 보존과 상호작용을 하고 있음을 주목하는 것이 가능하다.

우리는 가족 조직의 네 개의 수준을 구별할 수 있다: 모계적 가족; 부계적 가족; 패거리 가족; 역전된 또는 부정적 가족. 나중에 논의될 조건들 하에서, 가족은 내적으로 그리고 공동체와의 관계에서, 그것의 세련됨을 상실할 수 있고, 보다 원시적이거나 부족과 같은 형태가 될 수 있으며, 세 가지 기본적 가정 집단들(의존, 싸움-도피, 짝짓기) 중 하나의 특징을 보일 수 있다(Bion).[3]

3) 비온의 세 가지 기본적 가정 집단들은 의존, 싸움-도피, 짝짓기이다.

기본적 가정 조직

비온을 따라, 우리는 무의식적인 원시 신화를 공유하는 것과 투사적 동일시(행동과 비-어휘적 수준의 언어)를 통한 의사소통에 의한 실행에 의해 특징지어지는, 보다 원시적인 조직의 형태가, 비록 항상 활성화되거나 명백한 것은 아니지만, 존재하는 것으로 보는 견해를 받아들인다. 그것이 보여주는 마음의 만장일치와 행동의 속도는, 적절한 의사소통과 협의가 발생하기 전까지는 증가된 주저를 수반하는, 보다 정교화된 조직 형태로서의 사고와 판단의 점진적인 중요성과는 두드러진 대조를 이룬다.

공동체 조직

이 모델의 한계는 공동체가 그리고 가족-안의-개인이 서로를 향해 갖는 네 가지 다른 오리엔테이션에 대한 고려에 있다; 개인 각자는 선택과 상호작용의 산물이다. 우리는 모든 것 안에 선택이 있지만, 가장 극단적인 정치적 폭군이 지배하는 경우, 일차적으로 작용하는 요인은 양방향적이라고 간주할 수 있다. 대체로 우리는 추진력(impetus)이 가족 안에서 발생해서 공동체를 향해 간다고 보지만, 편견이 강한 곳에서 이 방향은 역전될 수 있다.

다시금 비온의 용어 사용(「Attention and Interpretation, 1970」)을 따라, 우리는 이 오리엔테이션들을 이렇게 부를 것이다: 상생적, 공생적, 기생적, 그리고 편집증적; 선택, 불러내기와 자극하기 등 어떤 것이든, 각각의 경우 가족이 공동체와 갖는 관계는 상호적인 것으로 드러날 것이다.

5장

모니-컬의 오인 개념

서론

Jon Morgan Stokkeland와 Lars Thorgaard

모니-컬의 오인(misconception) 개념과 같은 것이 정신분석적 태도에 대한 우리의 이해에 그토록 중요한 것이 될 수 있는 것은 어째서인가? 멜처는 이 질문과 관련해서, "인지 발달"에 관한 모니-컬의 논문을 다루는 중요한 논의에서 그 대답의 요소들을 제공한다. 그는 모니-컬이 개인적으로나 전문가적으로, 그 자신, 그의 연구 그리고 그의 정신분석적 태도에 미친 영향에 대해 부드럽고 따뜻하게 서술한다.

멜처는 정신분석적 이론이 "판단적인 방식으로 우리의 작업 안으로 들어올 수 있는, 가혹하고 청교도적인 측면들에 의해 영향을 받았다"고 말한다. 그가 우리에게 오인 개념의 사용을 권고하는 이유는 "우리의 작업의 복잡성과 말로 설명할 수 없는 측면들에 대한 인식을 증가시키도록 돕기 위해서," 그리고 "서술과 부분적인 이해에 만족한 채, 모든 것을 설명해치우려는 나쁜 버릇에서 벗어나도록 우리를 돕기 위해서"이다. 모니-컬은 자신의 논문에서 "초기 발달적 경험에서 자라나는 근본적인 오인들에 기초한, 순진하고 비-의도적인 오해들은 인지 발달의 전체 구조를 심각하게 왜곡시킬 수 있다"고 제안한다.

멜처가 보기에, "이 개념의 특별한 매력은 그것의 비-판단적인 특질이다." "순진한" 그리고 "비의도적"이라는 핵심적인 단어의 사용에 뿌리내리고 있는, 이 특질은 정신분석적 태도의 정수를 나타낸다. 멜처는 로저 모니-컬과의 개인적 경험에서 이 태도를 흡수하였다. 그리고 그 태도는 모니-컬에 대한 그의 서술 방식에서 예시되고 있다. 우리는 멜처가 정신분석 실천에서 분석가의 비-판단적인 태도가 그 무엇보다 중요한 것이라는 생각에 동의할 것이라고 믿는다. 하나의 내적 음성이 멜처가 그의 세미나에서 항상 했던 말을 상기시켜준다: "나는 내 목소리 안에서 햇빛을 느낄 때에만 환자에게 말한다." 멜처가 모니-컬의 가르침과 관련해서, "그의 저술들의 분위기뿐만 아니라, 상담실에서 그가 작업하는 방법, 슈퍼비전에서 그가 가르치는 기법은 모두 동료 인간에 대한 판단적 태도에 반대하는 일종의 겸손함을 증언한다"고 말할 때, 그는 그 자신에게도 적용되는 하나의 초상화를 그리고 있었다. 우리는, 그가 표현했듯이, 그가 모니-컬에게 진 빚과 똑 같은 빚을 그에게 지고 있다.

모니-컬의 오인 개념[1)]
(1981)

문제의 핵심에 직접적으로 도달하는 비범한 능력을 지닌 로저 모니-컬은 정신적 질병의 개념에 대한 설명과 함께 정신분석적 발달의 세 시대를 다음과 같이 서술했다:

1896-1930: "정신적 질병은 성적 억제의 결과이다."

1930-1960: "정신적 질병은 무의식적인 도덕적 갈등의 결과이다."

1960-현재: "환자는, 임상적으로 아프든 아니든, 무의식적인 오인들과 망상들에 의해 고통받고 있다."

그는 그의 특징적인 겸손한 어조로, 자신은 "많은 기존의 이론들을 걸 수 있는 두 개의 걸쇠"를 만들기 위해 "인지 발달"에 대한 이론의 윤곽을 그려보기를 희망한다고 말한다. 이 글에서, 나는 "오인" 이론이 다른 정신분석 이론들이 갖지 못한 상당한 서술적 힘을 갖고 있는 새로운 아이디어일 수 있는 가능성을 검토하고자 한다. 그는 다음과 같이 설명한다:

> 그 두 걸쇠는 모든 갓 태어난 동물이 살아남기 위해서 수행해야만 하는, 두 가지 정신적 과제와 관련되어 있다: 타고난 것으로 보이는 몇몇 개념들(또는 계급관념들, class notion)의 습득, 그리고 태어날 때 미리 결정되어 있지 않

---

1) 이 글은 「Scientific Bulletin of the British Psychoanalytic Society」(1981)에 최초로 게재되었고 A. Hahn이 편집한 책 「Sincerity: Collected Papers of Donald Meltzer」(1994), pp. 496-513에 재게재된 멜처의 논문, "Does Money-Kyrle's concept of misconception have any descriptive power?"에서 발췌된 내용임.

은, 시간-공간 체계 안에서 그것들의 구성원들이 차지하는 위치.2)

모니-컬은 그의 탁월한 논문에서 생각하기에 대한 비온의 작업에 기초한 자신의 관점에서 "개념 건설"과 "체계 건설"을 검토하면서, 멜라니 클라인의 분열적 기제들에 대한 설명과 프로이트(1911)의 "정신 기능의 두 원리에 대한 공식들"에서 그의 사고의 토대를 찾는다:

실제로 일어나는 것으로 보이는 것은, 발달하는 인격의 부분이 인생의 사실들을 이해하는 법을 배우고, 오이디푸스 콤플렉스의 고통을 겪으며, 죄책감 때문에 그 콤플렉스를 버리고, 부모 사이의 관계를 받아들이며, 그것을 내재화하고 성숙을 이룩하는 동안, 다른 부분들은 무시되고 지체된 채로 남는다. (Money-Kyrl 1978, p. 421)

개인적인 개념들이 구체적인 것에서 표의적인 것으로 그 다음에 의식적인 언어적 표상들로 발달해야 할 필요성과, 외부 세계와 내면세계 모두의 개념 체계들이 발달해야 할 필요성, 이 두 가지 모두와 관련해서, 인격의 한 부분이 (또는 전체가) 인지적으로 지체되는 방식들이 조사되고 있다:

처음부터, 외부 세계 체계에 대한 기억을 간직하는 능력은 기초(the base)를, 처음에는 매우 구체적인 방식으로, 내

2) R. Money-Kyrle, "Cognitive Development", 1967년 영국 정신분석학회에서 발표, 국제 정신분석저널에 게재되었음: vol. 19, 1968). Meltzer (ed)「Collected Papers of Roger Money-Kyrle」(1978), p. 417에 재게재되었음.

> 재화하는 능력에 달려 있는 것으로 보인다. (p. 425)

이 기초는, 모니-컬은 제안하기를, "보통 신체-자아가 아니라, 신체-자아가 그것의 '홈'이라고 느끼는 어떤 것인 것처럼 보인다." 이 "홈"은 처음에 "마음의 기하학의 조정자인 O"로서의 젖꼭지임이 분명하다.

그러나 이 "홈", 즉 마음의 기하학의 조정자인 "O"는 몇 가지 방식으로 상실될 수 있다:

> 나는 지금 유아가 그 자신의 공격성을 투사하는 바람에 좋은 기초가 "나쁜" 것으로 바뀌고 그래서 나쁜 것으로 오인되는 방식에 관심을 갖고 있지 않다. 이것과는 별도로, 좋은 기초를 향한 지향은 최소한 세 가지 방식으로 상실될 수 있다: 아기는 시기심 때문이든, 아니면 박해적인 외부 세계로부터의 도피 때문이든, 전적인 투사적 동일시에 의해 그것을 상실할 수 있고; 그것이 자신이 정말로 필요로 하는 것이 아니라는 의미에서, 잘못된 기초를 향할 수 있으며; 그의 기초가 그 자신의 신체의 일부와 혼동되기 때문에 그의 지향에 혼동이 발생할 수 있다. (p. 425)

모니-컬은 "빗나간 기초"와 "혼동된 기초"는 쉽게 구분되지 않을 뿐만 아니라, 그것들로 인도하는 과정들 역시 모호하다는 것을 알고 있다. 이 글은 이제 이 모호한 영역을 탐구할 것이고, 이미 진술했듯이, 이 개념이 단순히 "기존의 이론들을 그 위에 걸 수 있는" 걸쇠인지, 아니면 새로운 서술적 힘을 가진 새로운 이론인지를 검토할 것이다. 나는 이것이 새로운 이론이며, 비온의 좌표와 그가 추정하는 부정적 좌표 이론을 포함해서, 현재 우리의 이론들이 지닌 서술적 힘을 능가하는, 엄마-아기 상호과정의 탐구를 위한 길을 열어준다고 제안하고 있다. 이러한 조사를 위한 중요한 도약은 모니-컬 자신이 1967년에 쓴 "인지 발달"에 관한 글의 후기(後記)에서 이루어진다. 그 글에서 그는 비온의 모성적 몽상 개념이 지닌 함축들을 검토한다. 쏟아지지 않도록 상자에 담긴 뾰족한 솔잎을 집어넣을 가방을 환자에게 준 엄마 같은 여성에 대한 아름다운 꿈을 검토하는 과정에서, 모니-컬은 이렇게 말한다:

> 그리고 만약 내 생각이 맞는 것이라면, 이것이 정상적인 발달에서 일어나는 것이다: 유아가 울음과 함께 그의 고통을 집어넣을 젖가슴을 발견한 다음에, 그것으로부터 독이 제거된 형태로, 그래서 필요하다면, 사고의 요소로서 저장되고 회상될 수 있는 형태로 그의 고통을 되돌려 받는다. (p. 432)

그는 이 환자의 경우, 어머니의 우울증 때문에 모성적 몽상의 실패가 있었을 것이라고 의심했다.

현존하는 이론들은 정상적인 발달과정과, 발달하는 아이의 병리적인 측면들이 아이의 가까운 환경들과 갖는 상호작용—정상적인(또는 "최적의") 측면들과 부적절한 측면들 모두에서—을 서술하는 데 상당한 진전을 이룬 것으로 보인다. 그러나 이것은 환경 안의 인물들의 행동의 의도적인 측면들만을 고려 대상으로 삼고 있다. 그것은 마치 그림을 서술함에 있어서 관람자에게 미치는 고유한 영향이 자리 잡고 있는 신비한 구성적(compositional) 특질들에 대한 언급 없이, 도상(圖像)의 측면만을 서술하는 것과도 같다. 유사하게, 분석 상황에 대한 우리의 서술

능력은 전이와 역전이의 내용—정서적인 그리고 환상의—에 대한 서술로 제한되는 경향이 있다. 이것은 치료 상황의 발달과, 그것이 분석가와 피분석자의 삶에 미치는 전반적인 영향을 이해하는 데 거의 도움을 주지 못한다는 점에서, 정신분석적 상황에 대한 "도상"(iconography)에 지나지 않는 게 아닐까? 1976년에 유럽 정신분석학회에서 발표한 논문[3])에서, 나는 분석가에 의한 더 넓은 범위의 자기-관찰이 환자 개인의 욕구에 맞추어 행동하는 그의 기법적 숙달을 증가시킬 수 있다는 생각에 기초해서, 상담실 안에서의 분석가의 기능에 대한 우리의 관찰의 범위를 확장하기 위한 시도로서, 더 많은 분석 상황의 "구성적 측면들"의 일부를 탐구했다. 그 논문에서, 두 가지 특별한 상호작용의 "차원들", 즉 대인관계적인 "온도"와 "거리"가 검토되었다. "오인" 개념의 유용성을 조사하기 위해서 내가 제시하려고 하는 자료 안에서, "오인" 개념의 유용성과, 엄마와 아기(분석가와 피분석자) 사이의 정신적 기능과 행동의 "비례적인 속도"(relative speed)의 차원이 고려될 것이다.[4])

[임상적 자료는 생략되었음]

이제 남은 과제는 모니-컬의 오인 개념이 어째서 우리에게 근본적으로 새로운 장을 열어주는 것인지, 또는 적어도 인간의 정신, 발달, 그리고 관계를 조사하는 우리의 정서적-윤리적 범위를 넓혀주는 것인지를 발견하기 위해서, 그 개념에 함축된 의미를 조사하는 것이다. 이 지점에서, 간략한 역사적 개요가 필요해 보

---

3) "Temperature and distance as technical dimensions of interpretation": 이 책의 3장을 보라.

4) 지면상 임상적 자료는 생략되었음.

인다. 물론 이 개요는 개인적인 것이고, 따라서 모든 분석가들이 동의하는 것은 아닐 것이다.

프로이트는, 특별한 세계관을 담고 있는 마음의 이론을 제시하는 것을 피하고 싶다는 소망을 피력했음에도 불구하고, 그것을 피할 수 없었던 것처럼 보인다. 초기의 지형학적 이론과 후기의 구조적 이론 모두를 포함해서, 그의 이론들에 내재된 인간 조건에 대한 전반적인 그림은 안과 밖으로부터 오는 자극들에 의해 공격 받고 있고, 평정 상태를 추구하고 있는 기계적 장치—"세 주인들"은 「The Ego and the Id」(1923)에서 가장 분명히 서술되었다—에 관한 것이었다. "죽음 본능 이론"과 "열반 원리" 모두는 "쾌락"이 부정적인 의미를 갖고 있다는 점을 분명히 드러낸다. 즉, 쾌락은 "자극들의 축적"이 발생시키는 "괴로움"으로부터의 해방이다. 적응의 문제가 드러내는 것들이 의미로 가득한 것으로 보일 수 있지만, 문제 그 자체는 본질적으로 기계적인 것이고, 따라서 무의미한 것이다.

자신이 관찰한 아이들의 환상들의 안내를 따르겠다는 멜라니 클라인의 결의—즉, 물리적 세계의 사실들이 신체를 위해 갖는 의미만큼이나 내면세계가 마음을 위해 갖는 의미가 구체적인 것이라고 취급하겠다는—는 의미를 마음의 창조물로 보는 플라톤 학파의 철학적 영역으로 그녀를 데려다 주었다. 내면세계를 의미를 생성해내는 극장으로 보는 이 관점은 전이 안에서 데려올 수 있는 "세계들"의 수를 증가시키는 것을 통해서 상담실에서 분별될 수 있는 현상들의 복잡성을 증가시켰다. 자기애의 개념을, 리비도가 흐르는 방향의 측면으로부터 유아적 구조들에 적용되는 구조적이고 조직적인 측면으로 변형시킨 것은 이론과 예방 모두의 측면에서 새로운 낙관주의를 불러왔다. 아동기 발달은, 프로이트가 그렇게 보았듯이, 생물학적으로 프로그램된 것으로 보일 수 있는데, 그 프로그래밍이 호의적인 환경 안에서 발생하는 한, 그것은 새로운 희망을 갖는다. 가족은 어린 묘목들이 자라는 "온실"과도 같다. 그 묘목들이 자라 꽃을 피우고 차츰 "단단해지고 나면," 즉 일단 우울적 자리 안에서 좋은 내적 대상들이 확보되고 나면, 그것들은 커다란 생존 능력을 지닌 채, 야생의 땅으로 이식될 준비를 갖춘다.

그러나 이 초기 낙관론은 좀 더 심각한 장애를 가진 환자들을 정신분석적으로 치료하고자 하는 과감한 시도들로 인해 오래 가지 못했다. 그러한 시도들에서 온 결과는 시기심 이론과 부정적 치료반응의 부활이었다. 장미나무에 해충이 들어왔고, 정원에 뱀이 들어왔다. 그리고 그것과 함께 그러한 낙관적인 초기 견해 배후에 실제로 인간의 영혼 안에서 일어나는 선과 악 사이의 싸움이 결국 최종적인 중재자로서 작용한다는 청교도적인 관념이 숨어있었음이 드러났다. 비온은 사고(thinking)를 해부하는 그의 작업을 통해서, 즉 사랑과 증오, 생명과 죽음, 진실과 거짓됨, 마음의 양식과 독 사이의 갈등의 현상학으로서의 진실과 거짓말 사이의 갈등을 환기시키는 것을 통해서, 이 가혹한 견해를 쫓아내지 못했다. "더러운 악마"는 아직도 덤불속에 숨어있다.

나는 그러한 견해가 르네상스가 재발견했던 것을 상실하고 있다고 제안한다: 즉 인간의 조건은 알지 못할 뿐만 아니라 본질적으로 순진한 세력에 의해 압도된, 비극적인 것이라는 헬레니즘의 견해. 이것은 개인 대 집단—본질적으로 외부적인—이라는 낭만주의의 고뇌(Romantic Agony)를 담고 있는 것으로 보이는, 프로이트의 견해가 지닌 농후한 비극적 측면과 혼동되어서는 안 된다. 나는 모니-컬의 오인 개념이 사람들의 개념적 참조 틀(frame of reference)—그들의 정신적인 분석적 기하학(mental analytic geometry)의 "O"—안에 있는 불연속성에 기초해서, 사람들 사이의 순진한 오해의 요인들을 조사할 수 있는 길을 열어준다고 제안하고 싶다.

물론 나는 이런 종류의 논문이 환기시키려고 시도하는 것—대인관계적 갈등과 발달적 왜곡의 한 요인으로서의 의도성의 부재—이 본질적으로 부정적인 것이라는 바로 그 이유 때문에, 그것의 임상적 예시에서 설득력을 가질 수 없다는 것을 알고 있다. 그러나 그것이 설득할 수는 없어도, 제안할 수는 있다. 초기 발달적 경험에서 자라나는 최초의 오인에 기초한, 순진하고, 비의도적인 오해들이 인지 발달의 전체 구조를 심각하게 왜곡시킬 수 있다고 제안할 수 있다. 이것이 임상적인 치료 작업을 위해 갖는 중요성은 그다지 큰 것이 아닐 수 있지만—그렇게 보이는 것으로 남겠지만—, 그것이 정신분석적 태도를 위해 갖는 중요성은 커다란 것일 수 있다. 나는 우리가 이 개념이 우리의 사고의 틀 안에 들어오도록 허용하는 것만으로도, 매우 판단적인 방식으로 우리의 작업 안에 들어올 수 있는, 이론의 가혹하고 청교도적인 측면들을 완화할 수 있다고 제안한다. 아마도 우리의 작업의 복잡성과 설명할 수 없는 측면들에 대한 우리의 인식을 증가시키는 것은 모든 것을 설명해 치우거나, 서술과 부분적인 이해에 만족하려는 잘못된 태도로부터 거리를 둘 수 있도록 우리를 도울 수 있을 것이다.

다음과 같은 질문이 야기될 것이다: 우리의 서술적 도구들에 대한 이러한 강화, 즉 오인 개념이 갖는 중요성은 무엇인가?[5] 나는 이 논문에서 제시된 자료가 지금까지는 서술에 접근할 수 없었던 발달적 과정의 영역들을 서술할 수 있는 가능성을 열어준다고 생각한다. 발달에 대한 정신분석적 이론들은 항상 환경이

5) 다음 구절은 "[최초의] 논문에 대한 두 번째 결말"을 나타낸다(Hahn 1994, [ed], p. 512).

개별적 아동의 타고난 경향성에 미치는 영향을 강조해왔다. 이러한 프로이트의 견해에다 분열과 투사적 동일시라는 분열성 기제들을 중요하게 취급하는 멜라니 클라인의 견해가 더해졌는데, 이것은 혼동의 문제를 도입했다: 가치, 지형학, 정체성의 혼동과, 자기와 대상 사이에서 발생하는 상호작용의 지대들과 양태들의 혼동. 비온은 사고 과정의 장애의 차원, 즉 진실을 발견하고자 하는 욕망과, 진실과 연결된 고통을 회피하기 위해 거짓말을 지어내는 능력을 사용하는 경향성 사이에 존재하는 끊임없는 갈등의 차원을 첨가했다. 나는 모니-컬의 오인 개념이 의미에 관한 갈등의 영역 바깥에 있는 발달적 요인들—따라서 발달에 대한 하나의 관점—의 차원을 도입한다고 제안하고 싶다. 그것은 확실히 정서적인 것에 뿌리를 두고 있지만, 그것에 대해서 서술할 수 있는 수용된 언어가 우리에게 없는, 개인들 사이의 정서적 공감과 소외의 측면들에 접근할 수 있게 해준다. "마음이 맞는"(congenial), "공감적인"(simpatico), "기분 좋은"(gemutlich), "찬동할만한"(agreable)과 같은 모호한 단어들은 인간관계 안에 있는 공감적 유대의 내용이나 기초를 탐구하는 데는 크게 도움이 되지 못한다.

아마도 이 개념의 특별한 매력은 그것의 비-판단적인 특질일 것이다. 여러 해에 걸쳐 로저 모니-컬과 함께 한 나의 개인적인 경험은 이 특별한 특질과 깊이 연결되어 있다. 상담실 안에서의 그의 작업 방법, 그가 슈퍼비전에서 가르치는 기법, 그가 쓴 글의 분위기, 이 모든 것들이 동료 인간을 판단하는 것에 반대하는 그의 일종의 겸허함에 대해 증언한다. 내적 과정들과 관련해서 선과 갈등을 빚고 있는 악의 역할에 대해 깊이 있는 감각을 갖고 있으면서도, 그는 대부분의 사람들이 서로 평화롭고 호의적으로 살기를 소망한다고 확신하였다. 그리고 그는 언젠가 사람들을 서로 갈라놓는 많은 오해들—부모들과 자녀들 사이, 남편들과 아내들 사이, 갈등을 빚고 있는 인종적 및 정치적 집단들 사이의—이 풀리면, 그렇게 하는 날이 올 것이라고 믿었다. 그는 철학과 사회적 과학들, 예술 그리고 문학으로 무장한 정신분석이 궁극적으로는 이 과제에서 성공할 것이라고 굳게 믿었다. 그것은 단순히 낙천적인 기질의 표현이 아니었다. 그것은 평화로운 시기와 전쟁 시기 동안의 그의 삶의 경험에서 온 것이었고, 분석적 상담실에서의 그의 경험에 의해 계속적으로 강화된 것이었다.

6장
통찰의 명료성에 대한 망상

서론

Tomas Plankers

이 논문이 재게재된 책인 「폐소」(Claustrum)는 우리에게 영감을 주는 멜처의 이론적 및 임상적 사고의 결정판이다. 그의 후기 작업의 일부인 그 책에서, 멜처는 클라인학파 개념에 담긴 아이디어의 씨앗을 꽃피우는 창조적인 능력을 다시 한 번 유감없이 보여준다.

멜라니 클라인은 분열성 기제들(1946)에 관한 논문에서, 편집증적 불안을 아이가 엄마의 신체로부터 좋은 내용물을 빼앗고, 엄마를 내적으로 통제하기 위해서 자신의 대변을 그녀 안에 두는 어린 아이의 구강적 충동과 연결시켰다. 이제 엄마가 아기의 나쁜 부분들을 담고 있는 한, 그녀는 더 이상 분리된 대상으로서 경험되지 않는다: 그녀는 이제 나쁜 자기이다. 투사적 동일시에 관한 이러한 발견들과 항문기 성격에 대한 아브라함의 논문(1923)에 근거해서, 멜처는 항문 자위와 투사적 동일시의 관계(1966)에 대한 논문을 썼으며, 그 논문에서 자기애와 자체성애의 개념들을 발달시키는 데 클라인학파가 특별히 공헌한 바가 어떤 것인지를 밝혀냈다. 그의 중심적인 아이디어는 내적 대상들과의 투사적 동일시를 둘러싼 것이었다: 자위 활동은 정신적 고통의 원인으로 가정되는 것을 파괴하고 그것을 통제하면서, 대상 안으로 침투하는 환상들을 자극해낸다.

정신적 과정들의 지형학에 대한 비온의 발견들을 따라, 멜처는 처음에 「자폐증의 탐구」(1975)에서 그리고 나중에 「꿈-생활」(1984)과 「확장된 초심리학」(1986)에서, 내적 엄마의 내면세계에 대한 윤곽을 그려냈다. 「폐소」(1992)에서, 그는 침범적 동일시를 통해 들어갈 수 있는, 내적 엄마의 내부 세계 안에 있는 세 영역들에 대해 매력적인 설명을 제공한다: 머리-젖가슴 영역(통찰의 명료성에 대한 망상에서처럼), 성기 영역, 그리고 항문 영역. 이것들 중의 하나 안에서 무의식적으로 살아가는 것은 심각한 정신병리를 수반한다. 이 자기애적 세계들에 대한 멜처의 조사들은 정신분열증, 경계선 상태, 변태, 중독 그리고 폐소공포증적 현상에 대한 우리의 이해를 크게 확장시킨다. 그 외에도 집단, 조직 그리고 정치에 대한 사회심리학적 이해는 내면세계에 대한 이러한 고유한 접근으로부터 심오한 유익을 얻는다. 그 책은 멕 해리스 윌리엄스가 인용한, 셰익스피어의 맥베드에 담긴 다의성(多義性)에 대한 인상적인 분석으로 끝을 맺는데, 그것은 폐소 개념이 임상적 영역을 초월해서 광범위한 유용성을 갖고 있음을 보여준다.

통찰의 명료성에 대한 망상[1)]
(1976)

자신의 감각 장치를 실행하기 위해 도구를-만드는 인간은 과학적-인간이 되었고, 외부 세계 안에 있는 많은 것들을 평가하기 위한 놀라울 정도로 광범위한 범위의 도구들을 발달시켰다. 또한 인간은 이 대상들에 관한 기억과 의사소통을 돕는 데 적합한 표기 체계를 발달시켰으며, 특히 지난 세기 동안에 이러한 신호로서의 성공에 힘입어, 이해할 만한 낙관주의와 함께, 그의 내면세계, 또는 정신적 현실을 구성하고 있는 사물들을 서술하고 측정하는 데 동일한 기법들을 적용하려고 시도하기 시작했다.

도구들과 데이터들이 내놓은 결과들은 다시금 인상적인 것이지만, 많은 사람들은 이러한 산물들의 가치와 정확성에 대해 불편하게 느끼는데, 그 이유는 그것들이 어떤 식으로든 시인들, 예술가들, 음악가들, 그리고 신학자들에 의해 발달된 조사와 의사소통의 도구들에 비해 의미심장함과 풍부함에 있어서 훨씬 부족해 보이기 때문이다. 어떤 사람들은 그것이 도구의 탓이 아니라, 개념적 배경의 탓이라고 느낀다. 다른 사람들은, 비트겐쉬타인(1953)이 주장하듯이, 우리가 보여줄 수만 있는 것을 말하려고 시도하면서, 언어의 한계에 맞서고 있다고 느낀다. 프로이트는 상당히 일찍이 자신의 언어 사용에 놀랄만한 분열이 포함되어 있다는 것을 알아차렸다(Breur & Freud, 1893-5): 그의 이론들은 실험실 분위기를 풍긴 반면에, 그의 데이터들은 짧은 이야기들처럼 들렸다. 작업을 계속해나가면서, 그는 또한 개념적 난관에

1) 1976년에 「International Journal of Psycho-analysis」에 처음으로 게재되었고, 멜처의 「Claustrum」(1992), pp. 73-85에 재게재되었음.

직면할 때마다 거듭해서 그의 일차적 자료인 꿈으로 돌아가곤 했다(Freud, 1918).

이것은 놓치기 쉬운 교훈인 것처럼 보인다. 우리는 우리의 환자들, 그리고 우리 자신들이 꿈에서 고유한 언어를, 즉 예술의 정수 또는 미적 정수가 아니더라도 꿈의 내용을 형태 짓는 언어를 제시한다는 사실을 잊을 수 있다. 꿈들은 외부 세계의 형태들을 빌려와서 그것들을 내면세계의 의미로 물들인다. 우리는 임상을 통해서 우리 자신들과 우리의 환자들의 꿈-언어를 상당히 유창하게, 때로는 심지어 예술의 경지 수준으로 읽는 법을 배운다. 그것의 도움으로 우리는 즉시 고도로 개인적인 동시에 신비스럽게 우주적인 해석을 위한 어휘와 음악을 발견한다. 정신분석이 그것 자체로서 진정으로 예술의 한 형태라는 주장 근저에는 바로 이 꿈-팔레트를 우리가 사용한다는 사실이 놓여있다. 그 팔레트를 사용하는 사람이 비록 위대한 거장은 아니더라도 훌륭한 숙련가인지에 대한 질문과는 전혀 상관없이 말이다, 이 방법에서 우리는 관찰과 사고의 과학적이고 의식적인 양태에 의해 지도받는, 직관적인 통찰들과 함께 움직인다. 그것은 영감과 위대한 아름다움이 출현할 수 있는 가능성을 허용하는 풍부한 잠재력을 갖고 있는 방법이다.

과학적 기능의 지도 하에 이루어지는 이 예술적 활동에서 과학적 기능들은 몇 개의 특수부대들과 함께 작전을 전개한다. 먼저 아마도 우리는 하나의 공식이 현재의 자료를 적절히 다룰 수 있는지를 보려고 시도할 것이다. 그 다음에, 쉬는 동안, 우리는 그것이 이전 자료 및 해석과 조화를 이루는지를 평가할 것이다. 뒤이어 우리는 새로운 자료와 과정의 진화에 그것이 미치는 영향을 평가할 것이다. 그러나 우리의 확신의 강도는 이러한 통찰과 판단의 결합에서 오는 것이 아니라고 나는 제안한다. 그것은 경험의 미적 구성요소에서 온다—자료와 공식이, 우리 자신들과는 상관없이, 함께 거주하고, 꽃피우고, 열매 맺는 방식으로서의 "아름다움."

이 느린 과정에서 분석가의 마음 안에 떠오르는 해석적 가능성의 풍부함은 역설적인 역할을 수행한다. 이 풍부함이 확신이 무르익고 아름다움이 출현하는 시간을 연장시키지만, 그것에 비례해서 확신의 내구성이 강화된다. 그러나 우리는 우리 안에서 전혀 다른 과정이 발생하는 것을 알 수 있는데, 우리는 그것을 심지어 영감과 혼동할 수도 있다. 자연스럽게 우리는 그것을 우리의 환자들 안에서 좀 더 쉽게 볼 수 있게 되는데, 나는 그것이 "통찰의 명료성에 대한 망상"이라는 생각에 도달했다. 그것은 역시 자손을 낳는다—그러나 그것은 아름다움 중의 하나가 아니다. 그것이 애지중지하는 아이는 "앉아서-판단하기"라고 불린다. 잘난 체함, 거만함, 초연함 그리고 자만심이 재빠르게 그 뒤를 따른다.

내가 탐구하고 예시하고 싶은 것이 바로 이 두 가지 기능 형태들의 병렬과 그것들 사이에서 일어나는 변동의 기초이다. 왜냐하면 나는 그것의 뿌리에 동일시 과정들과 내사적 양태에서 자기애적 양태로의 전환이 있다고 의심하기 때문이다. 나는 "투사적" 동일시(Klein, 1946)가 아니라 "자기애적" 동일시를 말하는데, 그 이유는 투사적 동일시가 그러한 전환을 성취하는 유일한 수단인지 전적으로 확신하지 못하기 때문이다. 그러나 독자들이 보게 될 것이지만, 나의 자료는 인식선호적 본능과 밀접하게 묶여 있는 투사적 동일시의 특정한 측면만을 가리키고 있다. 지식에의 갈증이 아직도 시기심 및 질투와 관련된 동기에 의해 강하게 지배받는 곳에서, 그것은 경험, 예, 시범에서 배우는 것을 참지 못한다. 대신에 그것은 전지성이 주는 즉각적인 정서적 만족을 추구하는데, 이것은 무의식적 환상 안에서 그것의 내적 대상의 감각 장치와 정신적 기구 안으로 침범해 들어가는 것에 의해 이루어진다. 이것을 예시하기 위해 나는 몇몇 임상적 사례를 제시해보겠다:

사례 A

한 의대 학생이 근래 분석을 쉬는 동안에 임상적 관찰과 사고 능력이 급격히 퇴화되는 것을 주목했다. 그는 꿈을 가져왔는데, *그 꿈에서 그와 그의 아내는 시골길을 걸으면서 아름다운 경치에 감탄하고 있었는데, 그 다음 장면에서 그들은 두 개의 수로 사이에 있는 둑길을 따라 자동차를 운전하고 있었다. 갑자기 자동차가 멈춰 섰고 그는 자신이 너무 멀리 왔다는 것과, 그로 인해 그의 자동차를 석유 펌프에 연결시켜주는 고무호스가 끊겼다는 것을 깨달았다.*

이 꿈의 요지는 그가 투사적 동일시를 사용하고 있는 동안(자동차를 운전하고 있는 동안), 데이터(풍경)의 복잡성과 아름다움에 대한 이해가 그가 현재의 한계를 극복하도록 도움을 얻기 위해 분석이 필요하다는 것을 깨달을 때까지, 일방통행적인 마음과 인과론의 단순한 아이디어들(둑길)로 좁혀졌다는 것을 보여주는 듯하다.

사례 B

분석 5년 차인 젊은 작가는 그의 성기적 오이디푸스 콤플렉스, 그리고 창조적 능력을 지속시키는 데 분석과 그의 내적 대상들에게 의존해 있는 문제와 씨름하고 있었다. 분석의 종결에 대한 전망이 시야에 들어왔는데, 그것은 그를 그의 어린 딸과의 정체성 혼동 속으로 그리고 둘째 아이를 갖는 문제와 관련된 혼동 속으로 내던지는 경향이 있었다. 그는 꿈속에서 그의 동료와 함께(분석가와 연결된 것으로 오래 전부터 인식된) *돔처럼 생긴 강당*(전날 Heath 근처에서 그가 감탄했던 것처럼 생긴) *안에서 그가 새로 쓴 책에 관해 논의하고 있었다. 그 동료가 그 책의 두 주요 부분들이 지리적으로 좀 더 창조적으로 연결되어야 한다고 제안했을 때, 환자는 갑자기 윙윙거리는 소리에 의해 방해를 받았다. 그가 위를 바라보았을 때, 하늘은 독일 전투기와 반딧불이가 혼합된, 투명한 대상들로 가득했다. 그는 그의 어린 소녀를 폭탄으로부터 보호하기 위해 집으로 달려가야 한다고 느꼈다.*

그 꿈은, 분석가가 그의 내적 대상들이 새로운 아기를 창조하기 위해 함께 모이는 것을 허용하는 것일 수 있다고 제안한 순간에, 환자의 통찰의-명료성에 대한-망상(그의 강당-젖가슴 안의)은 이것이 그 자신의 어린-소녀 부분에 대해 파괴적일 수 있고, 그래서 그 소녀 부분이 어떤 대가를 치르더라도 그런 경험으로부터 보호되어야만 한다고 느낀다는 것을 강하게 암시하는 것 같다. 그녀를 폭격하는 것은 오직 나치-시기심과 아빠의 흥분시키는 성기들(반딧불)을 통해서일 뿐이다.

사례 C

한 젊은 여성이 아빠가 나타나 결혼해주기를 기다리는 잠재기 유형의 피상성으로 인해 분석에서 아무런 진전도 이루지 못하는 것으로 보였다. 이 피상성은 어떤 해석도 그것의 내용과 관련해서 진지하게 취급되지 못한 채, 사랑의 성애든지 아니면 가학적 성애든지, 오직 역전이 활동으로서만 취급되는 방식으로 분석가-아빠에게 단단히 달라붙어 있었다. 그녀는 주말 동안에 자신의 형제를 방문한 이후에, *꿈에서 어린 소년을 들어 올려 키스를 하고 있었는데, 그때 자신의 입에서 나쁜 냄새가 날까봐 약간 두려웠다.* 이 꿈은 주말 동안에 그녀가 분석가-엄마 안으로 들어가 아기들을 훔치지만, 그녀의 사랑이, 그녀의 담배 중독에서 반영된 항문기 가학성에 의해 오염되는 것을 걱정하고 있음을 의미하는 것으로 추정되었다.

다음날 밤 꿈에서, 그녀는 특별히 긴 페니스로 어린 소년을 매질하려는 의도를 갖고 있는 광적인 동성애자로 보이는 캐리 그랜트(Cary Grant)에게서 그 소년을 보호해주고 있는 유리로 된 강당 안에 있었다. 그녀가 엄마에게서 아기를 훔치는 사람에서 성애적 아빠의 가학적인 혀-페니스에게 피학적으로 복종하는 이 내면의 아기들 중의 하나로 전환되었다고 내가 꽤 길게 해석하자, 그 환자는 낄낄댔고, 능글맞게 웃었으며, 나더러 왜 그렇게 심각하고 흥분하느냐고 물었고, 그 외에도 나의 해석이 실망스러울 정도로 창의적이지 못한 것 같고, 아마도 그녀가 나의 해석에 감탄하지 않아서 내가 상처를 받은 것 같다는 등의 말을 했다. 분명히 나는 그녀를 젖가슴(강당) 안에 있는 투사적 동일시로부터 옮겨놓을 수 없었고, 따라서 그녀가 갖고 있는 분석가의 마음상태에 대해 명료하게 통찰하고 있다는 망상은 의심의 여지없이 분석가가 상처 받았고, 흥분했으며, 긴 해석-페니스들로 그녀를 가학적으로 매질했다는 것을 그녀에게 보여주고 있었다.

분명히 그런 예들은 너무 일화적이고 설득력이 없다. 그것들은 많은 의혹들과 대답되지 않은 질문들을 남겨둔 채, 단지 예증할 뿐이다. 사례 A에서, 탁 트인 풍경이 둑길로 좁아지는 것은 상상력이 황폐해지는 것을 암시할 수 있다. 사례 B에서, 돔처럼 생긴 강당은 젖가슴과 나치-비행기-반딧불이들이 실제로 고도의 전지성을 암시하는 것일 수 있다고 제안한다. 사례 C가 눈의 굴절 기능의 실패를 훨씬 능가하는 정도로 안경에 의존해 있다는 사실은 엄마의 눈을 통해서 세상을 바라보기 위해 엄마의 강당으로서의 머리-젖가슴 안으로 들어가기 위한 수단으로서, 리프트를 타고 올라가는 것과 연결되어 있을 수 있다. 그러나 그것은 모두 그 자체로서 암시적인 것일 뿐이다. 한 사람의 삶의 스타일 안에서 작용하는 그러한 것의 존재에 대한 더 큰 확신뿐만 아니라, 그 작용들의 역할에 대한 더 풍부한 관념들을 발견하기 위해서는 분석에 대한 좀 더 장기적인 그림을 보아야 한다.

사례 D

결혼과 아이 양육을 성공적으로 결합해낸, 화학분야의 연구자로서 성공적인 길을 걷고 있는 사십대의 한 아름다운 여성이 아이들에게 짜증을 내고, 자신의 이마를 꼬집으며, 충동적으로 초콜릿을 먹는 문제로 분석을 받으러 왔다. 그녀의 남편과의 관계는 캐나다에서 그들 각자가 서로 연관된 분야에서 일하면서 특별히 행복하고 생산적인 시절을 보냈던 시기 이후로 점진적으로 나빠진 것처럼 보였다. 처음부터 그녀는 분석에 대해 극도로 회의적이었고, 그녀가 런던에서 알고 있던 분석을 받은 많은 사람들 중에서 그녀가 보기에 뚜렷한 진전을 보였던 유일한 사람은 역설적으로 그 방법에 대해 가장 덜 열광적이었다고 느꼈다.

처음부터 그 작업은 매우 지능적이고 관찰력이 뛰어난 여성이 제기하는 방법의 타당성에 대한 미세한 질문에 지속적으로 직면해야만 했다. 그 질문은 적대적인 방식이 아니라, 그녀가 좀 더 흠 없는 협력을 제공하는 데 필요한 것으로서 제시되었다. 피상적으로는, 이것이 그녀가 실제로 한 것이지만, 그녀의 태도는 근저에 부정적 사고가 존재한다는 것을 암시했고, 그녀는 자신이 유익을 얻을 수 있을 거라는 희망을 거의 갖고 있지 않다고 인정했다. 하지만, 그녀는 그녀의 성격적 특이성들에게 자신을 쉽게 넘겨줄 수는 없다고 느꼈다. 왜냐하면 그 특이성들이, 그녀의 남편의 행복은 말할 필요도 없이, 모든 합리적인 노력이 행해질 때까지 아이들에게 영향을 끼쳤기 때문이다. 어떤 점에서 분석가는 일정 수준의 희망적인 느낌을 유지해야만 했고, 끊임없이 재발되는 희망 없음의 큰 부담을 감당해야만 했다. 분석가와 분석은, 환자가 절묘하게 균형 잡힌 소망과 함께 가능성이 희박한 결과를 기다리는 동안, 시험에 처해졌다. 제시되고 있는 불평들이 그녀의 성격과 병리적 증상의 작은 부분에 지나지 않는 것임이 밝혀지는 동안, 다른 영역들에서 어떤 진전도 일어나지 않는 것은 당연한 것이었다. 그녀의 과민반응은, 분석 3년차에 그것이 마침내 막연한 무관심과 모든 사람에 대한 사랑 없음으로 변형될 때까지는 점점 더 악화될 뿐이었다. 그녀의 메모에는 분석은 단지 그녀를 더 악화시켰을 뿐이고, 실제로 그녀의 삶을 완전히 좌초시킬 것이라는 모든 약속을 주었다고 적혀 있었다. 하지만, 역설적으로, 그녀는 분석을 떠나고 싶어 하지 않았고, 오랜 기간 동안—그녀와 나 중에 누가 먼저 죽든지—분석에 머물겠다는 온갖 신호를 보여주었다. 이러한 힘겨운 흥미의 상실—일, 아이들, 성, 사회생활에 관한—에 직면해서, 나는 분석이 갖고 있는 장비와 그것의 내적 진화를 굳게 붙들어야만 했다.

그러나 실제로 분석적 자료의 발달, 전이의 진화 그리고 정신적 과정에 대한 환자의 증가하는 이해는, 그녀 편에서의 즐거움과 열심을 제외하고는, 아무것도 남겨주지 않았다. 초기의 강렬한 성애적 전이는 매우 분명한 관음증적 요소들을 드러냈다. 분석가를 바라보고, 그가 내는 소리를 듣고, 그의 냄새를 맡고, 그리고 집 안의 다른 사람들의 외양에 대해서 그랬듯이 그의 외양을 자세히 모니터링하려는 강한 욕망이 때로는 부모의 침실에서 있었던 초기 경험들의 영향—그녀의 꿈에서 예시되었듯이—을 가리키는 것처럼 보였다. 분석가의 방에 들어가고 나오는 것을 인정받는 가능성에 관한 편집증적인 태도와 함께, 비밀스러움의 요소가 증가했다. 그녀와 그녀의 어머니의 관계가 매우 따뜻한 것으로 변했고, D가 그녀의 아버지의 죽음 이후로 맡아왔던 보호자의 역할을 대체했다는 사실에도 불구하고, 그녀는 분석을 그녀의 어머니가 알지 못하는 절대적인 비밀로 유지했다. 이 비밀스러움이 그녀의 어머니에게 모호하게 상처를 주는 행동의 일부임이 분명하다고 분석가가 제안했을 때, 환자는 그렇지 않다는 사실을 입증하려고 시도했다. 그녀가 자신의 어머니에게 한 질문에 대한 대답으로, "그래, 네가 날 사랑한다는 걸 알아"라는 말을 들었을 때, 그녀는 그 말속에 체념이 암시되어 있다는 것을 알아챌 수 없었다. 실제로 모든 증거는 그녀가 어렸을 때 고집이 세서, 양육자가 일찍부터 타협의 기술을 사용해야 했던 아이라는 쪽을 가리켰다. 그녀의 고집은 엄청났고, 달래주지 않으면 쉽게 자기-파괴적 행동으로 내몰리는 것이었다. 게다가 그녀는 그녀의 여동생을 여러 가지 방식으로 볼모로 삼았다. 전이 상황 안에서 자신이 "옳아야만 되는" 그녀의 필요는 모든 것 위에 군림하는 열정이었는데, 그것의 기원은 어느 정도 확신을 갖고서 그녀가 두 살 때 겪었던 몇 가지 사건들로 거슬러 올라갈 수 있었다: 여동생의 탄생, 부모의 침실에서 쫓겨난 것, 그리고 새 집으로 이사한 것.

결합된 부모로서의 분석가에 대한 성애적 관계는 부모의 침실에서 살았던 행복한 시기와 그에 따른 정체성 혼동에서 매우 상세하게 반복되었다(Meltzer, 1967). 캐나다에서 살았던 기간은 무의식 깊은 데서 부모의 침실에서 살았던 시기와 비슷한 것으로 경험되었고, 그래서 런던으로 돌아온 것은 결코 용서받을 수 없는, 대 축출에 대한 회상들을 자극해냈음이 꿈에서 분명하게 드러났다. 아동기 동안에 부모에 대한 그녀의 복수는 그녀의 성에 관해 매우 신성한 비밀스러움을 주장하는 형태를 취했고, 이것은 부모가 자신들의 침실에 대한 프라이버시를 확립하는 문제와 평행을 이루고 있었다. 그녀는 모든 비밀을 털어놓는 아이가 됨으로써 이 믿음에 대한 배신을 숨겨주는 가림막의 역할을 했고, 비밀유지에 대한 이 이중적 기준은 성애적 전이가 가라앉고 난 후에도 분석적 상황에서 오랫동안 다시 나타나곤 했다. 그러나 그녀의 꿈들은 차츰 비교적 모호한 항문기 변태성을 띤 내용을 포기했다. 그녀의 결혼생활에서 그것이 실연되었다는 사실이 드러났고, 그녀는 서서히 그것으로부터 벗어날 수 있었다.

이것의 결과로, 분석에서의 분리들은 더 민감하게 느껴졌고, 이것은 그녀의 인격의 성인 부분과 유아적 구조들 사이를 분명하게 구분할 수 있게 해주었다. 이 유아적 구조들은 "변기-엄마"(Meltzer, 1967)를 긴급하게 필요로 하면서도 수유-젖가슴의 높이에서 떨어지는 것을 두려워하는 매우 의존적인 아기를 포함하고 있었다; 그리고 그 외에도 모든-것을-아는 언니 부분이 등장했다. 이것은 엄마보다 더 잘 알고 있으면서 자리에 앉은 채 거의 모든 사람을 가혹하게 판단하는 부분이었다. 이것에서 제외된 유일한 한 사람은 역사적으로 계속해서 "부모의" 속성들이 부여되었던, 그녀의 외조모인 것으로 보였다. 분석에서 그녀의 외조모는, 분석가가 부모들처럼 매우 성적이지만 신뢰할 수 없는 사람으로 느껴졌던 반면에, 멜라니 클라인과 동등한 위치를 갖고 있었다.

3년 차로 들어가면서 D부인의 분석은, 그녀가 자료를 대수롭지 않은 투로 제시하고, 지루함을 아슬아슬하게 위장한 채 해석을 들었으며, 증거에 대한 분석가의 무모한 태도를 걱정하면서 분석 작업에 대한 막연한 저항의 늪 속으로 빠져드는 것처럼 보였다. 그녀는 진실-기능에 대한 기준을 미적 영역에 둔 과학, 즉 아무것도 증명하지 못하고 아무도 설득할 수 없는 과학은 존중할 만한 가치가 없는 것이라고 명백하게 간주했다. 이것은 어느 날 상담실 천정에 매달려 있는 "거미줄"과 관련된 하나의 사건에서 웃음을 자아내는 수준에 도달했다. 그것의 기원에 대한 질문, 즉 그것이 꼭 거미를 암시해야만 했는지, 아니면 정전기로 인해 붙어 있는 먼지의 알갱이일 수도 있지 않겠느냐는 질문이었다. D부인은 곧 바로 그 단어를 알아보기 위해 물리학이나 생물학 교과서보다는 뉴 옥스퍼드 사전을 찾아보았고, 거기에서 그 뜻을 확인했다. 나의 개인적 경험에서 이미지의 의미를 찾아보는 가능성은 사전적 정의를 선호하는 바람에 배제되었다. 다른 현상들에 대한 분석가의 경험이 어떤 것이든 간에, 그것들이 "거미줄"일 수는 없었다. 그는 잘못된 "언어-게임"을 통해서 (Wittgenstein, 1953) 언어적 실수를 범하고 있었다.

그 이미지의 의미와 그것이 언어와 갖는 관계에 대한 논쟁은 환자의 어머니를 포함하는 일련의 꿈들에서 절정에 달했다. 빈번히 그들 두 사람은 *함께 언덕을 오르고 있었고, 바다가 내려다 보이는 절벽에서 피크닉을 하거나, 집의 위층에서 음식을 준비하고 있었다.* 이러한 많은 상황들에서 그녀는 누구의 판단이 최상의 것인지와 관련해서 계속해서 그녀의 어머니와 갈등을 빚었다. 그녀는 어머니의 제한된 지식, 경직성, 나이와 피로, 지역적 편협성 등을 끝도 없이 견뎌야만 했고, 그 동안 그녀의 어머니는 끝도 없이 참고, 양보하며, 친절해야 했다. 이 아기를 젖가슴에 대한 신뢰가 있는 의존으로 데려오는 문제는 "큰 언니" 부분 안에 투자되어 있는 그녀의 유아적 정체성이 지닌 집요함에 의해 분명히 방해받았다. 그녀가 매 회기마다 분석적 방법을 이런 식으로 취급하고, 팔찌의 구슬을 만지작거리거나 그녀의 아기-어깨를 으쓱거리면서 분석을 지루해하고는, 회기가 끝나면 아기-코를 하늘로 향한 채 퇴장하는 모습은 아주 절망적이었다. 그러나 그녀가 꾼 하나의 꿈이 이 갑옷에 하나의 치명적인 약점이 있을 수 있다는 희망을 안겨주었다.

두 달 전에 그녀는 자신의 목소리의 음색을 싫어한다는 것을 말해주는 것으로 보이는 꿈을 꾸었다: *그녀는 피아노 소리가 그렇게 안 좋은 이유가 족제비가 그 안에 숨어 있으면서 부속품을 부식시키는 거품을 만들어내기 때문임을 발견했다. 그녀가 그 족제비를 창밖으로 내보내려고 시도했을 때, 그 족제비는 두 마리의 큰 개가 지키고 있음에도 불구하고 계속해서 안으로 다시 들어왔다.* 이것은 항상 분석가의 미덕은 간과하면서 그에게서 결점들을 찾아내기에 바쁜 그녀의 눈뿐만 아니라, 그녀의 목소리 안에 있는 산(酸) 같은 경멸과 연결되어있는 것이 분명해보였다. 좋은 음식으로 아기의 배를 채우려고 노력하는 젖가슴을 좌절시키기 위해 이것이 작동하는 방식과, 그것이 변태적인 성적 성향과 연결되는 방식은 풍부한 연상적 틀을 가진 매우 공포스럽고 결정적인 꿈에서 훌륭하게 압축된 형태로 표현되었다. *꿈에서, 런던에 있는 학교는 더 이상 성서를 가르치지 않는 것으로 보였다. 왜냐하면 그것이 "도덕 철학"과 같은 고상한 용어로 불리지 않는다면, 그것을 수용하지 않겠다고 했다는 이유 때문이었다. 그때 그녀는 교실 안에 있었는데, 한 소녀가 코튼 울(cotton wool)로 된 천 조각들을 나누어주고 있는 동안에, 다른 소녀는*

큰 새가 다른 소녀를 낚아채가도록 만들기 위해 신비스런 주문을 외우고 있었다. 그 순간 D부인은 한 새-여성이 창가에 나타나 날개와 나무 조각으로 유리창을 두드리면서 안으로 들어오려고 하는 바람에 공포에 질렸다.

이 꿈에 대한 연상들은 깊이 있고 신랄했다. 그들이 캐나다에 있는 작은 집에서 살고 있을 때, 아침마다 로빈(개똥지빠귀의 일종) 한 마리가 날아와 침실 창문을 두드리곤 했었다. D부인은 그 집이 비어있는 동안에 그 새가 그곳에 둥지를 지었을 거라고 생각했다. 그 꿈을 꾸던 날, 환자는 일이 있어서 옥스퍼드에 가야만 했고, 길에서 분석가를 만나게 되면 불편할 거라고 느꼈다. 분석가를 만나는 대신에, 그녀는 당혹스럽게도 집으로 돌아오는 길에 그녀의 어머니가 리딩(Reading)에서 기차를 갈아타기 위해 차에서 내리는 것을 보았다. 그 어머니는 D부인이 창문을 열 수가 없었기 때문에 그녀를 보지도 못했고 그녀의 목소리를 듣지도 못했다. 그녀는 자신의 전지성, 즉 어머니의 방문 기간이 더 길 것이라는 확신이 어머니가 옥스퍼드에서 함께 머무르고 있는 사촌에게 전화하는 것을 가로막았고, 그 결과 어머니와 함께 자동차를 타는 즐거움을 놓쳤다는 것을 깨달았다.

그러므로 꿈속의 새-여성이, 캐나다 시절의 로빈처럼, 좋은 아기와 다시 접촉하려고 시도하는 그녀의 엄마—하지만 진실에 귀가 멀고(코튼은 귀를 막는 데 사용하는 솜일까?), 모든 것을 알고 모든 것을 보는 "큰 언니"의 거짓된 말에 의해 지배받고 있는—를 나타낸다는 것이 분명했다. 이론적으로 이것은 자기와 대상의 만족스러운 분열-그리고-이상화를 사용하지 못하는 무능력을 나타내는 것일 수 있다(Klein, 1932).

그 뒤에 이어진 수개월 동안 상담실에서 행동과 무드의 흥미로운 변화가 매우 점진적으로 발생했다. 정신분석적 방법에 대한 경멸과 그것의 효과에 대한 지독한 회의, 즉 그녀의 통찰의-명료성에 대한-망상과 판단적 태도에 기초해 있는 모든 것이 그녀 자신과 성격에 대해 골똘히 생각에 잠기는 비관주의로 바뀌었다. 그녀는 그녀 자신 안에 완강한 성향이 있다는 것과 그것이 어떻게 도움을 받거나 의존하는 것에 저항하는지를—어떻게 그것이 여하튼, 비록 더 이상 행동으로 옮기지는 않지만, 변태적인 흥분의 약속에 대한 선호에 의해 매달려 있는지를—예리하게 느꼈다. 그녀는 자신이 전에 칭송했던 사람들에게 유사한 특성들이 존재한다는 것을 알아차리기 시작했고, 그것이 어떻게 그들의 건설적인 목표들을 좌초시키는지 그리고 그들이 좋아하는 사람들에게 그토록 많은 고통을 안겨주는지를 보기 시작했다. 처음에는 그녀 자신에 대해 가혹한 판단—징벌을 위한 언도를 내리는 재판관처럼—을 내리곤 하던 특성이 서서히 동정심과 후회로 완화되었고, 심지어 때로는 그녀가 자신과 다른 사람들에게 가했던 고통에 대해 어느 정도 가책을 느끼기도 했다. 그녀는 자신이 실제로 정신분열증을 유발하는 어머니라고 느꼈고, 그녀의 아이들이 잘 자란 것이 놀라웠으며, 그들이 실제로 그녀 자신보다 분석에서 더 많은 유익을 얻은 것 같다고 느꼈다. 지금은 매회기마다 어두운 표정으로 도착했다가 유쾌한 얼굴로 떠나는 것이 놀라웠다. 그녀는 이것이 단지 내가 그녀에게 아이들에 관해 말할 기회를 주었기 때문이고, 그것이 좋았기 때문이라고 주장했다. 여전히 그녀는 그 유쾌함이 분석가의 "어리석은 낙관주의"가 일시적으로 그녀 안으로 들어오는 것과 관련되어 있음을 인식할 수 있었다. 그녀는 심지어 그 방법 안에는 그녀가 볼 수 없었던 아름다움이 있을 수 있다고 생각하기 시작했다. 그러나 주로 그녀의 좋은 느낌들은 개인적으로 분석가에게 부착되어 있었다. 흠결을 찾아내는 족제비의 눈과 오만한 경멸을 견딜 수 있었던 사람은 분석가 자신이었다. 아마도 언젠가 그녀는 자신의 사랑에 대한 비밀을 털어놓을 것이고, 자신의 감정을 기탄없이 말할 것이다. 그러나 그것은 매우 천천히 이루어져야 할 것이다; 그녀는 뛰어드는 사람이 아니었다.

"새-여성" 꿈을 꾼 지 거의 일 년이 되었을 때, 또 하나의 꿈이 D부인과 분석가를 감동시켰다. 그 꿈에서 젊은 사자가 그녀 자동차의 앞 유리를 향해 달려들었고, 그것이 유리를 깨뜨리는 것은 시간문제인 것으로 보였다. 그러나 나중에 그녀는 팔에 고양이를 안은 채 자동차 바깥에 있었고, 아이가 정원 바깥에서 길을 잃지 않도록 정원의 출입문을 닫고 있었다. 이제는 통찰의-명료성에 대한-망상이 자신의 눈으로 바라보고 있는 그녀의 대상 내부로부터 온다는 것과, 세상이—그리고 분석이—바깥에서 보면 매우 다르게 보인다는 사실이 그녀에게 매우 분명했다. 두려운 사자-젖가슴은, 새-여성처럼, 그녀가 지금 그녀 자신의 모성의 기초로서 그녀 자신 안으로 들일 수 있는, 매력적인 고양이-젖가슴이 되어 있다.

요약

통찰과 판단의 정신병리에 관한 이 짧은 글에서 나는 내적 대상들, 특히 지식과 지혜의 원천으로서 경험된 엄마의 젖가슴 및 머리와의 투사적 동일시에 포함된 유아의 무의식적 환상 작용에서 유래하는 것으로 볼 수 있는, 장애의 한 유형을 보여주기 위한 노력을 시작했다. 자료의 조각들이 그 기제의 작동을 보여주기 위해 제시되었고, 그 다음에 분석에 대한 보다 철저한 서술을 위한 시도가 이루어졌다. 이 후자는 환자의 성격 병리가 새로운 여동생의 등장과 관련된 실망과 질투의 압력 하에 생의 두 번째 해에 세워진 방어적 구조와의 관계를 추적하고자 했다. 여러 가지 점에서 성격의 가혹함과 판단적 특질이 그녀가 자신의 정체성을 부모와 혼동했던 행복한 상태로부터 쫓겨난 것에 대한 보복의 성질을 띤 것이었지만, 그것은 또한 그러한 알지 못하는 상태에 사로잡히는 것에 대한 방어이기도 했다. 따라서 그녀의 인식선호적 본능과 높은 지능은 공격적인 동기뿐만 아니라, 방어적인 동기에 의해서도 강화되었다. 전이에서, 그것은 "새-여성" 꿈에서 가장 잘 예시되었듯이, 자기애적 조직을 용해시키는 작업을 필요로 했다. 이것을 수행하기 위해서 분석가는, D부인의 부모들이 철수해야만 했던 어려움의 크기를 가늠할 수 있게 해주는, 희망 없음과 굴욕감을 견뎌야만 하는 힘든 역전이 문제를 직면해야만 했다. 부모들이 아무리 신뢰할 만한 사람들이라고 해도, 그들이 어떻게 달리 행동할 수 있었을지를 아는 것은 어려운 일이다.

이 두 정신적 행동들, 즉 통찰의-명료성에 대한-망상과 자리에 앉아서-판단하기에 대한 내적 경험은 그것들의 건강한 상대역인 통찰과 판단에 매우 미묘하게 영향을 미치는 것으로 보인다는 점에서, 성찰의 장을 넓히는 것 외에 그것들을 구별할 수 있게 해주는 것이 무엇인지를 아는 것은 어렵다. 증거의 법칙을 존중하기, 추론의 질에 주의를 기울이기, 중요한 문제들에서 다른 사람들의 의견을 듣기, 그리고 그 외의 다른 안전장치들이 유용할 것이다. 그러나 그러한 지적이고 사회적인 안전장치들 역시 증거와의 연결이 없는 것으로 보이는, 논리의 법칙이 적용되지 않고, 충고를 원하는 다른 사람들에게 소통할 때 이해하기 어려운 것일 수 있는, 가능한 영감의 순간을 포기하는 대가를 치른다. 그리고 모든 갓 생겨난 창조성이 그러한 순간을 포착하는 것에, 즉 키엘케고르(Kierkegaard, 1941)가 말하는 "어둠속의 도약"에 기초해 있을 수 있기 때문에, 고독하게 자기 자신의 성찰을 신뢰하려고 시도해야만 하는 때가 있다.

7장
폭정

서론
Irene Freeden

"폭정"이라는 제목의 이 장은 멜처의 저서, 「마음의 성적 상태」(Sexual States of Mind)—강의들과 논문들을 종합적으로 구조화한 책인—에 담긴 독창적인 사고의 절정을 보여준다. 그 책의 1부인 "역사"에서, 그는 성적 발달에 대한 프로이트, 아브라함 그리고 클라인의 이론들을 간명하게 요약한다. 그것들을 도약을 위한 발판으로 삼아, 멜처는 프로이트의 성적 정신병리 이론에 대한 새로운 읽기, 즉 유아기 성욕의 다중형태(polymorphism)와 변태 사이의 결정적인 구별을 주장하는 읽기를 제공한다. 그 차이의 근본적인 본성은 내면세계의 구조에 대한 그것의 정의에 놓여있다.

그 책의 2부인 "성 이론의 구조적 개정"은 심리성적 발달에 대한 멜처 자신의 견해를 전개한다. 그것은 성인의 성 생활을 오염시키는 경향이 있는 변태적 상대역과 반대되는 유아기의 다중형태적 성욕을 강조한다. 내적인 죽은 아기들에 대한 불안, 박해 그리고 공포가 (원래의 질서를 뒤집는) 변태와 중독 이론에 대한 그의 구조적 개정을 위한 기초이며, 그것들이 임상에서 "전이의 변태화"로 드러나는 것에 대한 그의 설명이다. 폐소에 대한 멜처의 미래의 저술을 위한 임상적 및 초심리학적 기초가 여기에서 출현하기 시작한다.

그 책의 3부인 "이론의 적용"은 정신분석이 세상의 상태에 더한 더 나은 감각을 얻고—세상에 관해 생각하는 것을 통해서—그것에 영향을 끼치도록 허용하기 위해 명백히 잠정적이지만 용기 있는 시도를 제시한다. 그것은 세대들 사이의 건강한 관계 대 병리적인 관계, 정신분석적 통찰을 통한 아동발달의 촉진, 유산, 그리고 예술과 포르노 사이의 차이 등에 대한 장들을 포함하고 있다. "폭정"은 멜처의 정신분석적 이론이 중독과 변태라는 내적 폭군의 지배 상태에 대한 그의 임상적 탐구에서 온 것임을 보여준다. 멜처는 개인적인 것과 정치적인 것 사이의 유비를 만들어낸다: 정치적 폭정은 전쟁의 외설에서 정점에 이르는 "사회적 박해"인 반면에, 박해받고, 박해적인 개인의 내면세계는 우울적 자리의 고통과 책임을 회피하려는 시도의 결과이다. 이 장은 전문적 지식으로 무장한 정신분석가들이 사회 안에서 담당할 수 있는 역할이 있다고 제안한다. 그리고 아마도, 현재 상태의 세계 안에서, 우리는 정신분석적 방법에 뿌리를 둔 희망의 메시지를 진지하게 주목할 수 있을 것이다.

폭정[1]
(1968)

이 논문은 세 개의 변형 단계를 거쳤는데, 첫 단계는 1962년에 몇몇 경험들—임상적 자료, 한 조각품, 그리고 한 재판관의 메모—이 결합되어 이마고 그룹(Imago Group)에서 발표되는 것에서 시작되었다. 두 번째 단계는 공포와 두려움의 개념—비온의 "이름 없는 두려움" 이론에 대한 보완물이라고 내가 간주하는—에 대해 작업해내는 단계였다. 세 번째 단계인 이 논문은 1967년에 학회[2]에서 발표되었는데, 이 단계는 변태와 중독에서 작용하는 내적 폭정과 관련된 정신분석적 발견들에 기초해서 폭정의 사회적 맥락을 탐색하는 데 따른, 일종의 혼합물이자 발달의 산물인 동시에, 이러한 사회적 현상들과 관련해서 정신분석학이 그리고 분석가들과 그들의 협회들이 갖는 사회적 역할에 대한 질문을 시작하는 것을 목표로 하고 있다.

미국의 대법원 판사인 펠릭스 프랑크푸르터(Felix Frankfurter)는 할렌 필립스(Harlen Phillips)와의 대담에서 이렇게 말한다:

> 나는 법을 매우 진지하게, 정말로 진지하게 취급합니다. 왜냐하면 법이 이성의 제도화된 매개물의 표현인 것만큼이나 이성이 취약하고 제한된 것이고. 단순한 의지의 폭정 및 훈련되지 않고 굴레 벗은 감정의 잔인성과 우리들 사

1) 이 글은 1968년에 최초로 출간되었고, 멜처의 「Sexual States of Mind」(1973), chapter 20, pp. 143-150에 재게재되었음.

2) "Terror, persecution and dread—a dissection of paranoid anxieties"(1967). 이 논문은 「Sexual States of Mind」 14장, pp. 99-106에 재게재되었음.

이에 있는 것은 그것이 전부이기 때문입니다. (Phillips 1960, p. 189)

나에게는 이 진술이 사회적 계약의 명백한 진술로서의 법과, 부랑자를 배제하고 징벌하기 위한 규칙들로서의 법을 혼동하고 있음을 집약적으로 보여주는 것으로 보인다. 나는 환자가 우울적 자리의 문턱에서 이 갈등을 반복해서 겪는 것을 보아왔다. 그 시점에서, 좋은 일차적 대상들에 대한 신뢰와 의존은 여전히 그들에 대한 소유적 질투심과 혼합되고 있었고, 외부 세계 안으로 투사된 형태로 표현되는 자기의 분열된 나쁜 부분들에 대한 징벌이 하나의 권리로서, 충성심에 대한 보상으로서, 그리고 계속적인 신뢰의 전제조건으로서 요구되는 경향이 있었다.

우울적 자리로 더 깊이 침투해 들어가면서, 자리에-앉아서-판단하는 기능은 유아기 수준의 내적 대상들에게 굴복하고, 그것과 함께 내사에 의해 그것이 지닌 절대적인 요소가 개선되는 결과를 가져온다. 히틀러가 통치하는 독일에서 나치가 아니었던 사람이 누구인가? 시험에 맞선 한 줌의 사람들을 제외하고는, 누가 그렇지 않다고 확신할 수 있는가? 오토 페니켈(Otto Fenichel)은 1525년 농민 전쟁에 대한 엥겔(Engel)의 기술을 언급하면서, 그것에서 프랑크푸르터의 법에 대한 생각보다 훨씬 더 자아-방어적인 함축을 이끌어낸다. 그는 다음과 같이 말한다:

모든 전쟁에는, 외적이든 내적이든, 전략적 필요성과 실제로 한 개인 안에서 활성화될 수 있는 증오의 양을 훨씬 초과하는 잔인성들이 있다. 오직 심리학만이 이것을 설명할 수 있다. 글로버(Glover)는 이것을 뿌리-깊은 본능적 욕동들이 전쟁의 진정한 원인이라는 증거로 보면서, 일반적으로 전쟁의 원인으로 간주되는 것은 이러한 파괴적 욕동들에 대한 "합리화"에 지나지 않는다고 본다. 우리는 잔인성 안에 생물학적으로 자리 잡고 있는 쾌락의 존재를 부인하지 않고서는, 글로버의 견해에 반대할 수 없다. 한 가지 문제는 다양한 시기들 대부분에서 전쟁의 잔인성들은, 특히 적에게 수치심을 주기 위한 잔인성에서, 매우 비슷하고 아주 뚜렷한 형태들을 취한다는 것이다. 이것들은 팔다리를 자르거나 식인적인 행동, 또는 그것들에 대한 상징적인 암시들을 포함한다. 예를 들면, 엥겔스(Engels)를 인용하자면(독일에서의 농민 전쟁, 1926), 다음과 같다: "많은 포로들이 가장 잔인한 방식으로 처형되었고, 나머지는 코와 귀가 잘린 채 집으로 보내졌다 … 농민들은 자폴리아(Zapolya)에게 공격받고 흩어졌다; 도사(Dosa) 자신이 포로가 되었고, 벌겋게 달궈진 의자 위에서 구워졌으며, 그 자신의 부하들에 의해 산채로 먹혔다. 그들은 오직 이런 조건하에서만 목숨을 부지할 수 있었다." 지금, 이러한 잔학행위는 반역자들에 의해서가 아니라, 법과 질서의 대표자들에 의해 자행되고 있다; 그리고 우리는 종종 세계사 안에서 그러한 일들은 반역자들에게서보다 국가에 충성하는 방어자들에 의해 더 자주 그리고 더 철저하게 행해졌다는 인상을 갖는다. 인간을 산채로 굽고 그 인간을 먹는다는 것은 어떤 법체계에서도 징벌의 방법으로 처방되지 않는다는 사실이 확인될 수 있다. 이 잔인한 명령의 목적은 무엇인가? 패배한 적을 경멸하고 치욕을 안겨주기 위해서이다. 그리고 무엇이 이 경멸과 굴욕의 형태를 결정하는가? 한 때 우리 자신이 갈망했던 본능적 목표였던 것이,

> 나중에 억압에 굴복되었다가, 조롱과 경멸 안에서 다른 사람들에게 부과된 것이다.[3)]

하지만 이 본능적인, 또는 아마도 편집증적인 범죄의 자행을 다른 사람에게 전가하는 것이 그것과 반대되는 과제—한편으로, 그러한 범죄의 포기를 떠넘기기, 또는 다른 한편으로, 본능적인 리비도적 만족을 포기하기—보다 훨씬 더 쉽다는 것이 아주 명백하다. 그러한 제한들을 마르케스 사람들(Marquesan)과 타이티 사람들(Tahitians)에게 부과하는 것과 관련된 어려움의 예들은 허먼 멜빌(Herman Melville)의 책들인 「티피」(Typee)와 「오무」(Omoo)에서 찾아볼 수 있다.

폭정은 "단순히 길들여지지 않고, 훈련되지 않은 의지와 잔인성의 표현이 아니라, 우울적 자리에 대한 방어가 사회적으로 변태화된 것(social perversion)이다. 게다가 그것은 가망 없이 절단된 내적 대상들처럼 보이는 것들 안에서 행해지는 거래를 위한 사회적 과정이다. 그것은 우울적 자리의 고통에 직면한 비겁함에서 자라난다. 폭정을 행하는 것은 거만함을 만들어내고, 폭정에 굴복하는 것은 무감각을 발생시킨다.

임상적 자료

심한 분열성 환자인 젊은 남성의 분석에서, 첫 삼 년은 환자의 내적 부모를 회복시키는 일에 집중했는데, 이때 그는 내적 부모의 심각한 정신적 및 신체적 손상들과 강하게 동일시되어 있

3) O. Fenichel, "Trophy and triumph"에서 발췌된 것임. *International Review of Psychoanalysis*, Vol. 24 (3), 1939, pp. 258-80.

었다. 오직 비밀스럽고, 기괴한 조적 전능성만이 그를 전적인 절망에서 구해주었다. 초기 아동기부터 그의 자아 상태들은 두 종류였다: 끔찍스럽게 훼손되고 절망적으로 정신적 결함을 지닌 존재라는 느낌에 지배되는 상태들과, 자신을 독보적인 천재나 성자, 또는 압도적인 아름다움과 무한한 창조적 능력을 가진 인물이라고 느끼는 철수한 사적 상태들. 첫 번째 종류의 상태는 그를 사회화가 불가능하고, 부분적으로 교육이 불가능하며, 조롱받는 것에 대해 극도로 민감하고, 공격성에 직면해서 무기력한 존재로 만들었다. 두 번째 종류의 상태는, 가족이 파산되는 결과와 함께, 심지어 어린 아이 시절부터 시작된 망상적 정체성들의 시리즈를 불러왔다: 작곡가-피아니스트, 지휘관, 새로운 주석가, 엔진을 운전하는 자, 편집장. 이것들이 상세한 관찰의 탁월성과 무언극을 위한 재능을 통해 수행되는 바람에, 그런 상태는 가족들로 하여금 그것들이 극화하고 있는 망상적 강도를 그리고 성인들을 웃게 만드는 행동 안에 담긴 비밀스런 경멸을 간과하게 만들기에 충분할 정도로 웃음을 자아내는 것이었다. 완전히 고립된 침대 위에서 자위가 증가되었고, 그것은 그의 신체의 다양한 구멍들에 대한 고통스런 삽입을 포함하는 가-피학적 변태로 바뀌었다.

첫 삼년 동안의 힘든 작업은 그의 내적 엄마와 그녀의 젖가슴의 좋음과 아름다움을 그리고 내적 아버지와 그의 성기의 힘을 충분히 회복해낼 수 있었고, 그 결과 분석적 과정을 닮은 어떤 것이 형태를 갖추기 시작했다: 협력의 시기들이 발생하고, 그런 시기들이 긍정적인 느낌의 출현에 뒤따라오는 임박한 분리에 의해 그리고 우울적 불안이 가까워질 때마다 전능성과 분열성적 무관심으로 허둥지둥 철수하게 되는 부정적 치료반응에 의해 산산조각 나는 과정.

이런 맥락에서, 그녀의 과거의 두 살 아래 남동생과 연결된, 다음에 등장할 아기에 대한 그리고 분석가가 새로운 피분석자를 받을 것이라는 전망에 대한 어마어마한 질투가 분리 상황을 지배하기 시작했다. 분석 4년차와 5년차 동안에, 내적 부모들의 성기들과 내면의 엄마 안에 있는 아기들을 손상시키는 공격들이 휴일로 인해 분석을 쉴 때마다 발생했다.

분석 5년째 되던 해의 가을은 그가 비밀로 유지해온 두 개의 관련된 행동 유형에 대한 작업으로 채워졌다. 하나는 그의 자위 활동과 연결된 포르노 그림을 그리는 것이었고, 다른 하나는 역한 냄새가 난다는 망상 때문에 다른 사람에게 신체적으로 근접하는 것을 피하는 것이었다. 그는 이것이 그가 자신의 변태적 행위를 통해 손상시켰다고 상상하는, 자제력이 없는 항문에서 끊임없이 나오는 소리 없는 방귀 때문이라고 느꼈다. 분석 과정에서 이 후자의 문제는 직장에서와 상담실에서의 쾌활함 및 "농담"의 분출과 번갈아 나타나기 시작했다.

다음 해 2월에 그는 자신의 포르노 그림들을 불태웠고, 그 달 말경에 그가 그린 그림들이 다양한 정도로 손상을 입은 여성들의 신체들에 관한 것이라는 사실을 스스로 말할 수 있었다. 그 해 5월에 그는 꿈을 보고했는데, *그 꿈에서 그는 종이 위에 죄가 있음을 말해주는 증거가 있다며 두려워하고 있었고, 그의 페니스를 그의 자매의 항문 속으로 밀어 넣고 있었다.* 그는 꿈속에서 그녀가 왜 그것에 복종했는지 의아하다고 느꼈다.

이것은 그가 그의 내적 대상들의 손상된 신체—*섬세한 신체*—를 자신의 분열된 여성적 부분 안으로 축출하는 것을 통해서, 즉 우울적 자리의 고통에 대한 방어로서 바깥으로 투사함으로써, 고통을 자신으로부터 제거하는 환자의 장치를 보여준다. 무의식적 환상 안에서 손상된 대상들이 다양한 수단들에 의해 다른 사람들에게로 투사되었기 때문에, 이 사람들은 그가 회피한 감정들과 책임들의 짐을 지고 있다고 느껴졌다. 자신의 내면세계 안에 있는 손상이 그에게는 보이지 않았기 때문에, 그는 잘난 체하는 태도를 갖게 되었다. 죄책감, 비탄, 후회, 동경 등의 모든 감정들은 제거되었다. 모든 그런 우울 불안에는 전적인 무기력감이 스며들어 있었고, 그 결과 그의 손상된 대상들이 투사된 희생자들은 또한 전적으로 생명을 말리는 절망의 짐을 지고 있다고 느껴졌다. 눈구멍을 포함해서 또 다른 사람의 신체 안에 있는 모든 구멍이 이런 침투를 위해 사용될 수 있었다. 그 자신의 마음이나 신체의 어떤 산물도 손상된 대상을 나타내는 것이 될 수 있었다.

분석을 시작한지 2년 반에서 6년 차 되는 기간의 작업에서, 아름다운 내적 어머니, 분석가, 그리고 그의 외적 어머니를 보호하고 보존하고 싶은 욕망이 차츰 증가함에 따라, 통합 과정이 매우 서서히 발생하기 시작했다. 분석가와 그의 어머니는 그의 좋은 내적 대상과 연결되어 있는 외부 세계 안에 있는 두 사람을 나타냈다. 그것은 최초에 그의 내적 세계에 손상을 가했던 환자의 인격의 분열된 부분이었다. 이 부분은, 그것의 파괴적인 활동의 지독한 혹독함 때문에, 처음에는 꿈에서 단지 탱크, 전함 등의 기계들로만 표상되었다. 분석 5년차에서 6년차 동안에 그것은 꿈에서 그리고 온갖 종류의 행동화에서 고양이, "호랑이"로 표상되었고, 환자의 "호랑이-부분"으로 우리에게 알려지게 되었다. 6년차 되던 해 가을에, 그의 꿈에는 이따금씩 이 부분이 인간의 형태로 표현되었고, 그것의 활동들이 서서히 의식에 도달하기 시작했다. 이전에 그것들은 계속되는 방귀 망상에 묶여 있었다. 이제 그것들은 분석가가 해석을 할 때마다 카우치에서 계속되는 속삭임으로 드러나기 시작했다: 냉소적이고, 조롱적이며, 매도하는 해석을 거부하라는 속삭임.

분석 6년차 크리스마스가 가까워진 시기 동안은 좋은 내적 엄마를 보존하는 데 그리고 그 결과 분석에 대한 좋은 느낌과 희망을 유지하는 데 특별히 성공적이었다. 분석가의 안전에 대한 극도의 불안과 외로움과 관련된 깊은 비참함이 의식에 떠오르기 시작했다. 크리스마스 휴가 직전의 회기에서 그는 꿈을 꾸었는데, *그 꿈에서 흉측해 보이는 한 흑인이 도랑 안에서 비를 맞으면서 잠들어 있는 것을 보았다. 그는 그 사람을 깨웠는데, 그 사람은 그를 따라 언덕을 내려오는 동안 내내 페니스를 그의 엉덩이에 밀어붙이고 있었다.* 그 꿈은 파괴적인 그리고 지금은 증오의 대상이 되고 있는 그 자신의 부분이, 환자가 그것의 잔인성을 깨우기 전까지는 일시적으로 휴식 상태에 있었음을 분명히 보여준다. 그것은 그 스스로 언덕을 내려가고 있음을 보여준다—아무도 그를 강요하고 있지 않다. 그는 외로움을, 모든 우울적 고통에 대한 불안을 피하기 위해 퇴행하고 싶어 했다. 그 꿈은 그의 누이들 중의 하나를 생각나게 한다.

크리스마스 휴가 동안에 발생한 붕괴로 인해 상실된 토대를 회복하기 위해 매우 힘들게 노력하고 난 다음 해 2월 어느 회기에서, 환자는 아이히만과 나치의 박멸 수용소에 관해 집중적으로 논의했는데, 그날 밤에 이런 꿈을 꾸었다: *상담실 바깥에는 세 세대들로 이루어진 사람들의 집단이 있었다. 그들은 추레해 보였고 굶주린 상태였지만, 쾌활함과 슬픔이 혼합된 상태로 노래하고 춤추고 있었다. 한 젊은 여성이 그의 손을 잡고 집단 안으로 그를 데려가려고 시도했지만, 그는 그곳을 빠져나와 언덕 아래로 걸어 내려갔다. 그때 그는 그의 방 안에서 거울에 비친 벌거벗은 자신을 보고 있었다. 그는 그의 페니스를 볼 수 없었지만, 그가 그의 발을 들어 올렸을 때, 그 뒤에 세 번*

째 다리가 있는 것을 보고는 공포에 질렸다.

그가 "흑인" 꿈에서처럼 그의 내면세계를 박멸 수용소로 만드는 것을 허용하면서, 아이히만의 뒤를 따라 언덕을 걸어 내려가는 자신을 발견하고는 공포에 질린 것 같다고 내가 해석하자, 그는 동의했다. 그는 슬픔과 쾌활함이 혼합된 인간 가족—"세 개의 세대들"—에 동참할 것인지, 아니면 사람들 사이의 모든 사랑스런 유대들을 증오하고 박멸하고 싶어 하는 나치에 동참할 것인지 선택해야 하는 상황에 직면해 있었다. 그는 자신의 아이히만 부분으로 하여금 그의 좋은 내적 대상들을 박멸하도록 허용함으로써, 즉 외부 세계의 대상들을 사랑하고, 그 자신이 인간 가족의 일부임을 느끼며, 다른 사람들의 행복에 관심을 갖는 그의 능력의 기초를 파괴하도록 허용함으로써, 후자를 택했다. 하지만 그가 그의 손을 잡으려고 하는 젊은 여성에게서 몸을 뺐을 때, 그는 집단의 추레하고 굶주린 것처럼 보이는 겉모습과 그들의 노래하고 춤추는 열정에서 표상된 고통을 피하기 위해서 그렇게 했다는 사실을 주목하는 것이 중요하다. 그는 그렇게 함으로써 그의 내면세계를 아이히만의 지배에 넘겨주었고, 그 결과 그의 페니스에 의해 표상된 것처럼 그의 자존감을 희생시켰다는 사실을 깨닫게 되면서 공포에 질렸다.

이 자료는 내가 배터씨(Battersea)에서 전시되었던 랄프 브라운(Ralph Brown)의 작품인 "시체와 함께 있는 두 인물"을 보았을 때, 내 마음속에 생생하게 떠올랐다. 그 그림은 이 자료의 형식적 측면과 정서적 측면을 강력하게 통합하고 있다. 그 당시에 내가 가졌던 견해는 「그림과 내면세계」라는 책[4]에 실린 애드리언 스톡스(Adrian Stokes)와의 대담에서 제시되었는데, 지금 생각

4) Meltzer & Stokes, "Concerning the social basis of art"(1963), Meltzer & Williams, 「The Apprehension of Beauty」(1988), pp. 206-26에 재게재되었음.

해보면, 그 견해는 정신분석과 분석가들의 사회적 역할에 관한 비관적인 입장에 해당되는 것이었다. 그것은 편집증적 불안을 줄이고 좋은 대상들과의 관계가 갖는 유대를 강화시키는 것을 통해서 우울적 고통을 견디는 더 큰 능력을 발달시키기 위해서, 해석이라는 정신분석적 방법과 사회적으로 동등한 것을 행하는 짐을 전적으로 예술가들—또는 예술 세계—에게 떠넘기는 경향을 갖고 있었다. 그 견해의 희망은 정신분석의 발견들이, 특별히 예술가들의 분석적 치료를 통해서, "예술 세계" 안으로 스며들 수 있게 되는 것이었다. 어떤 점에서 과거에 교회가 수행하던 역할을 물려받은 상속자로서의 휴머니즘이 그 영역을 떠맡게 되었다고 말할 수 있다.

방금 서술한 그리고 나의 1963년 논문인 "신체적 망상"(Somatic Delusion)에서 서술된 이 특정 환자에 관한 희망적인 관점은 그 후에 계속된 여러 해의 작업에서 실현되지 못했다. 왜냐하면 그의 진전은 중지되었고 여전히 재확립되지 못했기 때문이었다. 하지만 그의 사례에서 내가 뚫고 들어갈 수 없었던 그 문제는 다른 환자들과의 작업에서 드러났고, 극복될 수 있었으며, 나의 1967년 논문인 "공포, 박해, 그리고 두려움"(Terror, Persecution, and Dread)에서 보고되었다. 그 작업에서 발견한 것들은 다음과 같이 요약되었다:

> 공포는 마비를 본질적인 특질로서 갖고 있는 편집증적 불안으로서, 거기에는 행동으로 가는 길이 없다. 무의식적 환상 안의 죽은 대상들인, 공포 대상들은 성공적으로 도망칠 수조차도 없다. 그러나 정신적 현실 안에서, 도둑맞을 수도 있는 대상의 생명력은, 신학적인 용어에서 영혼이 신체로 돌아올 수 있듯이, 그 대상에게로 되돌아올 수 있다. 이것

은 내적 부모와 그들의 창조적 성교가 지닌 보상적 능력에 의해서만 성취될 수 있다.

내적 대상들의 회복 능력에 의존하는 것이 오이디푸스 질투 그리고/또는 파괴적 시기심에 의해 가로막힐 때, 이 회복은 잠을 자는 동안과 꿈을 꾸는 동안에 일어날 수가 없다. 오직 유아 수준에서 엄마의 젖가슴이 갖는 전이적 의미를 간직하고 있는, 외부 현실의 대상만이 이 과제를 성취할 수 있다. 만약 유아적 의존이 모든 것을 훼손하는 시기심이나 분리를 견디지 못하는 것에서 생겨난 완고함에 의해 가로막힌다면, 이것은 인식되지 않은 채, 수없이 여러 번 행해질 수 있다.

좋은 내적 대상들에 대한 의존이 손상시키는 자위적(masturbatory) 공격들로 인해 여의치 않을 때 그리고 좋은 외부 대상에 대한 의존이 불가능하거나 인정되지 않을 경우, 자기의 나쁜 부분에 대한 중독적 관계—폭정에의 굴복—가 발생한다. 안전함의 환상이 파괴적인 부분이 지닌 전지성에 의해 공표되고, 그것에 포함된 변태적 또는 중독적 활동에 의해 생성된 전능감에 의해 영속화된다. 폭군적이고, 중독적이며, 나쁜 부분이 두려워진다. 그 폭군이 어떤 점에서 박해자와 비슷하게 행동할 수 있지만,—특히 반역의 징표가 가까이 있다면—본질적으로 자기의 복종적인 부분을 지배하고 있는 것은 공포로부터의 보호를 상실하는 것에 대한 두려움이라는 사실을 주목하는 것이 중요하다. 나는 우울적 불안에 대한 내성부족만으로는 폭군에 복종하는 중독적인 내적 상태를 산출하지는 않는다는 결론에 도달했다. 그것은 손상된 대상에 의한 박해와 결합되는 것에 의해서도 아니다. 정신 구조 안에서 폭군과의 중독적

> 관계를 상실하는 것에 대한 두려움이 있는 경우, 그것의 핵심에는 두려움과 굴복의 배후에 있는 세력으로서의 공포의 문제가 발견될 것이다.
> 그러한 자기애적 조직이 해체되고 나쁜 부분의 폭정에 대한 반역이 극복될 때까지는, 우울적 자리의 문턱을 넘어 진전하는 것이 불가능하다. 게다가, 이것이 일어나기 전까지는, 분리, 또는 우울적 고통, 또는 박해 앞에서의 비겁함 등을 견디지 못하는 것과 같은 정신병리의 요인들을 정확하게 측정할 수가 없다. 폭군과 관련해서 느꼈던 두려움은 근본적으로 공포로부터 보호받는다는 착각을 상실하는 것에 대한 두려움이고, 특히 반역이 좋은 대상들과 연합해서 이루어지는데 마침 그 좋은 대상들이, 분석을 쉬는 휴일 동안에 그런 것처럼, 부적합하거나 사용할 수 없다고 느껴질 때, 출현하는 것으로 보인다.

위의 요약에서, 나는 그 글을 쓰기 시작한 후 2년간 점점 더 확신하게 된 것을 강조하지 않았다: 즉 최종 분석에서, 이 "죽은 대상들"은 내적 엄마의 내부에 있는 아기들이라는 사실.

요약과 논의

나는 1962년부터 1968년까지 6년에 걸쳐 사회적 현상으로서의 폭군의 지배라는 주제에 대해 발달시킨 나의 견해를 설명했다. 내가 그것을 이런 식으로 제시하기로 선택한 이유는 그러한 행동에의 부름이 변경되었고, 휴머니즘에의 항복이 그것의 상식과 함께 역전될 수 있기 때문이다. 내가 믿는 바, 정신분석은, 냉소주의가 상식이 도치된 것인 것처럼, 상식의 정반대이다. 왜냐하면 그것은 외부 현실이 아닌 정신적 현실의 법칙이 일차적인 것이라고 간주하기 때문이다. 상식이 계몽된 자기-이익의 측면에서 냉소주의에 맞서 호소력을 지닐 수 있는 반면에, 그것은 약하고 감상주의적으로 보이지 않고서는 결코 우울적 자리 안에서 스스로를 변호할 수 없다. 상식은, 모든 것이 말해지고 행해지고 나면, 이기주의로 향해 가게 되어있다. 그것은, 프로이트가 초자아의 구체성을 발견한 것과 관련해서 우리에게 가르쳐주었듯이, 자기 너머에 있는 마음의 영역을 생각할 수 없다. 정신분석가들은 그래서 상식 또는 예언에 못 미치는 내적 성찰이 할 수 없는, 시간과 깊이의 차원들 안에서의 인간 행동의 의미를 볼 수 있는 이론을, 그리고 그 이론을 사용하는 방법을 갖고 있다.

폭정에 대한 이론은 예측을 발생시키고, 예측은 행동을 가능케 한다. 이 예측의 본질은 엄마 내부의 아기들을 살해하는 정신적 현실의 의미를 갖고 있는, 외부 세계 안에서의 행동을 인식할 수 있게 한다. 외부 세계 안에서 전쟁과 포로수용소의 패러다임은 내면세계의 윤곽을 그려낼 수 없고, 상식은 그것에 대해 암묵적으로 찬성한다. 정신분석적 사고가 요청되는 몇몇 사회적 논쟁의 영역을 언급해보겠다: 수산업, 피임 방법, 장기 이식, 야생동물 보호, 이혼, 약물 사용, 공장형 농장, 생체해부식 조립, 고고학, 형법과 행형학, 매장(埋葬) 의례, 그리고 도서관과 박물관, 동물원 등의 안전장치, 결혼, 낙태, 대기오염 등등.

폭정과 궁극적 변태인 전쟁은 상식의 눈에는 순진무구한 것처럼 보이는 활동들에 의해서 끊임없이 생성되는 무의식적 공포와 우울적 불안의 누적에 의해서, 우리가 행하고 있는 것에 대해 알지 못한 상태에서 우리에게 강요되는 것이 아닐까? 아마도 정신분석가들만이 이 영역들의 윤곽을 그려내고, 그런 활동들을 노출시킬 수 있는 방법과 자료를 갖고 있을 것이다.

8장
차원성, 점착성 동일시, 분열

서론

Renata Li Causi

「자폐증의 탐구」(Explorations in Autism)는 클라인의 정신분석적 모델에서 훈련받은 아동치료사들이 멜처에게서 집중적으로 슈퍼비전을 받으면서 행한, 네 명의 자폐 아동에 대한 분석 사례들을 담고 있다. 그 연구 프로젝트가 끝나는 시점에 그 책은, 의미 있는 추후의 함축들과 함께, 그 증후군에 관한 새로운 사고방식을 공식화했다.

멜처는 자폐 아동들이 한 번에 하나의 감각만을 사용해서 대상을 경험한다는 사실을 주목했다(대상은 보이거나, 들리거나, 접촉된다). 이것은 그가 "해체"(dismantling)라고 부르는, 분열보다 앞서 사용되는 고통스럽거나 강렬한 정서들에 대한 초기 방어를 제안하게 했다. 그들은 자신들의 정신적 조직이 수동적으로 산산조각 나도록 내버려두고, 그 결과 그들의 성장에 치명적인 영향을 미치는, 아무 생각이 없는(mindlessness) 상태를 발생시킨다. 자폐 아동들은 공간을 담고 있는 대상에 대한 삼-차원적 개념을 형성하는 데 실패하고, 그들의 시간 개념 역시 심각한 손상을 입는다; 그들은 투사적 동일시도 내사적 동일시도 할 수 없다. 그들의 지각은 내부가 없는 대상에 관한 것이다(이차원적 대상들). 그들이 만들어낸 대안적인 동일시는 빅 여사(Mrs. Bick)가 "점착성 동일시"(adhesive identification)라고 부른, 피부 대 피부의 접촉을 통한 동일시이다. 빅은 원시적인 분열-그리고-이상화(클라인)가 발생하기 전에 아기가 담는 대상을 경험할 필요가 있다는 것을 보여주었다. 멜처는 여기에서 제시된 임상적 자료에 근거해서, 자폐 아동들이 적절한 심리적 피부를 상실했거나 결코 발달시키지 못했다고 말한다. 이런 아동들의 결함 있는 심리적 피부에 대한 그의 서술은, 그 결함이 스트레스와 불안 상황에서 부적절한 담기의 결과라기보다는 결함 있는 개념 형성의 결과인 것처럼 보인다는 점에서, 빅에 의해 서술된 현상과 똑같은 것이 아니다.

「자폐증의 탐구」를 쓴지 십년 뒤에, 「아름다움에 대한 이해」(The Apprehension of Beauty)를 쓰면서, 멜처는 자폐증에 관한 그의 공식에 중요한 내용을 첨가한다—자폐 아동은 "보통의 아름다운 엄마"에 대한 감각적 경험에 의해 폭격을 당했다고 느끼기 때문에, 대상의 아름다움은 그에게 감당할 수 없는 충격을 가한다는 아이디어.

해체, 생각 없는 상태의 사용, 시간과 공간 개념의 손상은 보통 사람들과 병든 사람들 모두에게서 관찰될 수 있다. 이런 공식들은 자기애적 조직, 미세한 분열 기제들, 대상들을 공격하는 것에 대한 해석 등의 개념들이 그들의 경험을 충분히 또는 유용하게 서술하지 못하는 것으로 보이는, 심각한 장애를 갖고 있는 전능적이고 파괴적인 환자들에 관해 생각하는 데 소중한 가치를 갖고 있다. 그들의 기본적인 정신적 기능들은 공격을 받았거나, 상실되었거나, 아마도 결코 발달된 적이 없을 것이다.

삼-차원성[1]
(1975)

일단 대상이 침투를 거부하는 것으로 경험되면, 그래서 정서적 문제들이 더 이상 단순히 종잇장처럼 얇은 대상의 한 면이나 다른 면이 아닌 것처럼 여겨지면, 대상과 자기 안의 구멍들에 대한 관념들이 출현할 수 있는 단계가 마련된다. 그때 강요되거나 찢겨진 것이라기보다는 자연스런 것이라고 생각되는, 이 구멍들을 지킬 것인지 아니면 닫을 것인지와 관련된 투쟁이 시작될 수 있다. 이 새로운 투쟁의 시작과 함께, 세상에 대한 견해 전체는 새로운 복잡성의 수준을 획득한다. 그 수준에서 자기와 대상은 동일시에 의해서 잠재적 공간을 갖고 있는 삼차원적인 것이 된다.

공간의 잠재력은, 그리고 따라서 담는 것의 잠재력은 오직 괄약근-기능이 작동을 시작해야만 실현될 수 있다. 배리(Barry)의 분석의 경우, 아주 많은 것이 이 괄약근의 진화 및 발달과 관련되어 있다. 그의 자료는 자신의 구멍들을 보호하고 그래서 통제하는 대상의 능력이 자기로 하여금 공격적인 침투에 저항할 뿐만 아니라 배설을 억제하는 방향으로 나아갈 수 있게 만드는 전제조건임을 특별한 명료성과 함께 보여준다.

그러나 대상의 내부 역시 끈질기게 마음 이전 상태의 의미를 갖는 한,—적절하게 담기는 느낌이 만족스런 담는 것이 되는 경험의 전제조건이기 때문에—대상 안으로 들어가고 대상에게서 나오는 환상 속에서의 움직임들은 필수적으로 시간의 관념과 관련된 의미를 갖는다. 일차원적인 생각 없음 안에서 거리와 구별

---

1) Meltzer, Bremner, Hoxter, Weddell & Wittenberg, 「Explorations in Autism」(1975), 9장, pp. 226-27에서 발췌한 것임.

될 수 없었던 그리고 이차원적인 세계의 표면 위에 있는 한 지점에서 다른 지점으로 움직이는 것에서 모호한 연속성이나 순환성을 획득했던 시간은, 이제 스스로 방향을 지시하는 경향성, 즉 대상의 내부에서 외부로 가는 가차 없는 움직임을 취하는 경향성을 갖기 시작한다.

그러나 계속되는 전능성의 작용은 투사적 동일시의 환상을 만들어낸다. 이 방법에 의해서 대상으로부터 자기의 구별이 역전될 수 있는 가능성이 주장되었을 뿐만 아니라, 당연한 결과로서, 시간의 방향이 역전될 수 있는 가능성이 주장되었다.

따라서 "세상"에 대한 마음의 관념 안에 진자운동을 하는 시간이 생겨나게 되고, 이제 개인은 그 시간이 하나의 방향을 갖게 하기 위해서 투사적 동일시를 포기하는, 고통스런, 그리고 결코 충분히 완성되지 않는, 움직임을 기다려야만 한다. 그때 시간은 외부 세계 안에 있는 예측할 수 없는 무작위적 요인인, 운명(Fate)의 무자비한 배우자가 된다.

신경증 환자 및 정신증 환자 안의 점착성 동일시[2)]

나는 빅 여사의 논문 "초기 대상관계에서의 피부 경험"을 길게 인용했다. 그 이유는 그 논문이 담는 것으로서의-피부의 기능을 설명해줄 뿐만 아니라, 이 자아 기능이 그녀가 "이차적-피부"라고 부르는 것 안에서 변용될 수 있는 방법들을 분류하는 데 상당한 진전을 이루고 있기 때문이다. 나는 앞에서, 담는 것-기능

2) 「Explorations in Autism」, 9장 pp. 234-35에서 발췌된 것임.

의 필수적인 전제조건인, 자기와 대상에 대한 관념 안에 삼-차원성을 성취하지 못하는 실패의 결과라고 생각되는, 손상된 정신기능의 다양한 측면들을 보여주는 아동들에 대한 연구에서 발견한 것들을 일부 서술했다. 빅 여사가 분열-과-이상화의 작용(다시금 분열과-투사적-동일시를 위한 전제조건인)에 시간적으로 가장 가까운, 경험을 정신적으로 조직화하는 과정에 대한 설명에서 한 걸음을 내딛었다면, 우리는 그곳에서 한 발짝 더 나아가려고 시도하고 있다. 대상의 담는 것-기능 안에 있는 결함 대신에, 우리는 담는 것으로서의 대상에-대한-관념, 즉 이차원적-관념 안에 있는 결함을 서술하려고 시도하고 있다. 신경증 환자 및 정신증 환자와의 임상적 경험은 우리로 하여금 이러한 서술들을, 한편으로, 자기와 대상 사이의 표면적 현상들에의 몰두와, 다른 한편으로, 지속되는 변화—순환적 시간—를 생각해내지 못하는 실패로 인한 시간 감각의 손상과 연결된, 다른 현상들에게로 확충할 수 있게 해준다.

분열과 L,H,K[3)]

아기의 정신적 삶의 시작에 대한 프로이트의 생각, 즉 만족스런 대상과의 동일시가 직접적이고 자동적으로 발생하는 상태로서의 일차적 자기애에 대한 그의 아이디어는 오직 두 가지 중요한 점만이 확충되었다. 이 확충들 중 첫 번째 것은 최초의 젖가슴(젖가슴으로서의 엄마를 의미하는)이 원시적인 분열-과-이상화

3) 「Explorations in Autism」, 10장 pp. 239-43에서 발췌된 것임.

를 거쳐 자기와 대상이 되는 것에 대한 멜라니 클라인의 서술이었다. 이 작용에 의해 아이는, 비록 심하게 과장되고 직접적인 기준이지만, 좋은 것과 나쁜 것의 개념을 위한 토대를 놓는다. 이것은 멜라니 클라인에 의해서, 건강한 발달을 위해 필수적인 대상관계의 시작을 나타내는 것으로 간주되었다. 두 번째 것은 1968년에 에스더 빅이 정신의 발달에서 피부가 갖는 정신적 기능을 서술한 것이었다. 그녀는 아기가 신체-자기의 해체를 겪지 않은 채, 깨어있는 상태에서 엄마에 의해 바닥에 내려놓아지는 것을 견딜 수 있도록 자신의 피부 안에 충분히 담겨 있다고 느끼기 위해 동일시할 수 있는, 담는 대상을 경험해야 할 필요성을 설득력 있게 제시했다. 그녀는 결함 있는 정신적 피부가 자아-강도에 미치는 영향을 추적했고, 그 결함을 떠받쳐주기 위해 대체물로서의 이차적-피부 기능이 확립되는 방식을 보여주었다. 빅은 이것이 적절한 분열-과-이상화를 위한 필요조건이라고 보았고, 따라서 좋고-나쁜 것에 대한 혼동을 만족스럽게 해소하기 위한 필요조건이라고 믿었다.

이 책의 임상적 장들에 실린 많은 양의 자료는 우리가 발달에서의 두 단계(심리적 피부를 형성하는 단계와 분열-과-이상화를 사용하는 단계) 모두가 상실되었거나 시작될 수 없었던 아이들을 다루고 있다는 사실을 분명하게 말해준다. 그러나 그 아이들에게서 박해 불안, 편집증적 의심, 그리고 가학적 성도착의 일반적인 증가를 발견하는 것은 아니다. 정반대로, 그 아이들은 온순하고, 부드러우며, 쉽게 우울해하고, 항상 존재하는 그들의 경쟁대상인 아기들에 의해 겁을 먹은 것 이상으로 초조해한다. 티미와 존의 경우, 박해적 공포와 편집증적 의심을 가져다준 자기애적 완강함과 잔인성이 출현할 수 있었던 것은 오직 분석과 발달이 상당한 정도로 진전을 이루고난 다음이었다. 심지어 배리조차도 박해자들을 두려워하기보다는, 그의 대상들이 잔인한 침범에 의해 계속해서 손상을 입는 것으로 인한 우울적 감정에 의해 박해 받는다고 느꼈고, 내면세계를 그리고 자기 및 대상의 분열-과-이상화를 확립할 때까지는("이제 나는 어째서 내가 추한지를 알아요"), 자기애적 조직을 발달시키지 않았다. […] 더 나은 구조로 가는 길에서, 아이들은 분열-과-이상화를 사용해서 자기애적 조직을 형성할 수 있게 되면서 더 명시적으로 잔인하고 완강해졌다.

지금 이런 발견들 안에는 정신적 범주를 선과 악으로 나누는 분열-과-이상화와 관련된, 그리고 꼭 그렇게 해야 할 필요성에 대한 질문을 제기하는 것과 관련된 일종의 교훈이 숨겨져 있다. 밀턴(Milton)이 사탄을 「실낙원」의 영웅으로 만들었다는 비난은 아마도 빈 말이 아닐 것이다. 왜냐하면 밀턴만큼 그의 대상인 신과 관련해서 자기 자신의 모든 측면을 개인적으로, 책임 있게 담고 다루기 위해 투쟁한 사람은 흔치 않기 때문이다. 멜라니 클라인은 분열 과정을 목적 또는 그것의 전개 배후에 있는 동기와 상관없이, 파괴적 충동에 의해 폭력적으로 작용하는 것으로 보았음이 분명하다. 그녀는 분열이 항상 어느 정도 대상을 손상시키고, 따라서 죄책감과 후회를 발생시키는 결과를 가져온다고 보았다. 우리는 분열 과정에 대한 연구를 통해서 그 과정이, 그것 배후에 있을 수 있는 솔로몬의 지혜와는 상관없이, 판단을 내리고 그것을 실행하는 특질을 갖고 있다는 것을 알게 되었다.

그러나 분열 과정이 외부 세계 안에서 행동을 가능케 하는 종류의 결정을 내리는 데 필수적이라는 것 또한 사실이다. 모든 결정은 그것의 대안들 가운데서 단 하나의 계획을 따르기로 정하는 것을 포함한다; 그것은 실험적인 것이고, 위험을 포함하고 있으며, 자신과 다른 사람들을 향한 어느 정도의 무자비성을 포함할 수 있다. 나는 어린 시절에 학교에서 값비싼 거대한 다이아몬드 원석을 깎는 결정학(結晶學)에 관한 과학 영상물을 본 기억이 있다. 세공사들은 그것의 구조를 살펴보고, 자연적으로 생긴 틈새들로 추정되는 부분을 선으로 그은 다음에, 극도로 긴장한 상태로 미세한 끌을 사용하여 그 부분을 쪼아냈고, 그 결과 다이아몬드 원석은 두 개로 갈라졌다. 그 장면은 매우 인상적이었다. 나는 또한 열네 살짜리 소년인 피피의 꿈에서, 소중한 대상이 자연적으로 생긴 균열의 선을 갖고 있는 모습에 의해서도 강한 인상을 받았다. 빅 여사가 자아-강도의 비밀을 발견했던 것처럼, 피피는 아마도 자아-탄력성, 최후 승리를 위해 몸을 낮추기, 강풍에 쓰러지는 참나무와는 달리 몸을 굽혀 살아남는 갈대의 비밀을 발견했던 것 같다. 한 마디로 말해서, 탈참여(disengagement)를 통한 임시변통(temporizing)이 그것이다.

임시변통은 곧바로 강박적 성격의 특징인 주저, 우유부단, 지연, 타협 등의 유령을 불러낸다. 그것들 사이의 차이는 어디에 있는가? 피피의 강박성은 프로이트의 "쥐 인간"의 강박성과 어떻게 다른가? 한 가지 분명한 대답은 프로이트의 환자는 그의 사랑의 대상이자 증오의 대상인, 그의 "숙녀"에 대한 양가감정을 다루기 위해 그의 강박적인 분리와 통제를 사용한 반면에, 피피의 강박성은, 실제로 거의 증거를 찾아볼 수 없는, 그의 양가감정에 사용된 것이 아니라는 것이다. 실제로 그의 전능적 통제는 존이 그의 "숙녀"를 원했던 만큼이나 완전하게 "혹스터 부인"(Mrs Hoxter)을 소유하고 싶은 그의 욕망을 위해 사용된 것이 아니고, 궁극적으로 힘을 통해서가 아니라, 그녀의 내적 작업들에 대한 이해를 통해서 그렇게 하고자 한 것이다. 배리의 맥구 씨처럼, 피피는 사랑하는 자이고, 그의 대상을 잘 이해해주는 것을 통해서 그 대상이 다른 아기들이나 아빠-페니스들을 필요로 하지 않을 만큼 행복하게 만들어주기를 소망한다. 이것은 원시적 형태의 사랑인가? 그렇다. 자기중심적인 사랑인가? 그렇다. 그러나 그것은 진정된 것이다!

나는 이 지점에서 만년설 위를 헤매는 나의 과학적 여정에서 드물지 않게 만나는 현상에 주의를 기울이기 위해 잠시 멈추어야 할 것 같다. 새로운 지역에 접근할 때마다 나는 작은 돌무더기에서 비온을 나타내는 B라는 글자가 적힌 작은 깃발을 발견한다. 독자는 우리가 L, H, K의 정점들, 즉 사랑, 증오, 그리고 지식의 정점들을 돌아왔다는 것을 알아차렸을 것이다. 비온의 견해를 따라, 나는 피피와 쥐 인간 사이의 차이가 그들의 강박성에 대한 정점의 차이라고 제안하고 있다: 쥐 인간에게는 L과 H의 정점이 그리고 피피에게는 K의 정점이 해당된다. 따라서 우리는 사랑하는 자, 예술가 그리고 과학자가 동일한 사람이고, 과학은 아주 일찍 시작할 수 있다는 것을 발견한다. 그러나 그것은 또한 그것의 원천 이상으로 웃자랄 수 있고 질병으로 창궐할 수 있다. 이것은 또한 그렇게 하지 않을 가능성을, 즉 분열-과-이상화에 참여하지 않는 것을 통해서 건강한 유형의 탄력성 있는 인격구조를 세울 수 있는 가능성이 있음을 암시한다. 이 관점에서 볼 때, 선과 악의 개념들은 모니-컬이 마음의 발달의 내적 논리에 대한 그의 연구에서 서술했듯이, 필수적인 것이 아닐 것이다. 나는 또한 이 질문이 우리를 발달의 추동 세력으로서의 인식선호적 본능에 대한 클라인의 초기 강조와 그 본능이 탐구한 최초의 "세계"로서의 엄마의 신체로 다시 데려다준다는 점을 지적하고자 한다.

이것은 사람들이 때로는 환자로서, 때로는 분석가로서, 궁극적으로는 동시에 두 사람 모두로서 참여할 수 있는, 있는-그대로서(a thing-in-itself)의 정신분석적 방법에 대한 하나의 창문을 열어준다. 이런 종류의 경험에 의해 불러일으켜진 정서성은 무엇인가? 만약 그 과정이 K의 정점에 의해 지배된 것이라면, 그 사건은 본질적으로 아는 것과 알려지는 것 모두가 되는 것—아마도 프로이트가 "투우사"라고 자신을 불렀던 것보다 더 돈키호테적인 어떤 것—일 것이다. 그러나 그 과정은 본질적으로 "모험"으로 불릴 자격이 있는 것으로 보이며, 결실을 맺는 순간들에서 그것은 우리가 실제로 "알 수 있는" 유일한 세계인, 마음의 세계가 지닌 아름다움에 대한 놀라움의 느낌을 수반한다—아니 그 느낌을 수반하는 것이 아니라, 그 느낌에 의해 흠뻑 젖어든다.

9장
비온의 아이디어가 끼친 영향

서론
Meg Harris Williams

이 장은 멜처가 그의 책「Studies in Extended Metapsychology」에서 서술한, 비온이 지난 수십 년 동안 개인적으로 자신에게 미친 영향을 요약하고 있다. 주로 이론적인 내용을 담고 있는「The Kleinian Development」과는 대조적으로, 이 책은 몇몇 멜처 자신의 임상사례들을 포함해서 그의 동료들에 의해 제시된 광범위한 임상사례들을 탐구하고 있고, 또한 비온의 사고가 정신분석 일반을 위해 갖는 함의들을 포함해서, 비온의 공식이 정신분석의 과정과 다양한 임상적 문제들 모두를 이해하는 데 우리가 갖고 있는 기존의 모델들보다 더 진전된 모델을 제공하는 방식에 대해 고려하고 있다.

따라서 여기에서 초점이 맞추어지는 다양한 영역들은 다음과 같다: 아동기에 그리고 정신분석적 상황 안에서 언어와 상징-형성의 본성; 상징-형성이 빗나가거나 왜곡되는 방식; 의사소통적 투사적 동일시와, 담는 것을 "폐소"로 만드는 침투적 동일시 사이의 구별; 자기-기만의 유형들과 역전된 알파-기능으로서의 거짓말에 대한 고려; 왜곡과 싸우는 분석가를 지원하는 데 부정적 좌표에 대한 인식이 갖는 잠재력; 출생 이전과 "무척추" 인격 구조와 그것이 초기 아동기의 정신증적 질병과 갖는 관계, 그리고 그것이 정신신체적 상태들의 평가와 갖는 관계; 원정신적인 것과 정신적인 것 사이의 분기점, 그리고 그것들이 끊임없이 상호작용하면서 "아이의 영혼을 두고 경쟁하는 방식"; 이것을 정신분석적 집단 정치학의 측면에서 사회적으로 설명하기, 그리고 그러한 위계적 세팅 안에서 "마술"과 "성마름"(irritability)이 갖는 역할.

특히 멜처는 「The Kleinian Development」에서 살짝 건드린 그리고 「The Apprehension of Beauty」에서 좀 더 발전시키게 될 하나의 주제를 진지하게 다루는데, 그것은 정신적 발달을 위한 핵심 요소로서의 미적 경험이다. 여기에서 과정 그 자체가 환자와 분석가 모두를 위한 궁극적인 미적 대상 또는 담는 대상이라고 보는 정신분석에 대한 새로운 견해가 출현한다. 비온의 모델 안에서, 쾌락-고통이라는 보상들은 "허구"이고 "발달이 행복"이라는 인식과 함께, 일차적 과제는 대상의 정신적 현실을 견딜 수 있도록 돕는 것이다.

비온의 아이디어가 끼친 영향[1]
(1986)

하나의 체계적인 연구결과라기보다는 임상적 및 교육적 경험의 잔여물인 이 책은 일종의 혼합물 더미인 것처럼 보인다. 그것

1) 이 글은 멜처의 「Extended Metapsychology: Clinical Applications of Bion's Ideas」(1986), Chapter 28, pp. 203-11, "Denouement"에서 발췌된 것임.

은 일차적으로 다른 사람들의 그 다음 발달적 발걸음들의 생식력을 증가시키고, 그것들의 갓 태어난 창조성에 생명을 불어넣도록 돕는 것을 목표로 한다. 그러나 우리는 또한 그 혼합물 더미에서 뜻하지 않게 우리 자신 안에서 살아있는 어떤 것을, 즉 그 위에서 자라고 있는 버섯들과 수선화들을 발견할 수 있기를 희망하는 경향이 있다. 이 책은 비온의 아이디어가 내 상담실 안에서 사용되는 방식을 보여주는 일련의 연구들로 구성되어 있다고 나는 주장한다. 과연 이 책은 그러한 주장 이상의 것을 말해줄 수 있을까?

비온 자신은 그의 아이디어를 중심으로 하나의 독립적인 학파가 자라나는 것을 강하게 반대했는데, 아마도 그 이유는 부분적으로, "비온학파"라는 용어가 공상과학, 정원 가꾸기, 전자제품 그리고 돌팔이 의사 등의 우스꽝스런 느낌을 주기 때문일 것이다. 그러나 그는 "학파"를 형성하는 것이 과학의 유산(流産)이라고 느꼈고, 나는 어쩌면 비온 자신보다 더 강하게 그렇다고 느꼈다. 학파들 사이에 깊고 의미 있는 차이들이 존재한다고 생각하는 것은 순진한 것이다. 정신분석의 조직들 안에서 사람들은 정치적인 목적을 위해 그러한 차이들을 이용한다. 그런 시도는 말로 표현할 수 없는 마음의 현상을 언어로 표현해야 하는 불가능한 과제를 이해하는 데 실패한다. 그리고 최종적으로, 그것은 예술과 과학의 역사에 대한 이해가 부족함을 보여준다. 앞으로 가는 움직임으로서의 진보(progress)라는 은유가 허용되는 한, 예술과 과학의 발달은—또는 예술-과학인 정신분석은—어떤 점에서 나선형의 형태로, 또는 애벌레가 기어가듯이 앞으로 나아간다. 발달에 대한 연구를 선도하는 사람들은 뒤에 처진 다른 사람들보다 수마일 앞서 있다고 생각하지만, 그들이 몇 발짝만 옆으로 비켜서서 바라본다면, 자신들이 단지 몇 인치 정도만 앞서 있을 뿐임을 알게 될 것이다. 게다가 그들은 그들이 계속해서 앞으로 나아가기 전에 잠시 멈추고, 가르치고, 다른 사람들이 그들을 따라잡을 수 있도록 도와야만 한다. 만약 그들이 이 일을 하는 데 실패한다면, 그들이 사용하는 언어는 곧 사회의 구성원들과 동떨어진 것이 되고, 따라서 그들은 되돌아가는 길을 찾아야 되는 상황으로 내몰릴 것이다. 어떤 점에서, 이런 일이 비온에게 일어났었다. 그는 「변형」에서 그가 했던 말을, 「주의와 해석」에서 그의 은유들을 변경하는 것을 통해서 수정해야만 했었다.

이 따라잡는 과정은 학파-형성과 정치적 맥락 안에서, 마치 그것이 아이디어들을 훔치고 그것들을 다른 용어들로 표현하는, 일종의 비밀스런 표절인 것처럼 오해되는 경향이 있다. 이것에 대한 예는 클라인학파의 개념들을 강하게 연상시키는, 하인즈 코헛의 작업을 중심으로 한 "자기-심리학"의 발달에서 찾아볼 수 있다. 그러나 자세한 조사는 두 개의 다른 과정들을 보여준다: 그 중 하나는 앞서가는 언어를 그것의 역사적 뿌리에 좀 더 단단히 묶어놓기 위해 세련된 것으로 만드는 것이고; 다른 하나는 그 개념들이 더 큰 존경을 얻게 하기 위해 그것들의 표현을 부드럽게 만드는 것이다. 이 둘 모두는 정신분석 운동의 사회적 구조를 위해서 그리고 주변의 지적 및 과학적 공동체와의 관계를 위해서 가치 있는 일이다. 그것들 중의 어느 것도 그 다음 진보의 파도 안에서 앞으로 나아가는 움직임을 방해하지 않는다.

나 자신의 작업을 "탐구"로 보는 나는 나의 삶과 세상에 대한 견해의 양태에 끼친 비온의 아이디어의 영향이라고 여겨지는 것을 보다 개인적인 방식으로 추적해볼 필요가 있다고 생각한다—마음의 모델, 역사의 구조, 정치적 조직들의 진화, 공동체 안에서 예술가의 역할, 정신분석의 본성, 등.

"파국적 변화"라는 비온의 개념과 "새로운 아이디어"의 충격과 관련해서, 이 아이디어가 무엇이었는지, 그것이 나의 사고방식과 작업방식에 그리고 일반적인 행동에 어떤 혁명을 일으켰는지를 확인하는 것은 어렵지 않다. 그 "새로운 아이디어"는 분명히 다음과 같은 것이었다: "태초에 미적 대상이 있었다. 그리고 그 미적 대상은 젖가슴이었고, 그 젖가슴은 세상이었다." 물론 나는 "젖가슴"이라는 단어를 함의적 서술을 위한 용어로서 사용하고 있다. 다른 한편, 그 아이디어가 미적 대상을 항상 생생하게 경험했던 아드리언 스톡스(Adrian Stokes)를 통해 나에게 전해지지 않은 것이 놀랍다; 다른 한편으로, 비온의 작업에서 그것의 출처가 어디인지를 말하는 것은 어렵다. 그것은 좌표 안에서가 아니다; 그것은 「변형」에서 암시되었을 뿐이고; 「주의와 해석」에서 중요하지 않은 방식으로 덧붙여졌을 뿐이다. 그것이 명백히 모습을 드러낸 곳은 오직 「미래에 대한 비망록」 뿐이다. 그러나 그 아이디어는 그 책이 나의 사고 안으로 그리고 확실히 나의 상담실 안으로 들어오기 전에, 비온을 통해 나에게 왔다. 나는 정신분석적 방법이 미적 특질을 갖고 있다는 것을 알게 되었을 뿐만 아니라, 나의 일부 환자들 역시 주로 꿈들을 통해서 그것을 알고 있다는 사실을 깨닫기 시작했다.

돌이켜보건대, 자폐증에 대한 작업에서 차원성 개념을 정교화한 것이 중요한 역할을 했다고 여겨진다; 많은 이런 아이들이 보여준 섬세한 미적 감수성은 너무 뚜렷한 것이어서, 우리는 그들의 발달적 실패가 세상의 아름다움이 주는 충격을 막기 위한 과정으로 이루어진 것이 아닐까라는 생각을 피할 수 없게 만든다. 감각들의 해체와 이차원성은, 외적으로든 내적으로든, 대상에게 폭력을 가하지 않고서 그것을 보호하는 극도로 섬세한 방법인 것처럼 보인다. 하지만 감각들의 해체 과정은 그 문제에 빛을 주기에는 너무 대대적이었고, 마치 영혼-살해와도 같은 것이었다.

그러나 이차원성은 우리를 매료시키는 질문들을 손안에 쥐고 있다. 처음에 의미의 세계를 피상적인 것으로 만드는 것은, 마치 의미의 회석이 자연스럽게 정동의 황폐화를 가져오기라도 하듯이, 자명한 것으로 보였다. 비온의 아이디어는 그 반대의 것을 제안한다: 정동의 강도를 줄이는 방법이 의미의 희석을 가져온다. 만약 이것이 사실이라면, 세상에 대한 이차원적 지향은 정서를 불러일으키는 대상의 충격에 대한 방어일 것이다. 그러나 그 방법은 무엇인가? 멜라니 클라인의 아이디어는 엄마의 내부에 대한 관심이, 따라서 일반적인 인식선호적 본능의 기원이 엄마-아기 관계의 강렬한 정서성 안에 있다는 것이었다. 그렇다면, 이차원성은 인지 발달의 이전 단계로의 퇴행이라기보다는 대상의 심리적 현실을 부인하는 데 따른 결과인가?

마찬가지로, 편집-분열적 자리와 우울적 자리에 대한 멜라니 클라인의 묘사에 묶여 있는 예전의 가정들은 의문의 대상이 되었다. 에스더 빅(Esther Bick)은 이차원성이 동일시 과정(점착성 동일시)과 연결되어 있음을 밝혀냈고, 따라서 편집-분열적 자리 이전에 하나의 정신성의 조직이 존재한다고 생각하는 것이 가능해졌으며, 이것은 우울적 자리를 좀 더 세련된 경험 수준에 위치시키는, 강한 내적 논리를 지닌 발생학적 연쇄가 있다는 가정을 강화시켜주었다. 그러나 여하튼 인식선호적 본능을 움직이도록 작용하는 요인들에 대한 멜라니 클라인의 공식은 만족스러워 보이지 않았다. 침범적 호기심과, 엄마의 내부에 대한 어린 아이의 관심 안에 있는 지식에 대한 갈증 사이를 구별하지 못한 그녀의 실패는 개념적 짜임새(conceptual fabric)를 약화시켰다. 자폐 아동들과의 작업에서 발견한 사실들은 가학성과 분열과정들이 그들의 질병에서 강하게 작용하는 요소가 아니며, 단지 회복 과정과 발달의 진전 과정 안에서 세력이 발달한 것이라고 강하게 제안한다.

상담실 안에서 작용하는 마음의 모델에 대한 이런 종류의 불만족은 차층 발달을 발생학적 단계들의 측면에서 보는 사고에서 장 개념 쪽으로 옮겨가도록 영향을 행사했다. 암묵적 복잡성이 그것을 요구하는 것처럼 보였다. 나는 한 학술 모임에서 멜라니 클라인이 자신을 비판하는 말에 대한 반응으로, 상황을 복잡하게 만든 것은 그녀가 아니며, 상황 그 자체가 복잡한 것이라고 말했던 것을 기억한다. 물론 인간의 마음은 세상에서 가장 복잡한 것임이 틀림없다. 그리고 마음이 스스로에 대한 연구에서 자체의 신비를 꿰뚫을 수 있는 정도에는 한계가 있음이 분명하다. 어쩌면 신비 그 자체가 그것의 본질의 중요한 측면일 수도 있다.

하나의 체계로서가 아니라 마음의 기관—주의의 기관—으로서의 의식에 대한 비온의 강조는 이미 자폐 아동들과의 경험에서 강하게 추천된 바 있다. 비온이 일종의 농담처럼 "공동 감각"(Sullivan[1953]이 말하는 "consensuality")이라고 부른 것의 해체를 결과로 가져오는, 자폐 아동들의 주의의 분산은 즉시 그들 주변과 내부 모두에서 삶의 충격을 피하는 강력하면서도 섬세한 방식인 것처럼 보였다. 치료에서 예리한 관찰에 기초한 흥미로운 말로 그들의 주의를 사로잡고 유지하는 것이 갖는 중요성은, 치료자를 지치게 만드는 그것의 경향성에도 불구하고, 효과적인 것으로 드러났다.

마음이 동시적으로 존재하는 다중적인 수준들로 이루어져 있고 비교적 통합된 기능을 갖고 있다는 아이디어를 수용하는, "장" 이론은 정신적 수준의 작용이 순수하게 신경생리학적 수준보다 우세해지는 시점이 "언제"인가라는 물음뿐만 아니라, 그것이 "어떻게" 일어나는가라는 물음을 허용하는 것처럼 보인다. 비온은 최초에 사고를 창조하는 작용이 있고, 그 다음에 그것들을 생각하는(조작하는, 사용하는) 장치를 발달시키는 작용이 있다고 가정함으로써 이 문제에 접근하는데, 그러한 접근은 기능으로서의 생각하기가 사고에 앞서 있고 그것이 사고들을 생성해낸다는 전통적인 접근과 결정적으로 결별한 것으로 보인다. 그러한 결별은 그로 하여금 좌표를 만들어낼 수 있게 했고, 따라서 생각하기가 사고들을 사용함으로써 만들어내는 변형에 대해 검토할 수 있게 했다. 뿐만 아니라 그러한 접근은 거짓된 사고, 거짓말, 오해, 진실이 아닌 것, 오인, 선전, 냉소주의 등을 숙고할 수 있는 틀을 제공했다. 이것이 정서를 반-정서(anti-emotion; 긍정적 및 부정적인 L, H and K)와 대립시키는 위대한 발걸음과 결합하면서, 생각하기에 대해 생각하는 데 필요한 새로운 주판을 손에 넣게 되었다.

정신적인 것을 하나의 "수준"으로서 생각할 수 있게 되고, 그것이 경험에 의해 자극된 정서성에 주의를 집중시키는 것에 의해 작동된다고 생각할 수 있게 된 것은, 그 문제를 숙고하는 데 있어서 우리에게 새로운 자유를 가져다주었다. 분위기를 신선한 것으로 만들어주는 것은 단순히 의미의 명료화만이 아니다. 왜냐하면 그것은 또한 스 철학으로부터 「논리철학 논고」(Tractatus, Wittgenstein, 1922)에 이르기까지 논리에, 그리고 그럼으로써 정보의 최상의 원천으로서의 수학과 언어학에 일차적으로 몰두하는 전통을 쓸어버리기 때문이다. 알파-기능이라는 "텅 빈" 개념이 우리의 새로운 열쇠이다. 그러나 그 열쇠와 짝을 이루는 자물쇠 역시 바뀌었는데, 이것은 결정적으로 중요한 문제이다. 우리는 워즈워드가 아이들의 정신성 안에 자리 잡고 있는 "영광의 구름" 안에 그리고 "초원의 빛"(불멸성에 대한 송시)에 접근할 수 있는 그들의 능력 안에 내재되어 있다고 주장했던, 세상의 아름다움에 대한 지각을 소수의 진화한 천재들의 작품으로서의 미적 대상들의 창조와 혼동해왔다. 만약 그가 본질적으로 사회학적인 설명인, “소유하고 소비하는 데 우리의 힘을 낭비하고 있다는” 피상적인 설명을 수용하기보다, 이러한 감수성을 상실하는 문제를 끝까지 추적했더라면, 그는 이러한 감수성들이 가져다주는 고통의 본성에 대해 좀 더 명료하게 인식했을 것이다.

유사하게, 이중 본능이라는 프로이트의 공식화에 대한 멜라니 클라인의 충성심은 그녀로 하여금 인식선호 본능 안에 암시된 명백한 양가성의 문제를 단순히 간과하거나 좌절에 기초해서 설명해치우도록 만들었다. 이 태도는 그녀가 발달이, 감당할 수 있는 갈등에 의해 추동되는 것이고, 따라서 적정 수준의 정신적 고통(좌절, 박해, 시기심 등등)이 발달에 필수적이라는 사실을 잘 알고 있었음을 고려할 때, 좀 놀라운 것이다. 나는 이 문제에 대한 나의 첫 인상을 “아름다움에 대한 이해”(The Apprehension of Beauty)라는 글에서 서술했는데, 그 글에서 나는 한나 시걸[1952]이 미학에 대한 그녀의 잘 알려진 글에서 그런 내용을 말했다고 생각함으로써, 당시에 내가 받은 인상을 제대로 이해하는 데 실패했다.

이렇게 해서 알파-기능과 이-차원성이라는 두 개의 열쇠가 함께 모아졌다: 미적 대상의 내부와 외부의 수수께끼. 정서성을 환기시키는 그 대상의 힘은 불안, 의심, 불신을 생성해내는 그것의 능력과 필적할 수 있는 것이었다. 미적 대상의 감각적 특질들이 어느 정도 확실하게 이해될 수 있는 것인 반면에, 그것의 내적 특질들—하부 또는 상부-감각적인—은 그러한 위안을 가져다주지 않는다. 여기에서 관찰된 것은 사고 및 판단과 결합될 필요가 있으며, 그 판단의 견고성은 경험에 크게 의존한다. 좋건 나쁘건, 그것의 가치는 확실히 경외감과 놀라움을 불러일으키는 대상 자체의 외부와 내부의 일치(matching)와 불일치(disparity) 안에 거주하기 때문이다. 그러나 세상에 대한 아기의 경험은 거의 전무

하다. 아기가 어떻게 그런 판단을 내리는가? 그는 그렇게 할 수 없다. 그는 단지 다음에 무슨 일이 일어날지 기다릴 수 있을 뿐이다.

이것이 대상의 부재가 정신에게 결정적인 영향을 미치고 정신의 한계를 시험하는 당시의 맥락이었을 것이다. 비온[1965]은 이 대상 부재의 문제를 "대상이 있던 공간과 관련해서" "현재의 박해자인 부재한 대상"이라고 정의했는데, 이것은 또한 버클리(Berkeley)가 말하는 "떠나간 것들의 유령들"을 포함한다(Bion 1991)는 사실을 암시하는 것으로 보인다. 이러한 깊은 데서 "인간의 영혼을 시험하고" "여름의 병사"를 찾는 시간들[2]은, 그것들이 오델로(Othello)와 레온테스(Leontes), 그리고 "아름다운 무자비한 여인"(La Belle Dame Sans Merci)[Keats]에게 끼친 영향을 기억할 때, 아기에게 무한히 더 고통스러운 것이었을 것이다. 따라서 신뢰는 마치 작업을 정의할 때 사용하는 길이와 무게의 단위처럼, 복합적인 특질을 가진 것이 된다: 희망이 유지되는 시간, 또는 몇 분 또는 며칠이나 몇 해. 아주 어린 시기 동안에, 그것은 때로 엄마의 모습이 시야에서 사라질 때 아기의 얼굴이 일그러지는 모습에서 알 수 있듯이, 몇 초간의 희망인 것처럼 보인다.

미적 관계의 근본적인 문제를 이런 식으로 정의함으로써 그리고 세상에 대한 미적 관계가 사고에 대한 일차적 자극이라고 주장함으로써, 우리는 장 이론(field theory)—그 또한 본래적으로 발생학적인 것인—과 호환이 가능한 입장을 차용하였다. 그것은 생물학적 사변에 의해 방해받지 않으면서 순수하게 정신적인 가치에 대한 접근을 허용하는데, 이것은 편집-분열적 자리와 우울

2) "이것들이 인간의 영혼을 시험하는 순간들이다: 여름의 병사와 햇빛 애국자는, 이 위기에서, 그의 조국을 위한 봉사에서 움츠러들 것이다"(Tom Paine, 「The Crisis」, 1776년 「Common Sense」의 출간에 이어 곧바로 출간되었음).

적 자리를 구분한 멜라니 클라인의 이론이 생명 본능과 죽음 본능이라는 이론적 토대에 대한 충성심 때문에 그렇게 하는 데 실패했던 것이다. 그 결과 정신적 고통과 좌절에 대한 인내의 문제는 자아의 힘의 중재자로서의 임상적 생명력을 전혀 잃지 않은 채, 새로운 요인으로 구성된 갈등의 역동 안에 도입되게 되었다. 도식적으로 말해서, 희망-시간의 단위들 안에 있는 신뢰는 미적 경험의 풍부함—그것의 결과로서 분리를 가져다주는—안에 질적인 뿌리를 갖고 있는 것으로 보인다. 그리고 이 풍부함은 확실히 아름다움에 대한 이해에 포함된 상호성의 요소 안에서 발견된다. 왜냐하면 아기가 엄마와 함께 하는 사랑의 경험이 반향을 일으키고 그 경험의 강도가 상승작용을 일으키기 위해서는, 엄마에 의해 미적 대상으로서 안겨져야만 하기 때문이다.

이와 같은 기본적 사실은 우리로 하여금 신비스런 알파-기능의 산물인, 상징적 사고 능력의 작동이 "어떻게" 시작되는지를 가늠할 수 있게 해주며, 우리를 "언제" 그런 일이 일어나는지에 대한 관심으로부터 어느 정도 자유롭게 해준다. 출생 이전이든 출생 이후이든, 그것은 일어나야만 한다. 이 상호성의 결합이 그것의 본질적 구성 요소라면, 그것이 시작되는 시기는 매우 다양할 수 있다. 그러나 슬프게도, 우리는 탄생 직후에 전혀 적응하지 못하거나, 반응의 미적 수준을 성취할 수 있을 정도로 충분한 복잡성을 갖추지 못한 신경생리학적 장치를 가진 아이들에게서 볼 수 있듯이, 상징적 사고 능력이 전혀 발생하지 않을 수도 있다는 사실을 인정할 수밖에 없다. 자폐 환자와 미-발달자는 그것을 맛보고는 그것이 지배하는 것을 반대했을 것이다.

그러나 임상적 실천과 관련해서 더 중요한 것은 그와 같은 새로운 아이디어에 따라오는 결과, 즉 정신분석이 특별히 관심을 가져온 방어적 작용들 대부분 아니 어쩌면 전체가, 비록 분석 초기에는 분명히 드러나지 않지만, 미적 대상의 영향에 대한 방어적 시도로 볼 수 있다는 것이다. 내 생각에, 그것이 명백해지는 순간은, 혼동이 정리되고 난 이후인, 우울적 자리의 문턱에 도달했을 때이다. 그렇다면, 이 견해는 멜라니 클라인의 공식과 본질적으로 다른 것인가? 그리고 그 견해로 인해 상담실 안에서 발생하는 변경들은 정확이 어떤 것들인가?

의심의 여지없이 첫 번째 그리고 가장 중요한 변경은 해석의 "정확성"에 대한 강조가 감소된 것이고, 그것과 함께 아마도 해석을 해야만 한다는 긴박성이 감소된 것일 것이다. 해석 대신에 강조점이 사실상 상호작용, 즉 해석을 위한 아이디어가 출현하는 관계로 옮겨간 것이다. 담는 것-담기는 것 모델은 수용성에 그리고 전이-역전이의 역동적 상황을 마음속에 간직하는 것에 새로운 가치를 부여한다. 그러나 여기에서 이것을 마치 분석가가 담는 것인 것처럼 진술하는 것은, 담는 것을 형성하고 완성하는 것이 분석가의 주의와 태도가 환자의 협력과 조화를 이루는 것이라는 사실을 놓치는 것일 수 있다. 그러한 조화가, 담는 분석가에게 매 순간 필요한 유연성과 탄력성의 정도를 제공해준다.

그러므로 해석은 그것의 설명적 기능을 상실하게 되는데, 그 이유는 부분적으로 변경된 상황의 본성 때문이지만, 또한 분석가가 정신적 사건들의 인과관계를 밝히고자 하는 오리엔테이션을 상실했기 때문이기도 하다. 정신적 상태들의 장은 스스로를 주장하기 위해 선형성(linearity)의 언어를 허용하지 않을 것이다. 선형성의 언어는 서술에 대한 시도를 선호하는 것을 통해서 효용성을 잃고 있고, 그림 그리기가 더 이상 식물학에 관한 연구를 위한 기초로서 소용이 없는 것처럼, 어떤 점에서 대책 없이 부적절한 것으로 간주되고 있다. 대신에 깨달음에 대한 은유가 설명을 대체한다. 나는 빙하기 동물의 무덤으로 채워진 도르도곤

(Dordogne)에 있는, 꼼바렐(Combarelles)로 기억되는 하나의 동굴을 방문했을 때, 가이드가 그의 램프를 하나의 각도에서 다른 각도로 움직이자 벽 위에 각인된 다른 이미지들이 튀어나왔던 것을 기억한다.

분석가의 언어적 과제에 대한 이미지—하나의 측면에서 다른 한 측면으로 차례로 옮겨가면서 이해의 빛을 비쳐주는—는 권위적인 것에 대한 환자의 기대를 줄여줌으로써 그리고 두 사람으로 이루어진 작업집단의 구성원들 사이에서 책임감을 공유함으로써, 의사소통의 분위기를 대거 수정한다. 그것은 또한 해석적 노선이 차츰 형성되는 것을 허용한다. 특정 꿈들—꿈에 대한 해석이 아니라—은 두 구성원을 위한 이정표를 세운다. 이해의 기능은 모든 불확실성과 그것의 자리를 양보하고자 하는 자세와 함께, 분석가로 하여금 아는 것에 대한 기대에서 벗어나게 함으로써, 그에게 더 큰 사변의 자유를 허용한다. 아직 증거가 분명하지 않은 통찰들이 자유롭게 제공될 수 있고, 불확실성의 정도는 목소리의 음악에 의해 전달된다. 따라서 전지성처럼 보이는 것에 대한 신비화가 관계에서 벗겨지고, 환자는 그 방법에 더 많은 관심을 갖게 되며 분석가의 태도의 이유에 대한 설명을 환영하게 된다. 정신분석 과정이 받아들이는 것처럼 보이는 형태(shape)에 대한 개선된 정의를 포함한, 이 모든 것은 과학, 과정, 방법의 개념을, 궁극적으로 미적 대상으로 이해할 수 있는, 물-자체(a thing-in-itself)로서 세우는 경향이 있다.

이것은 전이와 역전이에 깊은 영향을 미치는 함의들을 갖는다. 왜냐하면 그것은 분석가의 "특수성"(particularities), 즉 연령, 성, 외양, 삶의 상황에 관한 알려진 사실들, 가치, 정치, 등에 내재된 한계들의 짐에서 자유로운(프로이트의 용어로) 대상을 확립하기 때문이다. 사실상 그것은, 마치 대부분의 그림들이 한 발짝 물러서서 볼 때에는 구도가 눈에 띄고, 한 발짝 다가서서 볼 때에는 붓질의 솜씨와 기술이 눈에 띄는 것처럼, 치료사와 환자가 일정 거리를 두고 함께 검토할 수 있다.

물-자체로서의 정신분석과, 정신분석에 대한 환자 자신의 특정한 경험은 내적 부분-대상—결합된 대상인 젖가슴과 젖꼭지로서의—과의 연결을 형성한다. 분석 과정 안에서 분석가가 수행해야 한다고 느끼는 기능은 의존의 본성을 잘 보여주는 뚜렷한 형태를 취한다. 분리기간 동안에 대체물을 찾기 위한 행동화는, 이러한 모조품들의 적절성 또는 부적절성을 보여주면서, 분명히 모습을 드러낸다. 그러므로 분석가는 이러한 대안적 관계들과 관련해서, 그것들이 필수적으로 전이를 황폐화시킨다는 가정에 기초해서 단순히 그것들에 반대하는 데가 아니라, 그것들의 유용성을 평가하도록 돕는 데 더 유리한 위치에 있다.

환자가 개인들과 집단들에게 자기애적 조직을 외재화하는 것을 새롭게 그리고 더 정확하게 검토하게 된 것은 이런 맥락에서이다. 왜냐하면 판단의 기초가 가치에만 의존해 있지 않기 때문이다. 가치 판단의 기초를 도덕적이거나 심지어 윤리적인 기준에서 발달적인 기준으로 이동시키는 것(종종 판단의 정지를 의미하는)은 자기애적인 관계들에 대한 분석가의 개입들에 담긴 가혹함을 완화시켜준다. 왜냐하면 그의 태도는, 꿈을 제외하고는, 증명할 수 있는 증거의 기초를 결여할 수밖에 없기 때문이다. 그러나 사고의 양태들과 의사소통의 방식들을 자세히 검토할 경우, 사고의 질적 결함을 보여주는 것이 종종 가능하다. 이것은 기본적 가정 집단이 포함되어 있을 때 가장 분명하게 드러나지만, 심지어 하나 또는 그 이상의 친숙한 현상들이 한 데 모일 때에도, 부정적 좌표(Milton의 "모방하는 자"[실락원, V. 110])의 "잘못 연결하는" 기능들이 드러날 수 있다.

집단의 의사소통 과정에 대한 이러한 탐구 방식은 확실히 비온이 우리에게 제공해준, 자기애의 작업을 조사하기 위한 새로운 장비이다. 아주 조용하게 대상관계들의 생명력을 고갈시키는 왜곡된 인격의 영역보다 그 점이 더 명백하게 드러나는 곳은 아무데도 없다. 그리고 여기에서 긍정적이고 부정적인 정서적 연결에 대한 비온의 공식은 환한 빛을 비쳐준다. 왜곡된 인격의 영역은, 인간의 친밀성의 세계 안에서 얼마의 존경과 정당한 지분을 요구하면서, "그러면 나는 이러한 인간의 정서적 삶의 일부가 아니란 말인가?"라고 말하는 것처럼 보인다. 생명과 죽음, 창조적 욕동 및 파괴적 욕동에 대한 이중적 이론은 "맞아, 하지만 너는 선하고 창조적인 목적에 복종하고 그것에 통합되어야 해"라고 마지못해 말하는 것—왜곡된 측면이 비밀스런 승리감과 함께 미소 지으면서 받아들이게 되는 것—외에는 분명한 대답을 주지 않는다. 그러나 왜곡된 경향들이 반-정서, 마이너스 L, H, K로서 인식될 때, 타협을 통해 그것들에 양보할 필요는 없다.

부정적 좌표의 개념과, 효과적인 거짓말을 구성하기 위해서는 진실에 관한 지식이 필수적이라는 비온의 인식은, 내용과 진실에 대한 냉소적인 공격을 자세히 살펴볼 수 있는 강력한 도구를 우리에게 주었다. 나는 비온이 최초에 제안했던 것과는 달리, 분석적 숙고를 하는 데 그것이 유용하다고 느낀 적은 없다. 하지만 그것의 구성은 추상화의 수준들의 변화와 그 변화에 수반되는 역설적 진술들을 훌륭하게 드러내고 있다. 이것은 논리적 작용의 결함, 거짓 수량화, 거짓된 등식과 가짜 직유들뿐만 아니라, 모호한 언어 사용이 지닌 방어적이고 회피적인 기능들을 검토하는 기술을 더욱 숙련된 것으로 만들어준다.

분석가는, 사고와 의사소통 과정을 상세하게 검토할 수 있는 도구들을 갖추게 됨으로써, 내부 세계에서나 외부 세계에서 자기애적 또는 기본적 가정 집단을 조직하는, 인격의 파괴적 부분의 지배 또는 영향에서 유래한, 유아적 구조와의 싸움에서 과거 어느 때보다도 더 유리한 위치에 있게 되었다.

마지막으로 우리는 정신분석에 대한 우리의 사적 및 공동체적 정의와 그것이 상담실에서의 우리의 작업 방식들에 대해 갖는 함의라는 중요한 문제를 검토해야만 한다. 나는 정신분석을 정신분석 협회의 구성원들이 하는 것, 또는 주 5회 분석을 수행하는 것, 또는 그 외의 제도적인 것과 같은, 문제의 정치적 측면에 대해 말하는 것이 아니다. 이러한 국지적인 정의들은 그 지역의 정치적 문제들과 관련된 것이지 과학의 관심사가 아니다. 중요한 문제들은 사적인 정의에 관한 것과 그것을 동료들에게 공적으로 제시하는 것과 관련된 것이다.

본질적으로 우리의 사적 정의는 두 개의 교각 위에 세워져야 한다: 방법과 그 방법이 발생시키는 과정. 이 분야에 종사하는 거의 모든 사람들은 그 방법의 본질이 역전이에 대한 내적 검토를 통해 전이를 상세히 조사하고 정의하는 것이라는 주장에 동의할 것이다. 이러한 작용들에 의해 생성된 치료적 과정의 본성에 관해서는 견해가 일치하는 경우가, 또는 일치할 필요성이 훨씬 더 적다. 그 과정은 본질적으로 분석가에 따라 그리고 아마도 환자에 따라 다를 가능성이 높다. 그러나 각각의 분석가가 결국 그가 분석의 진전을 위해 유용하다고 간주하는 과정들의 유형이나 범위에 대한 자신의 생각을 형성해야 한다는 데에는 모두가 동의할 것이다. 관찰된 것이든 아니면 보고된 것이든 간에, 분석가는 치료적 기준들(criteria)을 사용할 수 없다는 것이 분명하다. 결국 분석가들은 치료적 효능성에 대한 어떤 독점권도 주장할 수 없다.

과정의 유형과 범위를 형성하고 났으므로, 분석가는 회기의 빈도수, 길이, 쉬는 날, 결석, 치료 기간, 지불 방법, 카우치의 사용,

글이나 도표로 된 자료를 가져오거나 보내는 문제, 친척들과의 인터뷰 등과 관련해서, 환자의 요구들에 대해 보다 탄력성 있게 대응할 수 있는 위치에 있어야 한다. 특정한 환자와의 경험과 일반적인 실천에서, 방법과 과정에 대한 개인의 기본적인 개념들이 확립되어 있을 때, 조심스러움이 스타일과 방법의 경직성을 대체할 수 있다. 분석가에 의해 도입된 스타일과 방법의 수정은, 아마도 성실한 연구상황을 제외하고는, 여전히 커다란 의심과 회피의 대상이 되고 있다. 그러나 경험과 탄탄한 개념에 기초해서, 그리고 이전 시기의 자료와 이후 시기의 자료에 대한 주의 깊은 조사에 의해 지원받으면서, 분석가가 환자의 요구에 탄력성 있게 반응하는 것은 인간화하고, 용기를 주는 유익한 효과를 발생시킬 수 있다. 하지만 그것이 분석가에게 미치는 영향은 훨씬 더 중요하다. 그러한 오리엔테이션은 분석가로 하여금 분석 절차에 대한 이론적 근거를 계속해서 주의 깊게 살펴보게 하고, 그 결과 분석가 자신이 경험으로부터 배우는 일을 촉진시킨다.

10장
미적 갈등

서론

Lennart Rambert

멜처는 성공적인 분석에서 환자들이 이유(離乳) 단계에 접근할 때 종종 대상에 대한 미적 관계를 경험한다는 사실을 오래전부터 알고 있었다. 그 대상은 그들의 파트너, 자연, 또는 분석 그 자체일 수 있다.

특히 아동-분석과 자궁 속의 삶을 연구해온 경험과, 결코 가장 작지만은 않은, 엄마의 눈을 바라보는 갓 태어난 손주에 대한 그의 기억은 멜처로 하여금 아기의 마음이 자체 안에 있는 것을 최초로 바깥세상으로 내보낼 때, 그 대상은 몽상-속-의 엄마라고 믿게끔 만들었다. 그것에 따라오는 황홀함 안에서, 지식을 향한 인식론적 욕동과 비온이 말하는 사랑과 증오의 방향량들(vectors) 사이에서 연결들이 이루어지는 데, 이것은 강한—그러나 동시에 깨지기 쉬운—열정적인 감정-사고의 합류, 즉 정서적 경험을, 그리고 사고를 위한 음식을 결과로 가져온다.

이것이 외적 또는 내적인, 모든 미래의 미적 경험을 위한 판형이고, 평생 지속되는 대상/외부 세계와의 관계에서 가장 열렬히 추구되는 것이다. 정신분석에서의 창조적 과정의 본성을, 특히 자아-이상을 창조하는 데 내적 대상들이 담당하는 역할—생각하는 젖가슴 그리고 결합된 대상—을 좀 더 깊이 탐구하기 위한 목적으로, 그는 정신분석에 정통한 저자이자 예술가인 자신의 양딸 멕 해리스 윌리엄스(Meg Harris Williams)와 함께 시와 문학을 찾았다. 그들은 자신들의 생각들을 각각 다른 장들에서 제시하는 방식으로 「아름다움에 대한 이해」(The Apprehension of Beauty)라는 저서를 공동으로 저술하였고, 분석이, 시인이 그의 뮤즈(Muse)와 갖는 관계와 공명하는 것을 경험했다.

피분석자가 편집-분열적 자리와 우울적 자리의 불안들을 충분히 겪고 나면, 그는 분석에서 또 하나의 단계를 만나게 된다고 멜처는 제안한다: "암흑 속에서의 도약"과, 분석가가 미적 갈등의 양가감정과 격랑을 충분히 경험하는 것(꿈에서뿐만 아니라). 바람직하게는, 뒤따라오는 자신에 대한 신뢰와 함께 분석가 자신의 생각하는 젖가슴과 결합된 대상이 전면에 등장할 것이다; 그리고 그의 뮤즈가 상황을 지배할 것이다.

이 책과 그 다음에 출간된 「폐소」(Claustrum)에서, 멜처는 초심리학적 및 임상적 수준 모두에서 클라인학파 분석의 영향력을 과감하고 진정되게 변형시키기 위한 발걸음을 내딛고 있으며, 그와 동시에 후기 클라인학파 전통을 위한 토대를 놓고 있다. 이 새로운 전통 안에서, 삶은 그것의 모든 점증하는 복잡성에도 불구하고 기본적으로 본성상 미적이며, 정신분석은 이자적인 예술의 작업—고유하고 표상적인 형태의—으로 간주된다.

미적 갈등[1]
(1988)

정신분석의 관찰과 사고의 근저에 있는 마음의 모델의 진화는 많은 점에서 조용하고 드러나지 않은 것이었지만, 그것의 마디 점들은 프로이트—아브라함—클라인—비온으로 이어지는 진전에 의해 분명히 표시된다. 19세기 물리학의 기풍 하에서 심리적 에너지의 분배를 위한 수력학적 모델로서 시작된 정신분석학의 모델은 점진적으로 그것의 유비를 바꿨다. 발생학적 측면의 등장은 고고학적 은유를 산출했고; 지형학을 구조적 이미지로 대체한 것은 사회적 비교를 도입했으며(세 주인을 섬기는 자아); '기제' 를 '무의식적 환상' 으로 대체한 것, 심리적 현실의 구체성을 고집한 것, 그리고 프로이트의 '아이들의 성적 조사' 를 '인식선호적' 본능의 도입한 것 등은 개인의 마음의 진화에 대한 생물학적 모델을 다윈적인 것으로부터 라마르크적(Lamarckian)인 것으로 옮겨놓았다. 1945년에 클라인학파 모델은 동일시 과정들에 대한 강화된 입장에 기초해서, 계통발생을 반복하는 개체발생의 진화적 직유를 수정했고, 따라서 적자생존과 같은 것이 아니라, 관계를 강조하는 발달에 대한 견해를 확립했다. 투사적 동일시와 분열 과정이라는 아이디어들을 도입한, 멜라니 클라인의 1946년 논문 '분열성 기제들에 대한 주석들' 은 마음의 통일성에 대한 가정을 산산조각 냈는데, 그것은 프로이트가 그의 논문 '방어를 목적으로 한 자아의 분열' 에서 이미 시작한 일이었다; 그것은 정신적 삶의 '세계들' 을, 심리적 현실의 구체성이라는 것은 상

---

1) 이 글은 Meltzer & Williams의 「The Apprehension of Beauty」(1988), Chapter 2에서 가져온 내용임.

상조차 할 수 없는 방식으로 다중화하도록 더 활짝 열어놓았다.

정신적 삶을 상징적 영역과 비-상징적 영역으로(알파 기능과 베타 요소들) 나누고, 그것의 강조점을 정서적 경험들에 대해 생각하는 도구로서의 마음에 두고 있는, 비온의 변형은 임상 현장에서 느껴지기 시작했을 뿐이다. 비온이 창조적 사고를 무의식적 꿈 과정으로 본 것, 의식을 '심리적 특질들을 지각하는 기관'으로 제한한 것은, 시간이 지나면서, 이성과 의식을 동등시하는 견해에 결정적인 타격을 주었고, 우리가 삶을 어떻게 살아가는지에 대한 견해를 심각하게 바꾸어놓았음이 분명하다. 프로이트의 모델은 심각하게 수정되었다: 자아는 그가 가는 길에 놓인 모든 알지 못하는 대상들을 수줍어하면서, 항상 전에 가보았던 길을 따라가고 싶어 하는 말(馬)이 되고; 반면에 무의식적인 내적 대상들이 새로운 발달적 경험들을 향해 가차 없이 말을 이끄는, 말을 탄 사람이 된다. 따라서 이 모델 하에서, 정신분석적 과정에 대한 우리의 견해는 크게 바뀌었다; 하지만 어떤 점에서 우리는 완전히 한 바퀴를 돌아서 저항과 반복 강박에 대한 프로이트의 초기 견해로, 즉 단순히 이러한 반-발달적 세력들의 위치를 억압된 무의식으로부터 보존적인 의식적 마음으로 바꾸고 있는 것처럼 보인다.

마음의 모델에 대한 이러한 비온의 전환은 정신적 고통과 유아기로부터의 발달과정이라는 전체 문제를 다시 생각하도록 만들었다. 우리는 백지 상태로서의 신생아라는 생각을 더 이상 받아들일 수 없고, 정서적 경험들, 꿈 사고 안에서 발생하는 그것들의 상징적 표상, 인격의 구조화에 미치는 그것들의 영향 등이 자궁 안에서 시작할 수 있는 가능성을 고려해야만 한다. 수초화(myelinisation) 과정이 정서성으로 가득 차 있다는 신경해부학자들의 발견에도 불구하고, 임신 후기 몇 개월 동안의 자궁 내 삶을 생각하는 것은 대단한 상상력을 요하지 않는다. 또한 상징적 형태(까씨러)의 노래-그리고-춤의 장르(수잔 랑거) 안에서 상징적 표상이 가능한, 운동감각과 결합되어 있는, 자궁 내 삶의 청각적 측면들을 상상하는 것이 우리의 능력 너머에 있는 것도 아니다. 그것은 탄생 과정의 충격 그리고 '바깥' 세상과의 첫 만남이라는 '외상적' 아이디어보다는 '정서적인 것'에 대한 그러한 추론으로부터 작은 발걸음을 내딛은 것에 불과하다. 현재 그러한 추론들은 관찰에 의한 검증 너머에 있는 것처럼 보이지만, 태아의 삶에 대한 초음파 관찰과 탄생 이후의 유아관찰 그리고 나중에 행해지는 정신분석의 관찰은 언젠가 이 공상적인 아이디어들을 보다 진정성 있는 형태로 만들어줄 수 있을 것이다.

그러나 정신분석과 유아 관찰 모두는 이미 이러한 추론들을, 발달과 정신적 삶에 대한 우리의 이미지를 비온의 사고의 맥락 안에서 수정할 수 있는 형태로 주조하기 위한 풍부한 데이터를 제공하고 있다. 정신분석 과정 안에서 기록된 '아름다운' 엄마들의 비율이 국가적 평균을 훨씬 능가한다는 것과, 이 호칭은 분명히 환자들이 그들의 중년 부모에 대해 가졌던 후기의 보다 객관적인 판단들에서 완전히 벗어나 있는, 아동기 인상들을 가리킨다는 사실은 그 누구의 주목도 받지 못한 것 같다. 우리는 여기에서 시작할 것이다.

먼저 나는 더 많은 논의와 탐구를 위한 닻으로 사용하기 위해, 한 조각의 임상적 자료를 소개하고자 한다. 한 늙어가는 시인이 그의 사랑 관계를 견뎌내고 심화해서 결혼에로 이끌지 못하는 거듭되는 실패로 인해 분석을 받기 시작했다. 그는 한 여성과의 안정된 동반자 관계뿐만 아니라, 아이들에 대한 커다란 욕망을 갖고 있었다. 그는 잠재기 동안에 엄마를 잃었고, 이어서 엄마가 죽은 지 두 해도 되지 않아 그의 삶에 등장한 계모의 극단적이고 아마도 편집증적인 질투 때문에, 그의 아빠와 소원한 관계로 살아야만 했다. 그녀 자신이 아이들을 가진 과부였던, 그의 새엄마는 그녀의 집을 다른 여자의 아이들과 공유하는 것을 참을 수 없었고, 그래서 그들 모두를 기숙학교들로 쫓아버렸다. 여성의 질투와 소유욕에 대한 공포는 환자의 친밀한 관계의 대부분을 파괴했다: 때로는 그의 파트너 안에, 때로는 그녀의 어머니 안에 뿌리를 둔, 그리고 때로는 이전 파트너들, 또는 그의 형제들이나 친한 친구들이 자신들의 아내들과 갖고 있는 견고하고 가까운 우정들에 의해 자극된 질투. 매우 매력적이고 능력 있는 인물로서, 이 여성들이 다양한 방식으로 그들을 버리고 실망시켰던 배우자들보다 그를 더 좋아할지도 모른다는 생각은 결코 그의 환상에 지나지 않는 것만이 아니었다.

분석의 첫 해 동안, 명절에 분석을 중단하는 것은 우리의 시인에게 아무런 영향을 주지 않는 것 같았다. 왜냐하면 그는 그런 날들을 그가 분석 스케줄에 맞추기 위해 연기했던, 비교적 신나는 여행을 하는 데 사용했기 때문이었다. 그러나 네 번째 명절인 크리스마스가 가까워오면서, 그의 마음이 심란해지는 것이 분명했다. 그의 꿈에서, 파묻혀 있던 그의 형에 대한 적대감과 함께, 매우 아름다운 정원들이 출현하기 시작했다. 그는 그의 형이 소녀들에게 그리고 나중에는 여성들에게 했던 행동이 무자비하고 파괴적이었다고 생각했었다. 명절이 시작되기 두주 전에, 그는 지나가는 말로 내가 전에는 들어본 적이 없는 것에 대해 언급했다: 그가 수집 충동에 사로잡혔었다는 것. 이것은 사춘기 이후로 우표 모으기로부터 시작해서 잡지류, 고서적 등으로 이어지면서, 각각 짧지만 강렬한 몰두의 시기를 가졌다. 이번에 수집하는 물건은 명백히 17세기에 생산되기 시작했던 기념 메달들이었는데, 그것들의 모조품은 주로 싸구려 물품을 파는 가게에서 구할 수 있었다. 그 수집벽은 그가 친구의 수집을 보고난 직후에 시작되었다. 어쨌거나 그것은 그가 매우 가까운 친구들의 부부 갈등에 개입하게 된 것과 연결되어 있는 것처럼 보였다. 그 부부들은 각각 나의 환자를, 비밀을 털어놓는 대상으로 사용하고 있었다. 그런 행동이 그가 엄마의 갑작스런 죽음으로 인한 비탄으로부터 거리를 두기 위해 사용했던, 알려진 장치와 밀접하게 묶여 있는 것임을 감지하면서, 나는 이 현상을 상세하게 조사하려고 시도했다. 왜냐하면 그것은 다가오는 분석에서의 단절의 충격을 방지하기 위해 사용될 수 있는 것이기 때문이었다. 환자는 나의 관심에 대해 불쾌하다는 반응을 보였는데, 나는 나의 관심이 어쩌면 좀 지나친 것이거나 아마도 불필요하게 긴급성을 포함했을 수 있다고 느꼈다.

하지만 그 긴급성은 꿈에서 즉각적으로 열매를 맺었다. 명절 바로 전 주인, 그 다음 주 첫 회기에서 그는 다음의 두 개의 꿈을 보고했다: 그는 마치 술에 취해 작은 폭스바겐 안에서 잠이 들었다가 깨어난 것 같았는데, 그가 타고 있는 자동차가 데본 지역의 절벽 위에 위태롭게 걸려 있었고(그는 전날 밤에 약간 술에 취했지만, 자동차를 소유하고 있지는 않다), 그가 몸을 앞쪽으로 기대면 차가 아주 위험하게 더 기울고, 뒤쪽으로 기대면 그 반대로 기우는 것을 발견했다(우리는 모두 즉시 골드 러쉬The Gold Rush라는 영화의 장면을 생각했다). 그 다음에 그는 그의 친구들을 만나기 위해 진 슈림턴(Jean Shrimpton) 소유의 한 호텔에 도착했는데, 그 친구가 자신의 아내 없이 다른 친구의 여자 친구와 함께 있는 것을 발견했다. 그 다음에 그는 그 커플의 아이들과 함께 정원에 있었고, 그곳에서 나오기 위해 벽을 기어오르려고 시도하고 있었다. 그러나 그 벽에는 그것을 불가능하게 만드는 전류유도 장치가 설치되어 있었다. 하지만 그때 그 여성은 그에게 안으로 들어오라고 불렀고, 그가 이웃의 나무 울타리를 손질해주는 일을 맡아주면 어떻겠느냐고 제안했다. 그러나 그는 거절했다.

우리는 그 꿈의 다양한 측면들에 관해 논의했다: 지난주 마지막 회기에서 온 잔여물; 얼어붙은 '골드 러쉬' 유형의 굶주림; 그의 친구의 아내가 진 슈림턴 유형의 미모를 가졌다는 사실; 그리고 자신들의 남편들에게 실망한 여성들에게 자신을 좋은 남자로서 제시하는 그의 방식. 나는 어쩌면 이것이 그의 진정한 '수집' 일 수 있다고 제안했다.

두 번째 꿈에서, 그는 다른 친구에 의해 그의 어머니의 정원을 리모델링 해줄 것을 요청받았는데, 그 정원은 이미 대나무 군집, 뚱딴지꽃 군집, 관목처럼 보이는 가는 동자꽃(ragged robin) 군집이 잘 심어져 있었다. 그때 그는 환자에게 그의 수집품을 보여주기 위해 집 안으로 들어갔는데, 그 수집품은 수직의 다중 측면을 가진 회전식 진열장 안에 보관되어 있었다. 첫 번째 칸에는 그가 이전 회기에서 말했던 기념 메달들이 있었고; 그 다음 칸에는 '독' 이라고 쓴 표시가 붙어있는 작은 유리병들이 있었으며(그는 최근에 그 이름으로 불리는 새로운 향수가 있다는 말을 들었다); 세 번째 칸에는 무지개 빛깔이 아름다운 로마 유리로 된 소품들이 있었다. 그 중에 한 납작한 병은 너무나 아름다워서 그는 그것이 일종의 보석으로 만들어졌음이 분명하다고 느꼈다. 그러나 놀랍게도 그것을 또 다시 회전시키자, 메달이 다시 나타나는 대신에 전혀 다른 것이 나타났다.

우리는 대나무(학교에서 체벌할 때 사용하는), 뚱딴지꽃(가스 배출을 유도하는 것으로 잘 알려진). 그리고 가는 동자꽃이, 극도로 편하게 옷을 입는 그의 스타일과 아버지의 재혼 이후에 겪었던 집 없는 존재에 대한 이상화일 수 있다는 정도로만 가볍게 다루었다. 주로 우리의 주의를 끌었던 것은 그 수집품 진열장이 만화경(kaleidoscope)의 뒤틀린 버전이라는 것이었다. 그는 엄마의 죽음으로 인한 상심 대신에 '깨진' 여성들을 수집했을까? 하나의 뜻밖의 연상이 이것을 확인해주는 것처럼 보였다. 며칠 전에, 그는 우연히 그와 그의 동기간들이 멀리 학교에 있어서 참석하지 못했던 어머니의 장례식에서 추도사를 맡았던 목사님을 만났다. 그 목사님은 어머니의 대학시절 친구였고, 그녀의 아름다움, 매력, 생기 그리고 지능에 관해 매우 감상적인 찬사를 입에 달고 있었다. 환자는 그녀의 성격적 특질에 대해서는 결코 잊은 적이 없지만, 그녀의 대단한 아름다움은 놀라움으로 다가왔다. 그렇다면 독/향수가 담긴 작은 병들은 로마 유리로 만든 작은 장례식 눈물 그릇이었던가? 그는 기억의 조각들을 사용해서 어머니의 성격에 대한 만화경적인 이미지를 만들어내는 것을 통해서, 그리고 그 결과 그녀의 신체적 아름다움이라는 보다 원초적인 개념을 그녀의 인격의 아름다움이라는 좀 더 세련된 것으로 대체하는 것을 통해서, 애도의 비탄을 제거했던 걸까?

이 사건들이 있기 전 주의 회기에서 가져온 일부 자료가 이 제안에 힘을 실어주는 것처럼 보인다. 지난 달 동안에 나는, 이런 저런 이야기들을 듣는 과정에서, 임신한 여성들, 젖가슴 수유를 하는 여성들, 그리고 배우자가 꺼리는데도 불구하고 아기들을 갈망하는 여성들에 관한 이야기를 듣곤 했다. 그는 어느 저녁 디너파티에서 그 자신이 한 말 때문이 아니라, 한 여성이 디너 테이블에서 아기에게 젖가슴 수유를 했을 때, 아기의 프라이버시를 위반한 것 때문에 마음이 불편했다. 그날 밤에 그는 다음의 꿈을 꾸었다: 한 남성 친구와 지하철 승강장에 서 있는 동안에, 그는 두 명의 소녀가 한 남자와 있는 것을 보았다. 그들 중의 하나는 우리의 환자를 웃게 만드는 방식으로, 그 남자의 찬사를 받기 위해 그녀의 멋진 젖가슴을 제공하는 것처럼 보였다.

그의 웃음이 무엇을 의미했는지는 전혀 분명하지 않았다; 확실히 조롱은 아니었는데, 왜냐하면 소녀의 태도가 무척 순진해보였기 때문이다. 그는 꿈속에서 순수한 기쁨과 찬사에서 나오는 웃음을 웃었던 것 같다. 그날 밤에 꾸었던 두 번째 꿈은 '멋진 젖가슴'과는 대조적으로 세 개의 정적인 이미지들을 제시했다:

첫 번째 이미지는 공중에서 바라보는 시골 풍경이었는데, 홍수가 빠지면서 관목 울타리 뒤에 어지럽게 쌓인 진흙더미를 남겨 놓았다. 그 진흙더미 안에는 시체들이 있었다(최근에 콜롬비아에서 있었던 재앙에서 본 장면 같은). 두 번째 이미지는 두어 개의 돌로 된 안락의자가 놓여 있는 푸른 언덕으로 이루어진 스쿼시 코트 안에 건설된 영화 촬영장이었다. 세 번째 이미지에서, 그는 어린 소녀가 줄을 당기자 무대 위의 두 개의 커다란 상자에서 두 개의 멋진 괴물들이 튀어나올 때까지는, 오페라의 장식이 너무 시시한 것에 놀랐다(그것들은 마치 Sendak의 Where the Wild Things Are에 나오는 '멋진' 괴물들 같았다).

요약하자면, 나는 이 이미지들이 그의 어머니가 그의 아기 여동생에게 젖을 먹이기 위해 젖가슴을 꺼내는 장면을 갑자기 본 순간, 네 살이었던 그의 눈앞에서 벌어진 그녀의 '괴물 같은' 행동이 그에게 미친 재앙적인 영향에 대한 서술로 압축될 수 있다고 제안했다.

후기 자료의 빛에서, 나는 두 가지를 추가적으로 연결하고자 한다: 첫째로, 돌로 된 안락의자들과, 너무나 아름다워서 유리보다는 보석으로 만들었음이 분명하다고 생각했던 물병; 그리고 두 번째로, 관목 울타리 뒤에 쌓인 진흙더미 안의 시체들과 수집된 기념 메달들(아마도 동판에 새겨진 휘장이 있는 인물들과 휘장이 없는 인물들을 보여주는).

나는 이 멋진 자료는 나중에 다시 언급될 수 있도록 배경에 남겨두고서, 이제는 이 논의의 주된 몸통을 다루는 작업으로 들어갈 것을 제안한다. 정서들이나 정동들에 관한 정신분석학의 입장은 프로이트의 초기 신경생리학적 모델에 의해 심각하게 방해를 받아왔다. 그 모델에서는 정신적 장치의 흥분의 양들이 주체가 느끼는 정서들로서 간주되었다. 다른 한편, 프로이트는 정서의 표현이 사회적 의사소통의 원시적 양태의 유물이라는 생각과 함께, 정서가 개인 자신의 사회적 행동에 대한 지각의 결과로서 경험된 것이라는 다윈의 입장을 분명하게 채택했다. 이 두 견해 모두를 지지하는 역설은, 다시 한 번 축적된 충동의 양적 표상으로서 간주된, '불안'이라는 일반적인 명칭 하에 정신적 고통을 분리시키는 것에 의해 완화되었다. 정서의 경험과 정서적 상태를 표현하는 것 사이를 구별하지 못한 본질적인 실패는, 정서의 의미에 대한 이론을 일종의 개념적 늪에 빠뜨렸다. 정서들에 대한 멜라니 클라인의 좀 더 세부적인 구분과 구별조차도 이것을 바로잡지는 못했다. 고전적으로, 정서와 이성을 병렬시키는 것은, 원시적/문명적 그리고 유아적/성인적 정신성과 비슷하게, 여성적 정신성과 남성적 정신성처럼 비하를 암시하는 대조와 함께, 비온의 사고 이론이 출현하기 전까지는 전혀 교정되지 못했다.

여러 가지 점에서, 아브라함이 그의 논문 '리비도에 대한 짧은 연구'에서 설정한 대상관계라는 방향은, 부분-대상관계와 전체-대상관계에 대한 흥분되는 윤곽과 함께, 그때까지 탐구하는데 실패했던 영역의 테두리를 지도로 그렸다. 대상들은 그것들의 해부학적 상태와 함께, 그것들을 실체화하는 특징으로 남았고, 반면에 그러한 파편화의 의미는 상담실 안에서 이루어지는 계속되는 탐구에도 불구하고, 대체로 발견되지 않은 상태로 남았다. 임상적 자료에서의 부분적인 해부학적 언급은 의미에서의 제한에 따른 결과였다는 것은 아마도 대부분의 임상가들에게 분명했을 것이다: 부분 대상들은 그것들의 형식적이고 감각적인 특징들은 보유하고 있으면서도, 본질적인 정신성을, 즉 느끼고, 사고하고, 판단하는 능력을 박탈당했다, 그것들은 사용되고, 소중하게 여겨지고, 두려움의 대상이 되고, 달래질 수 있지만, 사랑받고, 존경받고, 보호받고, 봉사 받는 대상이 될 수는 없다. 오직 주물숭배자만이, 그의 부분적(또는 심지어 더 많이 해체된) 대상과 함께, 전체 대상들이 자극해낼 수 있는 열정을 희화화하는 데 성공할 수 있을 것이다.

그러므로 멜라니 클라인이 마음의 통일성에 대한 가정과, 개인이 단순성에서 복잡성에로 진화한다는 다윈주의의 기대 위에서 작업하면서, 편집-분열적 자리에 대한 이론을 연대기적으로 앞쪽에 위치시킨 것은 전적으로 자연스러운 것이었다. '이빨과 발톱에 묻은 붉은 색'이 미성숙과 원시성의 동등시를 암시한다는 사실은 두 번 생각할 필요조차 없는 것이다. 고통과 박해는 단순히 동의어로서 취급될 수 있을 것이다. 그러나 분열성 기제에 대한 1946년 논문이 이 모든 것을 바꿔놓았다. 정신분석적 이론에 의해 제시된 정신적 삶에 대한 심한 단순화는 상담실에서 가져온 현상학적인 살(flesh)을 그 위에 입힐 수 있는 뼈대로서도 사용될 수 없게 되었다. 인간 존재의 어리석음, 일관성 없음, 놀라운 자기-무지를 설명하기 위해서는 훨씬 더 복잡한 모델이 필요해졌다. 마치 마음의 기능이, 몸과 직접적으로 유사하게, 생리학과 발생학에 달려있기라도 하듯이, 질병의 부재가 정신 건강을 구성한다고 가정하는 의학적 모델을 고수하는 것은 더 이상 가능하지 않게 되었다. 마치 분노한 자신의 아이가 위대한 인간이거나, 아니면 큰 범죄자로 자라날 것이라고 선언하는 쥐 인간의 아버지처럼, 전체 범위를 고려하는 것이 필수적이 되었다.

정신분석적 사고의 보이지 않는 담장 밖에서, 다시금 별 생각 없이, 뇌는 거대한 컴퓨터이고 마음의 뇌이며, 그 외의 다른 서술은 단지 은유일 뿐이라는 믿음이 일반적으로 수용되고 있는 듯하다. 그러나 요점은 정확하게 이것이다: 마음은 의미의 빛을 발하는 세상에 대해 시를 쓰고 그림을 그리는 일에 거대한 컴퓨터를 사용하는, 은유를-생성하는 기능이다. 그리고 의미는 그 무엇보다도 세상의 아름다움과의 친밀한 관계가 갖는, 열정의 근본적인 현현이다.

일단 일차적인 발달적 사건으로서의 "정서적 경험"에 대한 비온의 묘사를 수용하면, 알파-기능과 베타-요소라는 비온의 텅 빈 개념들은 본질적으로, 한편으로 상징-형성 및 사고와, 다른 한편으로 기호를 사용하는 계산법에서 오는, 그리고 과거의 경험과 수용된 아이디어에서 오는 단순한 외삽의 양태를 구별한다는 사실이 분명해진다. 관습적인 기호들의 조작과 반대되는 것인, 고유한 상징들의 창조는 인격의 성장과 적응 사이에서 분수령을 나타낸다. 그 둘 사이의 긴장은 프로이트가 "탐구에 대한 저항"이라고 부른 것의 본질이다. "경험에서 배우는 것"과 "…에 관해 배우는 것"을 비온이 구분한 것은 정확한 것이다. 그것은 정체성의 느낌과 관련해서도 마찬가지로, 직접적이고 다소간 망상적인 변경을 산출하는 자기애적 형태의 동일시(투사적이고 접착적인)와, 자기의 성장을 위한 열망의 눈금들을 설정하면서 우리의 내적 대상들을 수정하는 내사적 과정 사이를 구분한 것에 의해 특징지어진다.

우리의 삶의 대부분은 친밀하지 않은 관계들에 의해 채워진다. 루소의 「사회적 계약」은 마찰을 최소화하고, 그 결과 우리의 정신-신체의 마모를 줄이기 위해 태도와 관습이라는 윤활유를 사용해서 세상을 살아가는 방식을 훌륭하게 서술한다. 그리고 대부분의 정신-신체적 질병이 이 영역에서 발생한다. "모든 것이 내가 사랑하는 지도자를 위협하는 곳인," 사람들로 가득한 무심한 세상을 향한 우리의 자세 안에 있는, "운명에 볼모로 잡혀 있는" 측면이 상상을 초월할 정도로 우리를 위협한다. 우리는 공동체가 요구하는 명백한 유순함을 통해서 어떤 것도 "허용하거나 방해하는 일"없이, 우리가 물려받은 유산의 사용권을 즐기기 위한 사적 공간을 창조하려고 노력한다. 이러한 책략들은 빌헬름 라이히(Wilhelm Reich)가 훌륭하게 서술한, 사회적 갑옷을 만들어낸다. 그러나 우리는 "안전하다고 느낄 때" 그것을 벗어야 하고, 때가 되면 그것을 다시 입을 수 있도록 복장을 준비시켜야 하는 문제와 직면한다. 우리는 우리의 어린 아이들이 벌거벗은 채 유아원과 학교에 보내지는 것을, 그리고 나중에 그들이 청소년 집단이 갖고 있는 거대한 콤바인에 의해 삼켜지는 것을 보는 것을 두려워한다.

이 사적인 그리고 친밀한 공간의 울타리를 감당하지 못하는 사람들 중에, 두 개의 명백한 부류—공동체 조직 내에서 상반되는—가 구별될 수 있다. 이들 중 정신적 그리고 사회적으로 병든 사람들로 이루어진, 첫 번째 부류는 그들의 망상적 아이디어의 가혹성 때문에 친밀성으로부터 잘려나간 사람들이다: 두 번째 부류는 예술가들로서, 투사적 동일시 상태의 삶 때문에, 또는 인격 발달에서의 대 실패 때문에, 또는 성인의 친밀성이 발달할 수 없는 유아적 양태의 관계 안에 집요하게 머무는 문제 때문에. 그들이 일상의 비인간성에 대해서 느끼는 고통스런 지각은, 세상의 아름다움이 이러한 원시적인 사회적 과정들에 의해 파괴되고 있다는 생각과 나란히, 적응을 위해 요구되는 삶의 시간의 큰 덩어리를 낭비하도록 그들을 금지한다. 만약 운이 따른다면, 그들은 공동체에 의해 전적으로 무시되거나 박해에서 면제되겠지만, 동시에 그들의 작업은 몰수되고 오용되며, 조롱받고 모방되는 대가를 치를 것이다. 문학 비평에서 최근에 유행하는 것은, 정확하게 예술가들에 대한 양가감정과 적대감의 행동화를 보여주는 예이다.[2] 기껏해야 그들은 오락산업의 멤버들로서 취급된다.

아이들을 사랑하는 대다수의 부모들은 비적응에 따른 모든 비참한 결과들을 보면서, 적절히 적응하지 못하는 사람들과, 타고난 벌거벗은 민감성으로 인해 우연한 관계와 계약적인 관계 안에서 행해지는 사려 없는 행동의 야비함에 취약한 사람들을 괴롭히는 비인간성에 맞서서, 그들의 자녀들을 무장시키는 문제를 양육 방법에서 우선적으로 관심 대상으로 삼지 않을 수 없다. 유사하게, 우리의 학교들은 부모들과 정부 모두로부터 오는, 고용될 수 있는 성인들을 배출해달라는 압력에 저항할 수 없다. 우리는 대안적 해결책이 가까이 있는 척하지 말고, 사실을 직시해야만 한다. 우리는 우리의 아이들이 친밀성의 아름다움을 즐길 수 있는 사람이 되도록 준비시키기를 원하지만, 생존에 대한 불안이 우리의 판단을 압도하는 바람에, 현재의 훈련 과정이 지식을 향한 아이들의 갈증을 무감각하게 만들고 그들이 물려받아야 할 아름다움에 대한 개방성을 제약한다는 것을 아주 잘 알고 있으면서도, 그 과정에 동참하고 있는 우리 자신들을 발견한다.

비록 이 과정이 소위 잠재기가 확립되면서 절정에 이르는 것이 사실이지만, 가족의 삶과 엄마-유아 관계에 대한 자세한 관찰은 그것이 초기에 시작된다는 증거를 보여준다. 성인의 삶에서 생식(procreation) 사건만큼이나 아름다움에 대한 우리의 경외감과, 우리가 자연(Nature)이라고 부르는 것의 미묘한 작용들에 대

---

2) 1970년대부터 최근까지 문학 비평에서 유행했던 다양한 양태의 언어 행동주의를 말한다.

한 놀라움을 불러일으키도록 설계된 것은 아무것도 없다. 그 어떤 꽃이나 화려한 깃털을 가진 새도 아기에게 젖을 물리고 있는 젊은 엄마의 모습만큼 미적 경험의 신비감을 주지는 못한다. 우리는 대성당 안으로, 또는 태평양 연안의 숲속으로 들어가듯이, 소리 없이, 맨발로 그런 수유실에 들어간다. 여러 해 전에 "보통의 헌신적인 엄마와 아기"라는 주제로 위니캇이 했던 라디오 강연은 많은 사람들을 감동시켰는데, 그 제목은 "보통의 아름다운 헌신적인 엄마와 보통의 아름다운 아기"로 바꾸었어도 좋았을 뻔했다. 그가 "보통"이라는 단어를 통계적 평균이라는 의미가 아니라, 일상성과 관습이라는 의미로 사용한 것은 옳았다. 아기와 함께 있는 엄마의 미적 경험은 보통의 것, 일상적인 것, 관습적인 것이다. 왜냐하면 그것의 배후에는 수천 년이 있기 때문이다. 인간은 처음에 세상을 아름다운 것으로 바라보았고, 우리가 아는 한, 이 시기는 지난 빙하기까지 거슬러 올라간다.

따라서 아기를 정신성을 벗은 상태에 남겨두는 것은, 아기와 동일시하는 우리의 능력의 한계 때문이다. 이 보통의 아름다운 아기는 그에 관해 세상이 갖는 인식에 자신을 개방한 채, 그를 인류의 아버지로 만들어줄 수 있는 지혜는 아닐지라도, 워즈워드가 말하는 영광의 구름을 추적한다. (그러나 워즈워드를 정당하게 취급하자면, 그가 말하는 "어린 철학자"는 생후 닷새 된 어린 아기가 아니라, 다섯 살 난 아이이다.) 원-미적(proto-aethetic) 경험들은 자궁 안에서 시작된다고 상상하는 것은 어렵지 않다: 엄마의 우아한 발걸음에 맞추어 발생한 요람 안에서 느꼈던 깊은 데서의 흔들림; 아기의 심장박동과 엄마의 심장박동의 당김음(syncopation)[3]에 맞추어진 엄마의 자장가; 어린 바다표범처럼

3) 역주. 음악에서 예를 들면 never를 ne"er로 생략해서 발음하는 방법.

춤을 추고 강아지처럼 장난치며 반응하기. 그러나 태아의 스트레스까지는 아닐지라도, 엄마가 느끼는 불안의 순간들은 태아를 공격할 수 있다: 엄마의 불안은 심장박동, 경직성, 몸의 떨림, 조화롭지 못한 움직임을 통해 태아에게 전달될 수 있다; 아마도 성교활동은 아기에게 즐거운 것이라기보다는 방해하는 것일 수 있고, 그것은 다시금 엄마의 정서의 질에 달려있을 것이다; 엄마의 피로는 탄력성 있는 자세의 상실과 우아함을 잃은 움직임에 의해 전달될 수 있다. 아마도 그 어떤 것보다도 태아는 자신의 성장을 전형적인 폐소적 방식으로, 즉 그의 집이 좁아지는 것으로 느낄 수 있으며, 삶이 그의 친숙한 경계 너머에 존재한다는, 평평한 땅 위에 사는 개인에게 충격적인 아이디어를 추론해낼 수 있을 것이다. 상상력은 양식을 약탈하는 충동이다; 그것은 사막에서 사고를 위한 음식을 찾을 것이다.

그렇다면 색깔, 형태, 그리고 신생아를 만날 때 사람들이 내는 그토록 강렬한 패턴을 지닌 소리의 폭격은 신생아의 마음에 어떤 충격을 가하는 걸까? 이것과 관련해서, 우리는 아기의 마음이 이미 자신의 정서적 관심의 세계를 상상력 있고 사려 깊게 탐구하는 기능을 시작했다고 간주되는 순간에 대해 질문해야만 한다. 매우 다양한 종류의 신생아의 비행과 행동은 산부인과 병동처럼 많은 신생아들을 보는 사람들에게 너무나 명백하다; 그러나 물론 이것은 항상 체질이나 기질의 차이, 또는 출생하는 동안에 태아가 겪는 스트레스의 정도 등의 문제로 치부되어왔다. 그런 식의 사고는 서술적인 힘도 설명적인 힘도 갖지 못하고, 그저 문제를 외면할 뿐이다. 아기들이 탄생 과정을 경험한다고 말하는 것은, 그리고 "용감한 새로운 세상"에 대해 전적인 혐오로부터 황홀한 놀라움에 이르기까지 다양한 태도를 갖고서 강렬한 감각의 세계와 최초로 만나고 있다고 말하는 것은 더 이상 사변적인 것이 아니다. 두 개의 커다란 비유가 이러한 두 가지 극단적인 탄생 경험을 설명해준다: 해롤드 핀터(Harold Pinter)의 「생일 파티」(The Birthday Party)와 셰익스피어의 「폭풍우」(The Tempest)는 각각 아기가 태반과 그리고 그것의 변형들과 갖는 관계를 명료하게 정의한다. 우리의 시인의 만화경 같은 수집품들을 보관하고 있는, 집안에 있는 캐비넷은, 그의 꿈이 보여주는 세 개의 이미지들이 시기심의 공격을 받은 "멋진 젖가슴들"(magnificent breasts)[4]임을 드러내듯이, 공격받은 태반의 이미지이다. "상상속의 쌍둥이"(The Imaginary Twin; Second Thought, 1970)에 관한 비온의 글은 태반의 이미지라는 동일한 주제를 추적한다; 하지만 그는 그의 마지막 작업인 「미래에 대한 비망록」(A Memoir of the Future)에서야 비로소 출생 이전의 정신적 삶의 함의에 대해, 그리고 출생 이전에 인격에서 떨어져 나간 부분이 나중에 정신병리에서 담당하는 역할에 대해 논의한다.

이런 유형의 상상적인 추측은 믿을 만한 것 이상의 지위를 열망할 수 없다; 또는 적어도 "체질", "유전", 또는 "그 애 아빠가 아기였을 때 그랬어"와 같은, 상상력 없는 공식화만큼이나 신용을 얻기가 어렵다. 어쨌든 여기에서 우리의 목적을 위해서는, 우리가 단지 암시적인 것 이상으로, 증거를 갖고 있는 더 광범위한 추측에 대한 관심의 기초로서의 신빙성을 확립하는 것으로 충분하다. 이 더 광범위한 추측이 이 책이 다루는 문제의 핵심이므로, 그것은 정신분석적 아이디어의 역사라는 맥락 안에서 짧은 서론을 필요로 한다.

---

4) 앞에서 서술된 시인인 환자의 꿈들을 지칭하는 것임: 첫 번째 것은 작은 유리병들과 색깔이 있는 유리조각들로 가득한 캐비넷이고; 두 번째 것은 그의 여동생 아기를 먹이기 위해 옷 사이로 삐져나온, 괴물처럼 보이는 그의 엄마의 젖가슴을 암시하는 세 개의 이미지들(관목 울타리, 스쿼시 코트, 상자들)로 구성되어 있다.

비록 "자아와 이드"(The Ego and the Id)가 출간되기 전까지는 그 주제에 대한 공식적인 진술을 찾을 수 없지만, 프로이트는 최소한 "어린 한스"를 출간한 시기부터 정신적 고통과 정신적 갈등—즉 심리내적인—이 절대적으로 함께 묶여 있다는 것을 알고 있었다. 그것은 프로이트가 행동을 정신적 기능의 궁극적 목표로 보는, 다윈의 관점을 따르고 있음을 보여준다. 즉, 일반적으로 "불안"이라는 덩어리로 뭉쳐 있는 다양한 종류의 정신적 고통—심지어 애도의 고통을 포함해서—은 어떤 위험을 나타내는 "신호"로서, 그것에게 무언가를 학습하게 하는 가치를 부여할 필요가 있다는 것이다. 나는 이것에 애도의 고통도 포함시키는데, 그것은 그의 강조가 애도의 "작업"에서 해소될 필요가 있는, 상실한 대상과 연결된 희망과 열망의 신호로서의 이 정서에 초점이 맞춰져 있기 때문이다.

멜라니 클라인의 작업 안에서, 정신적 고통에 대한 태도에는 엄청나게 중요하면서도 미묘한 변화가 있다. 보다 명백한 변화는 정신적 고통을 박해적인 것과 우울적인 것으로 분류한 것인데, 이것은 근본적인 태도의 변화라기보다는 프로이트의 입장을 확장하고 명료화한 것이다. 그녀의 분류는 박해적 고통은 "나쁜 것"이고 우울적 고통은 "좋은 것"이라는 함의를 갖고 있는 것—그것들이 각각 발달과 관련해서 퇴행적인 성향과 진보적인 성향을 갖고 있다는 이유로—이 사실이다. 그러나 더 중요한 변경—프로이트의 본질적으로 뒤를 돌아보는 것인, 정신병리에 대한 관심에 비해 앞을 바라보는 그녀의 발달적 오리엔테이션에서 자라난—은 특정한 수준의 정신적 고통이, 개인에 따라 다르기는 하지만, 인격 발달에서 필수적이라는 그녀의 주장이다. 그녀가 기본적인 발달적 도식이, 유전학, 이전-역사, 사회적 과정 또는 내적 논리 등 그 어느 것에 의해서든, 이미 존재한다고 가정했음이 사실이다; 그러나 그녀는 적절한 수준의 불안이 발달적 갈등과 그것의 해소에 도움이 되는 반면에, 너무 많거나 너무 적은 고통은 침체나 퇴행을 조장한다는 것을 분명히 알고 있었다.

프로이트의 견해와의 이런 차이들이 중요할 수는 있지만, 거기에는 서로 일치하는 영역이 있었다: 정신적 고통이 이런 또는 저런 방식으로 충동의 삶의 좌절과 관련되어 있다는 것. 1957년에 출간된 저서인 「시기심과 감사」에서, 비로소 클라인은 이 포괄적 주장과 결별한다. 대상이 좋은 속성들을 갖고 있기 때문에 그것을 시기한다는 생각이 확립되었다; 하지만 여기에서조차 좌절의 주제로 순환적으로 되돌아가는, '자체를 먹여주는 젖가슴'이라는 아이디어와 같은 많은 제약들이 존재했다. 이 모호성은 비온이 「경험에서 배우기」에서 정서를 '연결들'로 서술했을 때, 그리고 더 복잡하고 철학적으로 훨씬 더 예리한 직면을 위해 전통적인 사랑과 증오의 이원론을 버렸을 때 해소되었던 것 같다. 무엇보다 먼저 그는 열정적인 연결의 범위를, 사랑과 증오와 나란히, 앎을 포함하도록 확장했다(L, H, K 연결들). 그러나 그 외에도, 밀턴(Milton), 블레이크(Blake), 콜러릿지(Coleridge)의 전통 안에서, 그는 긍정적인 정서적 연결을 부정적인 정서적 연결과 직면시키는, 상상력 있는 도약을 이뤄냈다: 사랑(L)을 반-사랑(-L)과, 증오를 반-증오(-H)와, 그리고 앎에 대한 갈증(K)을 야만성(-K)과 직면시켰다. 게다가 그는 블레이크가 「천국과 지옥의 결혼」(The Marriage of Heaven and Hell)에서 그랬듯이, 긍정적인 연결들이 어떻게 서로 얽혀 있는지를 보여주었다. 그것은 부정적인 연결들도 마찬가지였다—콜러릿지의 '더러운 악마'(foul fiend). 이것은 즉시 반-증오가 사랑을 가장하고 있는 것이 아닌가, 야만성이 스스로를 과학적 진실의 수호자로서 제시하고 있는 것이 아닌가라는, 위선의 문제에 밝은 빛을 비춰준다. 워즈워드는 '거짓됨을 증오하는 것은 진실을 사랑하는 것과 같은 것이 아니다' 라는, 거의 같은 말을 한다.

그러나 비온조차도 그가 「미래에 대한 비망록」, 특히 그것의 제 3권인 「망각의 새벽」에서 크게 확장한 개념인 '파국적 변화' 라는 아이디어를 도입하기 전까지는, 정신적 고통과 좌절 사이의 근본적인 연결과 결별하지 않았다. 자신의 작업 전체에서 그는 '아름다움은 진실이고, 진실이 아름다움이다' 라는 키이츠의 공식을 고수했다; 그러나 그는 이 마지막 작업에서, 비로소 그 표현이 함축하고 있는 것을 말하기 시작했다. 동화되기 위해 파국으로서 마음을 침범하는 것은 '새로운 아이디어' 이다. 이 새로운 아이디어가 전체 인지적 구조를 유동적인 것으로 만든다. 다윈이 진술하고 프로이트가 앞장서서 확장한 이 견해는, 그들이 설명하는 지적 측면을 이해하는 것은 어렵지 않은 반면, 정서적 수준에서 상상력에 도전한다. 만약 우리가 비온의 사고를 자세히 들여다본다면, 우리는 새로운 아이디어가, 서술적으로 누메논에, 그리고 햄릿이 말하는 '신비의 중심' 에 더 가까운, 세상의 아름다움과 그것의 경이로운 조직에 대한 '정서적 경험' 으로서 드러나는 것을 알 수 있을 것이다.

정신적 고통과 정신적 쾌락에 대한 비온의 공식화가 열어준 전망은, 욕망과 관심을 둘러싼 긍정적인 정서적 연결과 부정적인 정서적 연결 모두에 항상 갈등이 내재되어 있고, 그러므로 열정적인 수준—꿈 생활이 그것의 경로를 추구하는 수준인—에서, 쾌락과 고통은 서로 뗄 수 없이 함께 묶여있다는 것을 암시한다. 그러나 이 필수적인 갈등(그것의 모체로부터 강화된 정보에 맞서 구조적 변화를 산출하기 위해 경험에서 배우기가 진화해 나오는)은 꿈 사고, 말 언어(또는 예술의 형태와 같은, 다른 상징적 형태)로의 변형, 그리고 추상화, 압축, 일반화 및 다른 세련된 사고의 도구들을 정교화를 위해 사용할 수 있기 위해서, 그것의 상징적 표상(알파-기능)을 발견해야만 한다. (이 과정들은 비온에 의해서, 그리고 나 자신에 의해서 상세하게 논의된 바 있다; 「Dream Life」, 1983.) 자아 강도의 중심적인 문제인 이 갈등의 인내는 비온이, 키이츠를 따라, '소극적 능력'이라고 부른 것 안에 자리 잡고 있다: '성급하게 사실과 이유에 도달하지 않은 채,' 불확실성에 머무르는 능력(키이츠가 1817년 12월에 그의 형제들인 죠지와 톰에게 보낸 편지를 참조할 것).

부정적 연결이 지닌 냉소적인 힘과의 투쟁에서, 이 불확실성, 알지 못함, '알지 못하는 구름'을 견디는 능력은, 친밀한 관계의 열정 안에서 항상 요청되고, 미적 갈등의 핵심을 구성한다. 전통적으로 그것은 '자유 의지'의 문제로 인해 결코 만족스럽게 증명되지 못한 '최초의 동인'(first causes) 개념의 형태 안에 들어있었다. 모세는 신과 직접적으로 말할 수 있었지만 그의 추종자들은 모세를 믿어야만 했는데, 그 믿음은 반복적으로 와해되고 나서 다시금 기적이나 역경에 의해 쇄신되어야만 했다.

예언자들에게는 '주의 영이 그에게 임하였고 그래서 그는 예언했다'라는 한 마디로 충분했지만, 궁극적으로 사람들에게 확신을 주기 위해서는 신 자신이 예수 안에서 화육되는 것이 필요했다. 키르케고르의 '암흑 속의 도약'은 그런 신앙의 어려움을 표현한다. 아기가 어떻게 그 신앙을 감당하는가? 플라톤의 이상적 형태가 커다란 무작위적 요인에 의해 끊임없이 무시되는 외부 현실과 관련해서, 아기도 성인도 결코 그것을 감당할 수 없다. 그러나 다행스럽게도 마음의 진화는 외부 세계 안에서 살아가는 것에서 멈추지 않았다. 인간의 마음은 의미가 상징적으로 펼쳐지고 정의가 승리하는 내적 세계를 건설한다. '신앙이 사실을 내쫓게 하라; 상상이 기억을 내쫓게 하라; 나는 내 마음 깊은 곳에서 사랑하고 믿는다'.

우리의 상상적 추측은 모든 아기가 그의 엄마가 '내면' 세계를, 그가 거주해왔고, 관점에 따라서는, 그곳으로부터 축출되거나 탈출하는 세계를 갖고 있다는 것을 경험으로부터 안다고 가정한다. 그 가정이 인정된다면, '증거'는 압도적으로 축출 이론을 지지한다. 그러나 심리적 현실에 대한 부인이 지배하고 있는 사람들은 아마도 그런 생각에 동의하지 않을 것이다. 무의식에 대한 프로이트의 초기 견해와 어쩌면 초자아에 대한 그의 후기 견해는, 그 역시 탈출 이론을 선호했을 수 있음을 암시한다. 유일하게 '주물성애'라는 제목의 논문에서, 그는 아이와 엄마 모두의 신체 내부의 환상 세계가 갖는 구체성을 허용했던 것으로 보인다.

시인 환자의 자료로 되돌아가 생각해볼 때, 담으로 둘러싸인 정원에서 안으로 들어오라고 그리고 이웃의 나무 울타리를 다듬어보라고 그를 초대했던 친구의 아내는 단순히 그녀의 남편의 부정에 대한 보복으로서 성교에 초대하고 있는 것만이 아니었다; 그녀는 또한 그의 아버지가 그의 손위 누이에게 더 가까웠던 것에 대한(그리고 나중에 그가 아버지의 두 번째 아내에 의해 위협받은 것에 대한) 보상으로, 자신의 내적 세계를 탐구하도록 그를 초대하고 있는 어머니이다. 그곳, 즉 내면에서, 그는 한편으로, 수집품의 죽어 있음, 엄마의 죽음을 나타내는 파편화를, 그리고 다른 한편으로, 그의 아기 여동생이 젖을 먹고 있는 장면을 목격한 데 따른 그녀에 대한 질투에 찬 공격들을 발견한다. 수집품은, 만화경처럼, 그가 기억할 수 없는, 그녀의 아름다움의 파편화를 이상화한다.

마침내 우리는 우리의 담화의 핵심에 도달했다. 나는 그것의 요지를 간략하게 서술하려고 시도할 것이고, 그러고 나서 그것이 함축하고 있는 의미들에 대해 논의할 것이다. 보통의 아름다운 헌신적인 엄마는 그녀의 보통의 아름다운 아기에게, 감각적 및 하부감각적 측면 모두에서, 압도적인 관심을 받는 복잡한 대상을 제공한다. 그녀의 젖가슴과 얼굴에서 압축되는, 그리고 매번 그녀의 젖꼭지와 눈에 의해서 복잡해지는, 그녀의 외적인 아름다움은 열정적인 특질을 지닌 정서적 경험으로 그에게 충격을 가하는데, 이것은 그가 그 대상들을 '아름답다' 고 볼 수 있는 데 따른 결과이다. 그러나 그의 엄마의 행동, 젖가슴의 나타남과 사라짐, 그녀의 눈에 빛이 있는 것과 없는 것, 풍경 위를 지나가는 구름의 그림자처럼 얼굴 위를 스쳐가는 정서들의 의미는 그에게 알려져 있지 않다. 그는 결국 언어도 모르고, 비언어적인 단서들과 의사소통 방식들도 모르는 이상한 나라에 들어온 것이다. 그에게 어머니는 수수께끼 같은 존재이다; 그녀는 대부분의 시간 동안 조콘다(Gioconda)의 미소를 띠고 있고, 그녀의 목소리의 음정은 장조에서 단조로 계속해서 변하고 있다. 'K' 처럼(비온의 K가 아니라 카프카의 K), 그는 어머니의 내면세계의 '성' (城)으로부터 오는 결정들을 기다려야만 한다. 그는 자연히 고삐 풀린 낙관주의와 신뢰를 멀리해야만 한다. 왜냐하면 그는 그녀의 손에서 이미 자신이 도망치거나 축출되는 의심스러운 경험을 했거나, 아니면 그 위험으로부터 그의 어머니가 아니라 그 자신이 '구출되었기' 때문이다. 입안에 젖꼭지를 물고 있는, 가장 만족스러운 의사소통의 순간들에서조차도, 그녀는 모호한 메시지를 준다. 왜냐하면 비록 그녀가 내면으로부터 오는 괴로움을 제거하지만, 그가 축출해야만 하는 분출하는 것들을 그에게 주기 때문이다. 정말로 그녀는 좋은 것들과 나쁜 것들 모두를 주기도 하고 없애기도 한다. 그는 그녀가 베아트리체인지 아니면 그의 '무자비한 아름다운 여인' 인지 말할 수 없다. 이것은 감각들이 사용할 수 있는, '아름다운' 엄마의 외양에 의한 미적 충격과, 창조적인 상상력에 의해서만 추정될 수 있는 수수께끼 같은 그녀의 내면에 의해서만 가장 정확하게 진술될 수 있는, 미적 갈등이다. 예술과 문학 안에 있는 모든 것, 모든 정신분석은 삶에서 그것이 갖고 있는 끈질긴 특성을 증언한다. 그러나 발달과 정신병리의 구조 안에서 그것이 갖는 역할은 무엇인가? 미적 갈등은 인간의 조건이기 때문이다. 인간은 그의 사랑하는 사람, 그의 아이, 또는 그의 피분석자의 마음에 대해서 무엇을 아는가? 또는 그의 적의 마음에 대해서 그가 아는 것은 무엇인가?

분석가들이 정신분석적 방법과, 인격과 치료 과정에 대한 그것의 이론적 틀을 사랑하는 것과 관련해서, 동일한 유형의 미적 갈등을 갖는다고 말하는 것은 유비적인 것 이상이다. 분명히 그 방법은 많은 측면들을 갖고 있다: 친밀성, 프라이버시, 윤리, 세심함, 자제력, 비-판단적 자세, 지속성, 개방성, 분석가 편에서의 희생을 감수하겠다는 암묵적인 자세, 실수를 인정하는 태도, 환자와 그의 가족에 대한 책임감. 이모든 것들은 전이-역전이 과정을 상세히 검토하는 행동 안에 뿌리를 두고 있다. 체계적인 노력에 의해 하나로 묶여있는, 이 측면들 모두는 그 방법을 명백하게 미적인 대상으로 만든다. 그러나 이 방법 안에는 그것의 실천을 결정하는 이론이 있고, 그 이론은 의심의 대상이 되는 것으로 악명이 높다; 정신분석에 대한 비난의 목록들 중에는 다음의 것들이 포함될 수 있다: 환원주의적, 부르주아적, 냉소적, 단순한, 위선적, 비과학적, 메시아적, 사탄적, 반-기독교적, 가부장적, 기계적, 성차별적, 반-성적, 비도덕적, 도덕주의적. 총체적으로 말해서 비방에 해당하는 이것들 각각은 모두 진실의 알맹이를 갖고 있다. 하지만 오늘날의 분석가들은 연금술사가 현대 화학과 그것의 놀라운 성취를 위한 토대를 놓았던 것과 같은 방식으로, 미래의 멋진 과학을 위한 기초를 놓고 있는 것일 수 있다.

이것은 가혹한 판단처럼 보일 수 있지만, 어느 정도 사실이다. 우리의 상담실 안에서 일어나는 것의 복잡성에 비하면, 그것들에 대한 우리의 서술은 단순성과 투박성 모두에서 옛날이야기 수준이다. 논의를 위한 배경으로 내가 제시한 임상자료를 예로 들어보자: 그것은 내가 기억하고 있는 인상에 대한 이야기일 뿐이다. 나의 시인과 나 자신 사이에서 발생한 것의 핵심이 말로 설명할 수 없는 것, 하부감각적인 것, 공중에 뜬 것이고, 부가적으로 너무 복잡한 것이어서 나의 연약한 의식 기관은 그것의 대략적인 경계표시를, 즉 우리가 꿈들과 연상들이라고 부른 것을 겨우 알아볼 수 있을 뿐이다.

정신분석적 방법에 대한 이론의 역사는 실제로 동화에 나오는 '임금님의 새 옷' 이야기의 논리적 확장으로 읽을 수 있다. 옛날 옛적에 프로이트라고 불리는 임금이 있었는데, 그의 환자들이 전이 안에서 그에게 옷을 입혀준다고 속이는 바람에, 그는 자신이 훌륭한 옷을 입고 있는 현명한 사람이라고 믿었다. 그러나 그때 도라라는 이름을 가진 한 아이가 그를 비웃었고, 그는 자신이 벌거벗은 프로이트일 뿐이라는 것을 깨달았다. 그러나 그때 위대한 인간인 프로이트는 전이라는 옷 입히기가 그것 자체의 심리적 현실을 갖고 있고, 그 옷 아래에 있는 벌거벗음을 수용하는 것이 이상한 아름다움과 환자의 마음을 치유하는 힘을 준다는 사실을 이해했다. 그러나 나중에 다른 사람들은 이 전이의 옷을 입는 것이 실제로 지혜와 자비심에서 얼마의 발달적 변화를(역전이에 대한 인식) 가져다주고; 다른 한편으로 아래에 있는 벌거벗음을 기억하지 못하는 실패는 과대망상, 자기만족, 탐욕을 키운다는 사실을 알게 되었다.

좀 더 나중에 그들의 관계에 대한 이 인식된 허구가, 두 파트너 모두로 하여금 그들 각자의 마음을, 혼자로서는 할 수 없을 정도로, 사고를 위해 사용할 수 있게 해준다는 것이 발견되었다(비온). 그러나 그때 사실상 그들이 자신들의 마음들을 사용하고 있는 것이 아니라, 그들의 마음들이 그들을 사용하고 있다는 것이 분명해지기 시작했다. 언젠가 나중에 …

내가 말하고 싶은 요지는, 우리의 이론들이 본질적으로 회고적이라는 것이다. 우리는 우리가 해오고 있는 것을, 우리의 상담실에서 일어나고 있는 것을 점진적으로 알게 되고, 달리 더 좋은 것이 없기 때문에, 총체적으로 불만족스러운 언어의 수단을 사용해서 그것을 서술하려고 노력한다. 그러나 실망스럽게도 우리의 서술은 항상 단순히 서술이 아니라, 설명처럼 들린다. 그리고 그때 우리는 '왜냐하면' 이라는 언어를 믿기 시작하고, 우리가 표현하고 있는 것에 대한 통찰력을 망각하고, 같은 말을 사용하는 전투적인 엘리뜨 집단으로 추락하고, 결과적으로 정신분석에 대한 그럴듯한 해설자들과 적들인, 우리의 비평가들의 쉬운 사냥감이 된다. 우리의 학문 지상주의가 우리를 취약하게 만든다.

더욱이 정신분석을 가르치는 일은 엘리뜨 집단을 영구화하는 제도적 형태를 취했고, 그 결과 비온이 싸움-도피 기본 가정 및 의존 기본 가정이라고 부른 것이 집단 구성원들 각자의 마음속에 생겨나게 되었다. 설상가상으로, 과학적 발견들을 출판하는 기능이 이윤을 추구하는 출판 업체와의 무자비한 공모 하에, 이러한 제도들 안에 자리를 잡았다. 따라서 전문용어의 구호적인 의미가, 그 방법의 미적 특질로부터 유래한 임상적인 서술적 의미를 대체하는 경향을 갖게 되었다. 정신분석 바깥에 있는 사람이 이 글을(즉 나의 임상적 자료를) 읽는다면, 그 누구도 그 방법이 가진 아름다움을 추측할 수 없을 것이다. 그것은 마음의 작용의 아름다움의 얼마를 드러낼 수는 있지만, 그것을 볼 수 있는 것으로 만들어주는 방법의 미학은 결코 드러낼 수 없다.

내가 받은 분명한 인상은 제도에 의해 유독한 것이 된 정신분석의 분위기가 성애적 전이의 숨은 공격성에 감상적이거나 공모적인 것으로 보이는 것에 대한 두려움 때문에, 전이와 역전이 안에 있는 사랑에 대해 말하는 것을 어느 정도 수줍어하도록 만들었다는 것이다. "좋은"이라는 용어는 "만족을 주는 것"을 의미하는 것에 지나지 않게 된 반면에, "진실"이라는 용어는 그것의 의도적 특질을 상실한 채, "진짜 같음" 또는 기하학적 의미에서 "정확하거나" "비슷한" 어떤 것을 의미하는, 순수하게 기술적인 특질로 대체되었다. 물론 여기에는 항상 정신분석적 도구의 예리한 칼날이 휴머니즘(Meg Harris Williams가 "부드러운 휴머니즘"이라고 부르는)[5]과 사회학적 상대주의가 지닌 탄력적인 특질에 의해 무디어지는 위험이 있다. 정신분석 문헌 안에 미학의 어휘가 없다는 사실이 가장 충격적으로 드러나고 있는 곳은 멜라니 클라인의 「아동분석 이야기」(Narrative of a Child Analysis)이다. 그녀의 이론에서 사용된 간결한 그리고 심지어 가혹한 언어와, 그 이론이 지배적으로 갖고 있는 편집-분열적 자리의 현상에 대한 관심은 그녀가 리처드와 가졌던 관계 안에 담긴 정서적인 그리고 이따금 씩의 열정적인 분위기와는, 그리고 리처드가 가졌던, 히틀러와 그 자신의 파괴성 앞에서 취약한 상태에 있는 세상의 아름다움에 대한 압도적인 몰두와는 놀라운 대조를 이룬다.

따라서 의학적 및 과학적 존경을 갈망하는 정신분석적 문헌 역시 별 생각 없이 아기들에 대한 특정한 문화적 선입견들을 따라갔다. 정서성, 사고, 판단과 결정 등의 모든 풍부함과 함께, 정신적 삶은 어떤 시간에 시작해야 한다는 생각에 모두가 동의했다. 에스더 빅에 의해 개발되고 1950년대 초부터 타비스톡 클리

5) M. H. Williams, "Knowing the mystery: against reductionism", (「Encounter」 67, 1986), pp. 48-53.

닉에서 실제로 실천해온 유아-엄마 관계에 대한 체계적 관찰은 얼핏 보기에 아기의 활동들에서 무작위적 패턴처럼 보이는 것들이 분명히 의미 있는 것임을 보여준다. 생애 첫 두 해 동안의 진화에서 발견되는 이 초기 패턴들은 성격 발달에 관한 이야기를 말해주고, 생후 처음 순간부터 시작되는 엄마와 유아 사이의 관계와 의사소통의 모체가 지닌 중요성을 강조한다. 유사하게, 성격이 발달하는 과정에서 조숙, 인큐베이션, 때 이른 분리, 젖가슴 수유의 실패, 엄마나 아기의 신체적 질병 같은 방해물들의 영향이 흔적을 남기는 것으로 드러나는데, 이는 마치 목재의 결에 남아있는 "균열들"이 과거에 있었던 가뭄의 시기를 나타내는 것과도 같다.

엄마와 아기 사이의 최대 행복의 시기는 아주 초기에 일어나고, 곧 다양한 정도의 엄마의 산후 우울증에 의해, 그리고 내가 주장하듯이, 미적 영향에 대한 아기의 반응에 의해 그 시기는 가려진다. 어린 아이를 안고 있는 성모 마리아의 그림은 항상 내구성이 강한 것은 아니지만, 깊은 확신을 준다. 우리는 나중 시기에 엄마가 돌아와 젖을 주기를 기다리면서 힘들어 하는 손주를 안아주는 할머니의 모습에서 그것이 지닌 힘이 반복되는 것을 볼 수 있다: 우리는 그녀의 얼굴에서 아기를 달래는 데 성공했다는 행복감이 삼십 년의 세월을 건너뛰어 그녀의 존재 전체로 퍼져나가는 것을 볼 수 있다. 보통의 아름다운 헌신적인 엄마가 그녀의 보통의 아름다운 아기를 안고 있으면서, 그들 서로에 대한 미적 충격 안에서 황홀경에 빠지는 것은 바로 이런 순간이다. 나는 이 미적 영향의 순간을, 그것이 가진 모든 힘과 함께 그리고 모든 그것의 고통의 이후-이미지와 함께, 되살려내기를 소망한다. "그들이 성장해야 한다는 것은 정말 불쌍하지 않은가!" 그것과 조화를 이루는 어떤 고통의 빛줄기가 아기를 관통하는가?

오늘 밤 나는 왜 웃었을까? 어떤 목소리도 말해주지 않을 것이다:
 신도, 악마도 진지하게
천국으로부터 또는 지옥으로부터 응답해주지 않는다.
 그때 나는 곧장 나의 인간 마음에로 향한다.
가슴이여! 그대와 나는 여기에 있고 혼자 있다;
 말하라, 어째서 나는 웃었는지를! 오 죽을 수밖에 없는 자의 아픔!
오 암흑! 암흑! 나는 영원히 신음할 수밖에 없다.
 헛되이 천국과 지옥 그리고 가슴에 질문하기 위해
왜 나는 웃었는가? 나는 이 존재의 계약기간을 안다
 그것의 최고의 행복들에 대한 나의 상상은 퍼져나가고;
하지만 나는 바로 오늘 자정에 죽을 수 있는지,
 그리고 세상의 번지르르한 깃발들은 조각나 있다.
시구, 명성, 그리고 아름다움은 실로 강렬하지만,
 죽음은 더욱 강렬하다—죽음은 삶의 높은 포상이다.

(John Keats)

나는 멜라니 클라인이 대상관계 안에서 편집-분열적 자리가 우울적 자리보다 앞선다고 가정한 것이 틀렸다고 생각한다. 이 선입견이 그녀의 언어를 채색했고, 발달과정에 대한 그녀의 사고를 왜곡시켰다. 그녀는 우울적 자리가 삼 개월이 되었을 때 '도달', 또는 '획득', 또는 '성취' 된다고 생각했다; 그리고 그것에 대한 증거를 아기의 눈빛의 주목할 만한 변화에서 찾았다. 그러나 이것은 우울적 자리에 대한 비극적 견해, 오이디푸스 콤플렉스에 대한 프로이트의 사고 안에서 그런 역할을 수행했던 '낭만적 고통' 의 유물을 수반했다. 그것은 발달을 향해 가는 대신에,

그리고 포기 자체가 가능하게 해주는 풍부한 대상의 가능성 대신에, 포기된 대상을 뒤돌아봄으로써, 인간의 가치를 거꾸로 세운다. 그것은, 사실상, 과거와 미래 모두를 현재 경험의 직접성 안으로 끌어모을 수 있는 복잡한 이미지라기보다는, 소유와 상실의 선형적 구조를 갖고 있다. 비온은 평생 동안 모든 '파국적 변화'를 관통하는, 통합과 가치에서의 반복되는 진자운동을 나타내는, Ps↔D라는 작은 공식에서 그 문제를 더 정확하게 보았다.

피상적으로 읽으면, 키이츠의 시는 '낭만적 고통'의 표현으로 보일 수 있다. 실제로 그는 그의 시를 보고 놀란 그의 친구들에게, 그가 죽음을 찬양하는 것이 아니라, 죽음의 아이디어가 삶과 아름다움의 경험에 중심적이 되는 방식을 말하고 있다고 설명해야만 했다. 그는 곧 바로 이렇게 설명했다:

> 그녀는 아름다움과 함께 산다—죽어야만 하는 아름다움;
> 그리고 기쁨은, 그의 손을 항상 입술에 대고
> 작별 인사를 고한다 …
>
> (멜랑콜리에 대한 송시)

미적 경험 안에 자리 잡고 있는 비극적 요소는 대상의 덧없음에 있는 것이 아니라, 대상의 불가해한 특질에 있다: '기쁨은, 그의 손을 항상 입술에 대고 작별 인사를 고한다.' 아름다운 여인처럼, 애인의 덧없음을, 또는 감질나게 하는 애인을 항상 생각나게 하는 대상은 진실된 대상인가? 미적 갈등은 다음과 같은 점에서 낭만적 고통과는 다르다: 그 고통의 중심적인 경험은 의심에 맞닿아 있고, 불신을 지향하는 경향이 있는, 불확실성에 있다. 사랑하는 자는, 이아고(Iago)의 속삭임에 오델로(Othello)가 그랬던 것처럼, 벌거벗은 상태이지만, 지식에의 추구, K-링크, 즉 대상을 소유하고 싶은 욕망보다는 알고 싶은 욕망에 의해 구원받는다. K-링크는 욕망이 지닌 가치가 단순히 만족에 대한 열망과 대상에 대한 통제뿐만 아니라, 지식에의 자극에 있다는 것을 가리킨다. 욕망은 대상에게 자유를 주는 것을 가능케 하고, 심지어 그것을 필수적인 것으로 만든다.

내 경험에 의하면, 이것이 Ps와 D 사이의 문턱 현상에서 드러나는 본질적인 전환의 핵심이다. 멜라니 클라인이 말했듯이, 이 전환은 안전감과 위안에 대한 자기중심적 관심에서 사랑하는 대상의 행복에 대한 관심으로의 변형을 포함한다. 그러나 그것은 그 전환이 일어나는 방식(modus operandi)에 대해서는 서술하지 않고 있다. 왜냐하면 양가성을 지닌 사랑(L) 링크와 증오(H) 링크를 발생시키는 기쁨과 고통의 상호작용에서, 그 관계를 막다른 골목에서 구해주는 것은 이해에의 추구(K-링크)이기 때문이다. 여기가 소극적 능력이 요구되는 지점이요, 아름다움과 진실이 만나는 지점이다. 폭스바겐(성교 왜건? 자위 방?) 안에서 취한 상태에서 깨어나고 있는, 우리의 시인의 섬세하게 균형 잡힌 '골드러쉬' (Gold Rush) 마음 상태를 생각해보라. 디너 테이블에서 아기에게 젖을 먹이고 있는 여성에게 그랬듯이, 꿈속에서 그토록 순진하게 제공된 '멋진 젖가슴' 을 보았을 때, 그는 왜 웃었을까? 그가 아기의 입장에서 그것 보는지, 아니면 그의 아기 여동생으로서 보는지에 따라, 또는 그것을 부모의 성, 또는 그의 어머니의 둔감함의 증거로서 보는지에 따라, 기쁨과 분노가 갈등 안에 위치하는 방식이 결정되는 것으로 보인다. 또는 잔인성? 또는 요란한 과시주의? 얼마나 빨리 그는 젖가슴을, 죽은 아기들(진흙속의 시체들)이 가득한 것으로, 또는 과시적이고 단단한 것으로(영화 세트장과 돌 안락의자가 있는 언덕), 또는 아이를 두렵게 만드는 젖꼭지들(「야생의 것들이 있는 곳」 Where the Wild Things Are에서 오는 괴물들)이 있는 넝마로 가득한 것으로 보는 쪽으로 기우는가?

만약, 실제로, 보통의 헌신적인 아름다운 엄마와 함께 있는 보통의 아름다운 아기의 경우, 이 미적 충격이 자궁 밖의 세계로 나오는 그의 출현을 만나는 것이라면, 그때 미적 갈등과 우울적 자리는 발달을 위해 일차적인 것일 것이고, 편집-분열적 자리는 이차적인 것일 것이다. 즉, 편집-분열적 자리는 일출의 눈부심 앞에서 지각적 동공을 닫는 데 따른 결과이다. 플라톤의 용어로, 그는 서둘러 동굴 안으로 되돌아가는 것이다. 그러나 그러한 은유들은 그것이 어떻게 일어나는지에 대해서는 아무것도 말해주지 않는다. 아마도 '얻는 것과 소비하는 것을 통해서/ 우리는 우리가 가진 힘을 낭비한다' 라는 워즈워드의 시구가, 우리가 그것을 유아기와 초기 아동기에 일어나는 일들에 적용할 수 있다는 암시를 줄 것이다. 결국, 누가 어린 아이보다 더 물질주의적인가? 그리고 우리의 시인의 꿈에 나온 '골드 러쉬' (Gold Rush)가 암시하는 것보다 더 물질주의적인 것이 무엇인가? 어머니 산의 보물(The Treasure of the Sierra Madre)이라는 영화의 한 감동적인 장면에서, 늙은 탐광업자인 월터 허스톤은 탐욕스럽고 편집증적인 험프리 보가트의 반대에 맞서, 그 산의 내부로부터 금을 꺼내가도록 허락 받았으므로, 자신들은 감사한 마음으로, 금을 채취하기 위해 파낸 모든 흙더미들을 복구하여 그 산이 입은 상처를 치유해야 한다고 주장한다.

세상에는 자신의 아기를 보통의 아름다운 아기로 바라보는 보통의 헌신적인 아름다운 엄마들을 갖지 못한, 그래서 떠오르는 태양의 황홀함에 의해 환영받는 경험을 하지 못한 아기들이 셀 수 없이 많이 있다. 하지만 나는 나의 상담실에서 그런 경험을 한 사람을 만난 적이 있다고 확신을 갖고서 주장할 수 없다. 심지어 정신분열증 또는 정신증 환자들과 함께 했던 오랜 경험에서조차도, 나는 그들이 아름다움과 접촉했었다는 증거를 발견하는 데 실패한 적이 없다. 그들은 분석과정에서 아름다움과 접촉할 때마다 거듭해서 거칠게 그것으로부터 튕겨 나오는 반응을 보였다. 하지만 그와 같이 아름다움과 접촉하지 않는 것이 생존을 위해, 또는 최소한 마음을 생존을 위해, 유리하지 않다고 말해주는 증거는 얼마든지 있다.

기존 이론에 대한 일종의 부록인 이 책은, 과거를 돌이켜보는 데서 얻은 통찰의 한 조각이다. 나는 우리가 우리의 상담실 안에서, 의식적이든 아니든, 대체로 훈련 집단과 그 집단의 특정한 남성 우월주의적 용어라는 무작위적인 요인에 크게 달려있기는 하지만, 정신분석 일반은 적어도 지난 삼십 년 동안 멜라니 클라인이 편집-분열적 및 우울적 자리라고 부른 것을 내가 서술하고 있는 방식으로 취급해왔다고 확신한다. 우리가 연구하고 진료한다고 주장하는 정신병리의 일차적 기초는 미적 갈등의 고통으로부터의 도피에 놓여있다. 분리, 정서적 및 신체적 박탈, 신체적 질병, 전성기적 및 성기적인 오이디푸스 갈등, 우연에 의한 사건들, 유혹과 잔인성, 탐닉과 과잉-보호, 가족의 해체, 부모나 형제자매의 죽음—이 모든 것들은 발달과정에서 세상의 아름다움이 주는 충격과 다른 인간 존재와의 열정적인 친밀성을 회피하게 만드는, 근저에 있는 근본적인 과정의 한 측면이라는 사실이 핵심적으로 중요하다. 우리는 환자들을 이해하기 위해서 그리고 전이와 역전이 안에서 반복해서 분출해 나오는 완강함, 차가움과 잔인성에 대해 따스한 시선을 갖기 위해서, 부재한 대상에 대한 수많은 불안들보다 현재 대상에 대한 갈등이 더 중요하다는 사실을 인식할 필요가 있다.

이 논의를 끝내기 위해 그리고 '대상의 미적 충격에 거칠게 반동하는 것' 이 무엇을 의미하는지를 보여주기 위해, 나는 젊은 정신증적 여성의 분석에서 가져온 자료의 일부를 제공한다.

지그리는 30세이고, 17세 이후로 급성 또는 이동성 편집-분열증적 환자로서 지역공동체의 돌봄을 받고 있다. 그녀는 정치적 격랑을 겪고 있던 우간다에서 가족과 함께 살고 있던 17세 때 자신의 엄마에 대해 편집증적이고 망상적이 되었다. 그녀는 자신의 엄마가 눈에서 빛을 발하는 극도로 아름다운 여성이라고 생각했고, 자신에게 LSD가 들어있는 음식을 먹였으며, 자신을 동성애자로 만들려는 의도를 갖고 있다고 느꼈다. 급성 붕괴가 발생할 때면, 그녀는 종교적 망상 상태가 되고 폭력적이 되는 바람에, 폐쇄 병동의 돌봄과 다량의 약물투여를 요하는 대상이 되곤 했다. 지그리는 오슬로 교외에 있는 구식이지만 크고 멋진 병원의 정신증 환자의 심리치료를 위한 연구 병동의 책임자에게서 5년째 정신분석적 심리치료를 받고 있다.

그녀의 역사에서 가장 의미 있는 특징들과 사건들은 이것들이다: 그녀는 결혼하기 전에 학생 부부에 의해 임신된 첫 번째 아기였고, 아버지는 그녀의 인생의 첫 반년 동안에, 학위 취득을 위해 대학에 머물러 있었다. 아버지가 더 높은 학위를 얻기 위해 가족을 미국으로 데려가려고 계획하고 있던 시기인 생후 14개월에, 엄마는 여행 경비를 모으기 위해 다시 일하러 가기로 결정했고, 지그리를 구세군 아동 보호소에 맡겼다. 그녀는 그곳에서 심각한 방광과 호흡기 질병으로 인해 다시 엄마에게로 되돌려보내질 때까지 사오 개월 정도 머물렀다. 미국에 있는 동안 그녀는 거의 걸을 수 있게 되자마자 미아가 되기 시작했고, 이웃 가족과 함께 있는 것에 대한 뚜렷한 선호를 드러냈다. 지그리의 가족은 그녀가 세 살이었을 때 노르웨이로 돌아왔고, 그때 엄마는 남자 아이를 임신하고 있었는데, 그 아이는 생후 3개월 때 죽었다. 명백한 사인은 알려지지 않았고 '갑작스런 유아 사망' 으로 결론지었다. 지그리가 다섯 살이었을 때 남자 형제가 태어났고, 그녀가 열 살이었을 때 여자 형제가 태어났다. 그녀가 열다섯 살이었을 때 가족은 그녀의 아버지가 임시 교수직을 얻었던 우간다로 이주했고, 그곳에 있는 동안 그녀는 부모의 심한 반대에도 불구하고 미국 오순절 교회(American Pentecostal Church)로 개종했다.

본국으로 돌아온 후에 곧 끝이 난 첫 번째 붕괴 이후에, 그녀는 고등학교를 졸업했지만, 그 이후에 발생한 붕괴들은 그녀가 대학 교육을 받지 못하도록 방해했고, 따라서 그녀는 영리하고, 또한 명백히 예술적으로 재능이 있는 소녀임에도 불구하고 어떤 형태의 직업교육도 받을 수 없었다. 그녀는 약간 통통하지만 매력적인 외모를 갖고 있다.

심리치료는 주3회 치료사와 마주 앉은 자세로 진행되었다; 환자는 최근에야 카우치 사용에 동의했지만, 매번 몇 분 지나지 않아서 그것이 불편하다고 느꼈다. 그녀는 결혼 전에 병동 간호사였던 치료사의 아내를 알고 있고, 그들 부부가 지금 두 명의 자녀를 갖고 있다는 것을 알고 있다. 상태가 좋아진 기간들 동안에 그녀는 병원과 연결되어 있는 호스텔에서 세 명의 다른 전에 환자였던 여성들과 함께 살고 있다; 그 호스텔은 병원 직원에 의해 모니터되고 있지만 직원이 상주하고 있지는 않다.

심리치료가 편집증적 망상과 동요된 혼동 상태들의 발생 빈도와 기간을 줄이는 데 상당히 지속적인 진전을 이루었지만, 치료사는 그 치료가, 그들 중 누구도 빈도의 증가로 인해 강렬해지는 위험을 감수하거나, 카우치의 사용을 통해 더 깊고 더 갈등적인 해석들을 직면하고 싶어 하지 않는 지지적 관계에 머물러 있다고 느꼈다. 환자의 가족 역시 친절하지만 사회적으로 거리를 둔 채, 안전한 역할을 선호하는 것처럼 보였다. 환자는 지난여름에 온 가족과 함께 지중해로 휴가를 갔었고, 그것은 비교적 잘 진행되었다. 그러나 어머니는 그녀의 형제와 자매에게는 자신이 소유한 집에 있는 방들을 내주었으면서 그녀에게는 그렇게 하지 않았다. 그녀는 자신의 딸이 한 주에 한 번 일요일 점심을 먹으러 오는 것만을 수용했다. 사실상 환자는 방문보다는 전화 접촉을 선호했다.

내가 논의를 위해 보고하고자 하는 두 개의 꿈들은 여름휴가 후 기간 동안에 발생했다. 당시에 일반적인 느낌은 불이 붙기 시작하고 있었고, 또 한 번의 붕괴가 멀지 않았다는 것이었는데, 표면상으로는 방 문제와 관련해서 솟구쳐 나오는 것으로 보였지만, 그것은 또한 환자와 분석가 사이에서 서로가 상대방이 해야 할 말을 유보하고 있고, 안주하고 있으며, 편한 상태를 유지하고 있다고 느끼고 있는 분석적 이슈와도 관련되어 있었다. 분석가는 점점 더 자신이 기생하고 있다고 느꼈고, 지그리가 교육을 더 받아야 한다는 생각에 조급해졌다.

첫 번째 꿈에서: 환자는 그녀의 동료들과 그녀의 호스텔 안에 있었는데, 누군가가 방이 너무 어둡다고 말했다. 그래서 지그리는 창문을 열기 위해 다락으로 올라갔다. 창밖 지붕 위에는 매우 아름다운 여성이 이끄는 한 무리의 동성애 여성들이 방안으로 들어오고 싶어 했지만, 환자는 서둘러 창문을 닫았다. 그때 누군가가 정문을 노크했고, 지그리가 문을 열자 거기에는 다시 한 번 그 아름다운 여성과 그녀의 무리가 있었다. 그래서 지그리는 그들을 안으로 초대했다. 그들 중 하나는 머리털이 아주 짧았고, 머리에는 외과용 테이프를 붙이고 있었다. 이 여성인 자신이 성을 바꾸기 위해 뇌수술을 받았었고, 그녀 역시 그 수술을 받을 수 있다고 말했다. 그러나 이 시점에서 아름다웠던 그 여성 리더는 뚱뚱하고 추해 보였고, 그래서 지그리는 그 제안을 거절했다.

두 번째 꿈에서: 지그리는 욕조 안에서 그녀의 몇몇 남자친구

들 중에 가장 좋아하는 친구와 즐거운 전화 통화를 하고 있었고, 성기적 욕망과 흥분이 자극되는 것을 느꼈다.

지그리는 아직 처녀이고, 비록 남자들을 좋아하고 있고 남자들에게 매력적으로 느껴지지만, 성교를 하는 것이 불가능하다고 느끼고 있다; 그녀는 전화상으로는 사랑스러울 수 있고 상당히 성애적일 수 있다. 그녀가 같이 살고 있는 세 명의 여성들과의 관계는 전혀 동성애적 색조가 없어 보인다. 그것은 그녀의 망상적 상태들과는 완전히 반대인 것처럼 보인다.

나는 이 자료가 미적 충격을 견디지 못하는 문제에 빛을 던져준다는 관점에서 접근하고자 한다. 그 꿈들은 다음과 같이 읽혀질 수 있다:

갓 태어난 지그리가 처음으로 눈을 떠서 그녀의 엄마의 얼굴과 신체의 모든 부분들의 아름다움을 보았을 때, 그 충격은 압도하고, 포괄적이며, 침범적이고, 복종하고 싶다는 강력한 경향성을 자극해내는(그녀 자신의 표현) 것이었다. 그녀는 눈을 감는 것을 통해서 이것으로부터 철수할 수 있었지만, 직장(直腸)이 가득 차 있는 것과 구별될 수 없는, 그녀의 성기 영역이 자극되어 흥분되는 것을 닫을 수는 없었다. 그러나 아름다움의 요소가 사라졌기 때문에 굴복으로 내모는 그 충격의 힘은 훨씬 더 적다.

두 번째 꿈이 선언하듯이, 엄마 내부의 따뜻한 물속에 머무는 것이 그리고 덜 아름답지만, 아버지처럼 덜 공포스러운 청각적 수단을 사용해서 교제하는 것이 더 낫다. 실제로 지그리는 일관되고, 합리적이며, 덜 정서적인 아버지와 관계하는 것이 훨씬 더 편하고, 그녀의 엄마를 방문하는 것보다 전화로 통화하는 것을 더 좋아한다.

방 문제에 대한 싸움은 그 후 몇 개월 동안 다른 문제들과 나란히 발생했고, 어느 정도는 카우치의 사용과 엄마 전이와의 만남을 대체한다. 역사적으로 그것은 구세군 보호소에서 보낸 사오 개월처럼 보였는데, 그때 집은 그녀의 삶에 대한 위협이었고, 그 위협은 외부 대상으로서의 엄마에게서 분리되는 것보다는 지리적인 변동에서 왔다. 미국과 우간다로의 여행과 같은 지리적 변화들은 유사하게 지그리를 흔들어놓았다. 그림 그리기를 통해서, 아직은 매우 희미하고, 얇고 가벼운 인물들만을 그릴 수 있었지만, 그녀는 인간과 세상의 아름다움을 보기 위해 스스로를 적응하려고 노력하고 있는 것처럼 보인다. 그러나 우리는 그녀가 자신의 눈을 사용해서 그리고 그녀의 열정을 간직한 채, 다른 인간 존재와의 정서적이고 친밀한 접촉 안으로 들어올 수 있기 위해서는, 먼저 전이의 폭풍 중심 영역에 대한 작업이 이루어져야 한다는 느낌을 갖는다.

11장
비온의 좌표에 대하여—후기 사고

서론

Robert Oelsner

이 강연에서 멜처는 비온이 멘델레제프(Mendelejeff)의 화학 주기표(Periodic Table)[1] 와 평행하는 좌표를 통해서 사고 과정의 본질을 포착하는 데서 이룩한 성취를 재평가한다. 이 과정에서 그는 그 둘 모두를 미적 대상으로 만들고 있다.

멜처는 비온의 후기 아이디어와 멜처 자신의 아이디어의 진화라는 관점에서, 좌표가 약간의 개정을 필요로 한다는 사실을 지적한다: 신화라는 항목(C열)이 오늘날 하나의 독립적인 범주라기보다는 알파 기능(B열)의 일부로서 간주된다는 점에서. 엄마들은 그들의 유아와 함께 몽상 상태를 확립하기 위해 소소한 이야기들 또는 사적인 신화들을 말할 필요가 있다: "우리 아기가 배

1)1869년 3월 6일에, Mendelejeff는 러시아 화학학회에서 "원소들의 분자적 무게의 속성들 사이의 의존"(The Dependence between the Properties of the Atomic Weights of the Elements)이라는 제목으로 공식적인 발표를 했으며, 요소들을 무게와 역가 모두의 측면에서 서술했다.

가 고파요", "아가야, 잠을 자야 해" 등. 나중에 오이디푸스 신화, 에덴동산의 신화, 바벨탑 신화, 우르와 팔리누러스 신화와 같은, 비온이 언급한 좀 더 복잡한 이야기들은 인격의 본질적인 측면들을 포착한다.

멜처가 우리에게 상기시켜주는 바, 비온이 마음에 간직했던 또 다른 수정은 좌표의 한복판에 어색하게 삽입된 칼럼 2(거짓말)로서, 그것은 나중에 부정적 좌표(Negative Grid) 전체에 대한 아이디어에 자리를 양보한다. 행동(칼럼 6)은 생각하기의 끝이고, 그러므로 각각 다른 결과와 함께 어떤 칼럼에도 삽입될 수 있다. 생각하기의 결과로서의 행동은 생각하기를 미리 배제하는 행동화와는 질적으로 다르다. 그리고 마지막으로, 멜처는 과학적 연역체계와 대수적 계산법(G열)이, 멘델레제프의 아직 발견되지 않은 화학적 요소들처럼, 좌표 안의 비어있는 범주라는 점에서, 미적 및 영적 가치로 대체되어야 한다고 제안한다.

멜처는 자신의 강연 끝부분에서 비온의 좌표를 비온의 후기 작업인 「미래에 대한 비망록」과 연결시킨다. 그 책에서 비온은 시적인 방식과 공상-과학 같은 방식 안에 있는 사고 과정에 대한 자신의 생각을 공식화하려고 시도한다. 그것은 생각하기의 한 주기가 끝날 때마다 그 결과가 새로운 사이클을 위한 원천과 영감이 되는, 좌표의 순환적 또는 나선형적 진보를 직접적으로 적용한 것이다.

좌표[2)]
(1995)

여러 해 동안 좌표를 증오해온 사람으로서, 나는 대부분의 사람들이 좌표를 증오한다는 것을 알고 있습니다. 하지만 나는 이 저녁 강의가 끝날 때쯤 여러분들이 좌표를 사랑하게 되기를 희망합니다. 일단 그것과 씨름을 시작하면, 그것은 정말로 아름다운 것임을 알 수 있습니다. 그것은 과학의 역사에서 놀라운 것인 화학 주기표라는 또 다른 위대한 아름다움에 기초해 있습니다. 주기표와 좌표 안에서, 모든 예술 작품이 그렇듯이, 형태와 기능의 조합이 실제로 이루어지고 있습니다. 좌표의 배후에는 비온의 사고 이론이 있는데, 나는 여러분들이 그것을 잘 알고 있다고 가정하기 때문에, 그것을 따로 언급하지는 않겠습니다.

좌표가 표현하고 싶어 하는 것, 정말로 아름답게 표현하려고 시도하고 있는 것과 그 좌표 배후에 있는 일반적인 원리는 마음이 사고들을 생성해내고 발달시킨다는 아이디어입니다; 사고들을 생성해내고 발달시키는 것을 우리는 생각하기(thinking)라고 부릅니다. 어떤 점에서, 이것은 생각하기가 사고들을 생성해낸다는 일반적인 태도와 철학적 진술을 뒤집는 것입니다. 비온의 아이디어는 사고들이 그것들을 생각하는 장치를 필요로 한다는 것입니다. 그리고 사고들 자체가 그것들을 생각하기 위한 장치를 생성해낸다는 것이고, 사고들을 생각한다는 것은 그것들을 좀 더 추상적이고, 정교하며, 복잡한 것으로 발달시킨다는 것을 의미합니다.

---

2) 1995년에 Buenos Aires에서 행한 강연 내용임. R. Oelsner에 의해 번역되었음. C. Mawson(Ed.), 「Bion Today」(Routledge, 2010)에 게재되었음.

비온의 생각하기 이론에서 근본적인 사실은 무언가가 정서적 상태에 대해 관찰한 것을 변형시킨다는 것, 그 관찰한 것들을 상징들로 변형시킨다는 것입니다. 그리고 만약 이 기능이 작동하지 않는다면, 자극들이 증가하면서 정서적 상태들이 축적될 것이고, 그것은 정신장치를 파괴할지도 모릅니다. 일반적으로, 상징 형성이 결여될 경우, 마음은 자극들의 축적에 대처하기 위해 축적된 자극들을 축출합니다. 비온은 이 축적된 자극들을 제거하는 데 사용할 수 있는 기술들의 전체 시리즈를 밝혀냈습니다. 그가 서술한 이 모든 것들은 커다란 임상적 중요성을 갖고 있습니다.

첫 번째 기법은 특별한 감각들의 기능을 안으로 들이는 것에서 바깥으로 내보내는 것으로 역전시키는 것이고, 그렇게 해서 환각들을 산출하는 것입니다. 우리는 이것에 대한 임상적 현상을 "환각에서의 변형"이라고 부릅니다. 좀 더 원시적인 상태에서, 자극들의 증가는 의미 없는 행동들, 언어와 유사한 의미 없는 소음들에 의해 축출되거나 비워집니다. 비온이 베타 스크린이라고 부른 말하기 방식, 즉 의미는 없으면서 커다란 혼동, 졸음, 어리석음 등을 투사할 수 있는 말하기 방식을 구별하는 것 역시 임상적 의미를 갖고 있습니다. 아마도 가장 중요한 것은 이러한 상징화되지 않고 축적된 자극들의 비워내기가 신체의 무력함속으로 직접 들어갈 수 있고, 그래서 정신신체적 현상들을 산출할 수 있다는 사실일 것입니다. 그것이 비온의 정신신체적 현상과 정신신체적 질병에 대한 이론입니다.

이 정신신체적 질병에 대한 이론은 이 현상들을 정신분석적 치료의 범위 안으로 데려오지만, 사람들이 그것들을 분석하는 것과 관련해서 보통 생각할 수도 있는 것과는 아주 다른 방식으로 그렇게 합니다. 왜냐하면 그것은 상징 형성의 확충이 필요하다고 말하기 때문입니다. 그것은 우리가 상징 형성 능력에 심각한 결함이 있는 특정한 아이들, 즉 일반적으로 "과잉반응성 증후군"[3]으로 알려진 문제를 드러내는 아이들의 치료에서 친숙하게 알고 있는 것입니다. 이런 아이들은 관찰한 것들과 생각한 것들을 계속해서 말해주는 치료사와의 원시적 동일시에 거의 전적으로 의존하는, 정신분석적 심리치료에 놀라울 정도로 긍정적인 반응을 보입니다.

상징 형성과 비온이 약간 장난스럽게 "알파 기능"이라고 부른 기능의 문제로 돌아가 보겠습니다. 비온의 아이디어는 알파 기능—즉, 정신적이고 정서적인 상태들을 마음 안에서 상징들로 최초로 전환해주는—이 엄마가 아기를 위해 수행하는 기능이라는 것이었습니다. 그 기능은 그가 엄마의 몽상이라고 부른 것에 의해 수행되는데, 그 몽상은 아주 분명하게 아기가 태어나기 전부터 작동합니다. 왜냐하면 엄마는 몽상 상태들과 자궁 속의 태아와 소통하는 상태들을 갖기 때문입니다.

최근에 태아의 삶과, 태아가 경험하는 관계들에 대한 체계적인 연구들이 진전되면서, 우리는 인격의 발달이 자궁 안에서 아주 일찍 시작된다는 사실을 알게 되었습니다. 비온의 아이디어는 엄마가 아기를 위해 이 기능을 수행한다는 것이었습니다. 그녀는 아기의 행동을 근거로 아기가 처해 있는 이러한 혼동 상태들을 상상하고, 그녀의 몽상과 무의식적인 정신적 과정들을 통해서 혼돈 안에 일종의 질서와 의미를 넣어줍니다. 그러고 나서 그녀는 이것을 어떤 식으로든 아기에게 소통하고 전달합니다.

따라서 거기에는 매우 초기에 아기로 하여금 내적 대상을 확립할 수 있게 해주는 신비한 내사 과정, 즉 아기를 위해 알파 기능을 수행할 수 있는 대상을 내사하는 과정이 있습니다. 이것이

3) 이것은 종종 ADHD로 진단되고 있고, 슬프게도 약물을 사용해서 치료하고 있다.

아기로 하여금 엄마와의 직접적인 접촉 없이도 존재할 수 있게 해줍니다. 그리고 그것은 물론 아기에게 엄청나게 중요한 일입니다: 아기는 생존을 위해 어미에게 절대적으로 매달려야만 하는 어린 원숭이가 아닙니다.

좌표의 문제는 그리고 그것에 대한 관심은 이 지점에서 시작됩니다. 일단 알파 기능을 수행하는 이 내적 대상에 의해 상징들이 형성되고 나면, 아이 또는 성인의 마음속에서 어떤 일이 일어날까요? 비온은 생각하기의 발달과 사고의 진화를 위한 주기표(Periodic Table)를 고안해냈습니다. 비록 그것은 사각형으로 되어 있지만, 그것이 묘사하는 과정들은 본질적으로 순환적이고 나선형적인 것입니다.

마음 안에서 일어나는 사고가 순환하고 움직인다는 개념과, 그것들이 내재된 그리고 사고의 발달을 위해 요구되는 특정한 단계들을 따라 순환적인 방식으로 움직인다는 개념이 수평적 및 수직적 칼럼들에 의해 묘사되었습니다. 칼럼들은 순환하는 사고들의 진전을, 즉 그것들의 진화와 복잡성의 단계들—추상화, 조직, 일반화 등등—을 나타냅니다. 이 수직적인 축과 수평적인 칼럼들은 일어나고 있는 정신적 행동들을, 즉 그 행동들을 통해서 사고들이 발달하는 과정을 서술합니다. 좌표의 이 최초 형태는 많은 결함들을 갖고 있으며, 그것들 대부분은 비온 자신이 나중에 쓴 글들에서 수정했습니다. 베타 요소들, 알파 요소들, 신화들, 전관념, 과학적 연역체계, 그리고 대수학적 계산법으로 발달해가는 이 진전은 실제로 상당한 수정을 필요로 합니다. 아마도 "신화"의 위치는 잘못된 것인 듯합니다.

비온은 알파 기능이 관찰 가능한 정신적 기능이 아니라고 생각했습니다. 그것의 존재는 그것의 결과로부터 추정될 수 있지만, 그것의 작용은 관찰될 수 없습니다. 나는 그것이 꼭 정확한 것이라고는 생각하지 않습니다. 그리고 나는 신화의 형성이 알파 기능이 작동하는 방법의 일부라고 생각합니다. 신화들은 그것들이 신화가 될 때까지는 다양한 종류의 회화와 표현을 필요로 하는 역사의 조각들입니다.

마지막 두 범주들인 과학적 연역체계와 대수학적 계산법은 비온이 궁극적으로 "원더 랜드의 앨리스" 타입의 수학이라고 부른, 수학과의 일종의 로맨스에 빠져 있던 시기에 생겨난 것입니다. 이것은 확실히 세 권으로 된 미래에 대한 비망록에서 좌표에로 다시 옮겨놓을 수 있는 방식으로 수정되었습니다: 여러분은 과학적 연역체계를 미적 가치로 대체할 수 있고, 대수학적 계산법을 영적 가치로 대체할 수 있습니다.

비온이 거짓말을 설명하기 위해 집어넣었던 칼럼 2는 궁극적으로 제거되었고, 그의 아이디어는 그가 "부정적 좌표"(Negative Grid)[4]라고 부른 것이 되었습니다. 즉, 그것의 거짓말들은 좌표의 과정들을 시뮬레이트하고 희화화한 과정에 의해 만들어진 것입니다. 비온은 거짓말을 하는 재능에, 즉 그럴듯한 거짓말을 만들어내는 방식에 강한 인상을 받았으며, 진실에 대한 희화물을 만들어내기 위해 진실을 아는 것이 필수적이라는 사실을 알고 있었습니다. 나는 그 아이디어가 나치 운동이나 공산주의 체계의 어떤 측면—공격성 등—을 형성하는 데 사용되었던 기법들에 대한 그의 인식의 결과였을 거라고 생각합니다.

수정을 요하는 또 한 가지는 "행동"[5]이라고 불리는 마지막 칼럼입니다. 비온은 행동이 실제로 생각하기의 끝이라는 사실을, 즉 행동은 사고를 정지시킨다는 사실을 아주 빠르게 인식했습니다. 그리고 행동은 어느 순간에라도 가능하다는 것을 알고 있었

4) 멜처는 그가 강연하고 있는 방 안에 있는 좌표를 지적하고 있다.
5) 멜처는 좌표의 칼럼6을 가리키고 있다.

습니다. 그것은 일종의 사고의 단절을 나타내는 것이었고, 그는 대답은 질문의 불운이라고 말했던 수학자를 습관적으로 인용했습니다.[6)]

만약 우리가 좌표에 대한 이러한 수정들을 잠정적으로 수용한다면 그리고 좌표를 던져 버리지 않는다면, 우리는 좌표의 유용성을 볼 수 있을 것입니다. 하지만 비온 자신은 어느 정도 좌표에게서 등을 돌린 것으로 보입니다. 내 생각에, 그는 좌표의 임상적인 유용성을 볼 수 없었던 것 같습니다 …

[…]

나는 내가 미적인 것과 영적인 것으로 대체하고 있는, 비온이 대수학적 계산법과 과학적 연역체계라고 부른 마지막 범주를 진지하게 다루고자 합니다. 미래에 대한 비망록 제3권에 등장하는, 소위 위원회(committee)에서 발생하는 논쟁은 모두 미적 및 영적 가치에 관한 것입니다. 그 책에서 비온은 마음의 기능들을 구성하는 내부 집단, 즉 상호 소통에 의해 최대한으로 통합된 자기(Self)의 집단에 대해 묘사했습니다. 이 위원회가 내적 대상들의 기풍 하에 열린다는 것은 상당히 명백해 보입니다. 내적 대상들은 거기에 존재하지 않고, 참여하고 있지 않지만, 분위기는 그것들이 창조해낸 것입니다.

내적 사고 과정들이 영적 및 미적 가치들이 전면에 등장하는 수준에 도달하기 위해서는 진화를 거치는 것—좌표에 의해 제시될 수 있는 가능성—이 필수적입니다. 좌표가 가진 장점들 중의 하나는, 이 수준에서 발달하는 사고가 전관념이 되고, 전관념이 관념으로 발달하며, 관념이 다시금 개념—전관념으로서 다시 돌아갈 수 있는—으로 발달할 수 있게 되는 것입니다.

---

6) Maurice Blanchot, “La reponse est le malheur de la question”, 비온에 의해 빈번히 언급되었음.

그리고 이 작업은 다시금 반복될 수 있습니다.

비온의 사고에서, 이것들은 새로운 아이디어들이 아닙니다. 그것은 사고들이 최고 수준의 추상화에 이르는, 그리고 자기(Self)를 가능케 하는 일반화에 도달하는 발달과정에 관한 것입니다. 모든 것이 내적 대상들로부터 오는 파국적 변화가 인격의 갑작스런 도약을 가져다주는 움직임을 산출한다는 생각은 새로운 아이디어입니다. 그리고 이 내적 대상들은, 우리가 연구하는 자아가 발달하는 것처럼, 발달하고 있습니다. 그것들은 우리가 교육이라고 부르는 계속되는 내사 과정에 의해 발달합니다.

지금, 대부분의 사람들이 창조적 사고를 하지 못한다는 것은 아마도 사실일 것입니다. 창조적 사고가 새로운 아이디어들을 의미하는 것은 아닌 것 같습니다. 창조적 사고는 받아들인 아이디어들을 미적 및 영적 가치의 수준으로 발달시킬 수 있는 것을 의미하는 것으로 보입니다. 이런 관점에서 볼 때, 과학과 예술은 전적으로 구별될 수 없고, 커다란 위험은 실행, 즉 행동의 영역 안에 있습니다. 물론, 우리의 문화 안에서, 사람들은 어떻게 이러한 행동으로의 조숙한 도약이 그것의 결과들이 분별될 수 있기 오래 전에 발생하는지를 알고 있고, 또한 그것이 항상 나중에 지구의 자원을 고갈시키고, 환경을 망가뜨리며, 그 안에 살고 있는 생명들을 손상시킨다는 것을 알고 있습니다.

비온의 철학과 관련해서 내가 여러분 앞에 제시하는 것은, 행동과 행동들에 대한 가치 평가—내가 군사적 가치(military values)라고 부르는—가 인간 종족 안에서 여전히 매우 지배적이며, 우리는 근본적으로 데이빗 소로(David Thoreau, 1849)가 불복종의 의무라고 말한 것과 같은 행동하지 않음(inaction)을 통한 반대를 필요로 한다는 것입니다. 아니, 행동하지 않는 것으로는 충분하지 않습니다. 불복종이 필요합니다. 그러나 분명히 불복종하기 위해서 우리는 우리 자신을 생각해야만 합니다. 그리고 사람들은 그렇게 할 수 있는 준비를 제대로 갖추지 못했습니다. 그러나 나는 그것이 확실히 정신분석의 목표라고 생각합니다. 개인적으로, 나는 정신분석이 정신적 장애를 위한 치료법이라고 간주될 수 있는 시기는 지났으며, 그것은 스스로 생각하는 법을 가르치는 교육이 되고 있고 또 이미 그렇게 되었다고 생각합니다.

지금, 이 실망스럽고 두서없는 강의가 좌표를 여러분에게 사랑받을 만한 것으로 만들지 못한 것은 확실합니다. 그러나 나는 마지막으로 좌표의 아름다움과 그것 안에서 형태와 기능이 연합되는 방식에 관해 한 가지를 말하고 싶습니다. 그것은 좌표가 놀라울 정도로 순환적인 방식으로 그러면서도 나선형을 따라 앞으로 나아갈 수 있고, 거듭되는 재-사고를 통해 자체를 풍부하게 만들기 위해 스스로 피드백할 수 있는, 마음 안에서 움직이는 과정을 그려내고 있다는 것입니다. 나는 좌표가 머릿속에서 일어나고 있는 일을 묘사한 확실한 예술품이라고 생각합니다.

12장
기호, 상징 그리고 알레고리

서론

Grete Tangen Andersen, Morten Anderson, Trond Holm,
Jon Morgan Stokkeland, Lilian Stokkeland, Eirik Tjessem

멜처는 이 글에서 기호와 상징 사이의 본질적인 구별에 대해 설명하는데, 그것은 그의 후기 논문들과 강연들에서 발췌한 것이다. 아마도 이 영역은 그의 작업을 처음 접하는 학생들에게 좋은 출발점이 될 수 있을 것이다: 그것은 마음과 마음없음(mindlessness) 사이의 차이를 보여준다; 여기에서 마음없음은 의미를 생성해내고 상징을 형성해내는 마음을 필요로 하지 않는, 본질적으로 적응적이고 관습적인 모든 과정들을 의미한다.

이 중요한 구별은 많은 다양한 뿌리들과 가지들을 갖고 있다. 멜처가 말하는 원천들 중에는 비트겐슈타인(Wittgenstein)의 언어철학(linguistic philosophy), 상징적 형태에 관한 까씨러(Cassirer)와 랑거(Langer)의 연구 그리고 물론 비온의 작업이 포함되어 있다. 이러한 구별이 갖는 많은 그리고 매우 상호적으로 연결되어 있는 함축들 중의 하나는, 수용된(관습적인) 상징과 자율적인(최초의) 상징 사이에 차이가 있다는 것이다. 자율적인 상징을 차별화하는 요소는 그것이 "화자의 마음속에서 창조된 것"이라는 데 있다. 그것은 우리를 궁금해 하게 만든다; 단순하고 심지어 관습적으로 발화된(uttered) 말이 어떻게 갑자기 진정되고 의미 있는 것이 되는가? 언어를 사용해서 정서적 의미를 전달하는 것은 "단순히 상징의 문제만도 아니고, 말의 문제만도 아니다; 그것은 또한 음악의 문제이다." 이것은 "그것을 말하는 것"과 "그것이 의미하는 것"(Wittgenstein, 1953—신실해지는 것(being sincere)—사이의 관계로, 그리고 "경험으로부터 배우는 것"과 "어떤 것에 관해 배우는 것" 사이에 대한 비온의 구별에로 인도한다. 경험으로부터 배우는 것은 본질상 직관적이고 신비스런 과정인 상징 형성에 달려 있다. 그것은 통제되거나 협상될 수 없다. 이것은 정신분석이 어떤 종류의 과학인가라는 질문에 대한 답을 준다: 정신분석은 관찰적이고 서술적인 과학이며, 그것은 설명할 수 없고 예언할 수 없는 과학이다.

여러 가지 점에서 이것은 멜처의 저술이 갖고 있는 주된 악상(leitmotif)으로서, 「꿈 생활」과 「확장된 초심리학」에서 가장 상세하게 설명되고 있는 것으로 보인다. 우리가 보기에, 상징과 기호에 대한 멜처의 작업은 정신분석적 이론에 대한 주요한 공헌에 해당된다. 그는 그것을 다음과 같이 간결하게 표현한다: "나는 우리가 사용 가능한 언어를 최대한으로 사용해야만 하고, 그것을 사용함에 있어서 할 수 있는 한 최대로 시적이고 정확해야 한다고 생각한다."

상징 형성의 잔인성에 대하여[1]
(1955)

비온은 생각하기의 본질적인 요소가 상징 형성이라는 점을 아주 분명하게 보여주었다. … 시(詩)의 특질은 그것이 무언가를 포착한다는 것이다. 나는 야생의 새들을 포획하는 기술들을 생각하고 있다. 그 일을 위해 그물을 설치하는데, 무엇보다도 순식간에 그물을 던질 수 있는 장치를 설치하는 것이 중요하다. 그 다음에는 그물이 던져졌을 때 그 그물이 덮을 수 있는 영역 안으로 새들을 유인한다. 그리고 새들이 그 영역 안에 모이는 순간 순식간에 그물이 펴져서 새들을 덮을 수 있도록 준비시킨다. 이것은 상징들이 형성되고 그것들이 작업하는 방식에 대한 좋은 은유인 것처럼 보인다: 상징들은 의미라는 야생의 새들을 포획한다. 만약 당신이 "그러나 거기에는 잔인한 구석이 있네요"라고 말한다면, 나는 상징 형성의 전체 과정 안에는 잔인한 구석이 있다는 말에 동의할 것이다. 상징 형성이 정서적 경험들을 에워싸고 그것들을 포획하는 방식에는 잔인한 구석이 있다.

기호와 상징[2]
(1997)

"신실성"(Sincerity)에 대한 글은 내가 언어 철학에 대한 비트

---

1) 이 구절은 R. Oelsner에 의해 제공된 미출간된 논문으로서, 멜처가 "Thought Disorders"(1995), 라는 제목으로 강연한 내용에서 가져온 것이다.
2) 이 글은 "Concerning signs and symbols", *British Journal of Psychotherapy*(1997), Vol. 14(2), pp. 175-81에서 발췌된 것임.

겐슈타인의 후기 작업에 의해 영감을 받아 쓴 것이다. 그는 「철학적 탐구」(1953)라는 저서에서 의미에 대해 논의하면서, "그것을 말하는 것"과 "그것을 의미하는 것" 사이의 차이를 설명하는 데 많은 시간을 투자한다. 그것은 분석에서 분석가가 환자에게 말하는 의미와 환자가 분석가에게 말하는 의미 모두에 대한 문제에 관심을 갖도록 나를 인도했다. 이 문제를 조사하는 과정에서, 나는 언어가 "그것이 의미하는 것"을 표현하는 고도로 훈련된 방식이 아니라는 것과, 그 이유는 언어가 매우 관습적인 것이기 때문이라는 사실을 알게 되었다. 이것은 나로 하여금 소쉬르(Saussure)와 라캉(Lacan) 같은 사람들의 작업에서 동등시되는 경향이 있는, 기호와 상징 사이의 언어적 구조들을 분명하게 구분하도록 이끌었다. 기호에서 중요한 것은 그것이 단지 사물을 가리키는 방식이라는 것이다; 그것은 어떤 것을 가리키는 데 말을 사용한다. 그것은 거의 전적으로 사물들과 기능들에 대한 관습적인 이름 짓기로 이루어져 있다. 사람들이 서로 의사소통하는 데 기호를 사용하는 한, 그것은 어떤 것을 "의미"할 수는 없다. 그것은 단순히 세상을 가리키고 있다. 하지만 상징은 전혀 다르고, 매우 신비스럽다. 왜냐하면 그것은 전적으로 직관적인 것이고, 정서적인 의미를 담는 그릇이기 때문이다. 우리는 사람들이 상징을 사용해서 다른 사람들과 의사소통할 때, 그들이 자동적으로 "그것을 의미한다"고 말하는 경향이 있다.

그러나 모든 상징들이 자발적인 것이 아니라는 점에서, 즉 화자의 마음속에서 창조된 것이 아니라는 점에서 어려움이 발생한다. 우리가 의사소통에서 사용하는 대부분의 상징들은 관습적인 것이거나 수용된 것, 즉 다른 사람들로부터 받은 것이다 [···].

시인의 경우에 그렇듯이, 환자를 구하러 오는 것은 꿈이다. 우리가 사용하는 언어의 경우, 대상들과 기능들을 서술하는 데 필요한 단어들은 매우 풍부하게 갖고 있지만, 정서들을 서술하는 데 사용되는 단어들은 매우 빈약하다. 시인은 그의 꿈에 크게 의존해 있다. 그에게 있어서 꿈은 그가 자율적인 상징들을 발견하는 금광이다. 그는 그의 꿈 생활에서 그것들을 발견한다. 이것은 환자의 경우에도 마찬가지이다: 만약 그가 자신의 꿈을 기억하지 못한다면, 그는 전이 안이나 바깥에서의 행동화를 제외하고는, 자신의 정서를 분석가에게 전달하는 데 전적으로 마비 상태에 있다고 느끼게 될 것이다. 의식적으로 상징을 형성하지 못하는 그의 무능력으로부터 그를 구하기 위해 그의 꿈들이 찾아온다. 그의 꿈 언어는 그 자체의 시, 즉 전이 역전이 관계 안에 있는 환자와 분석가 두 사람에게 특별하고 고유한 시를 짓기 시작한다.

분석가가 환자와 함께 나누는 담화 안에 그 자신의 시—그 자신의 상징 형성들—의 일부를 도입할 수 있는 것이 사실이지만, 그 담화는 대체로 (그것이 창조적인 한) 환자가 그의 꿈 구조들 안에 담긴 상징 형성을 통해서 창조해낸 것이다. 내 생각에, 분석적 진전을 보여주는 가장 중요한 지표들 중의 하나는 환자의 꿈꾸기의 본성 안에서 발생하는 진전이다. 일반적인 발달은 긴 일화적인 꿈에서 짧게 압축된 상징적 꿈들로 바뀌는 것으로 드러난다 […].

에스더 빅이 우리에게 준 교훈들 중의 하나는 아기와 아이의 행동이 갖는 의미가 명백한 것이 아니라는 것이다. 그것은 해석의 문제이고, 해석은 주의 깊은 관찰로부터 자라나는 것이다. 관찰자에게 있어서 아기의 행동의 의미는 하나의 직관으로서 찾아오는데, 그 직관은 아기에게 일어나고 있는 것을 주목하는 데서 자라나온다. 이 교훈은 그녀 자신이 먼저는 정신분석에서 그리고 어느 정도는 멜라니 클라인에게서 배운 것이다. 그것은 분석가의 활동은 일차적으로 해석이 아니라는 것을 말해준다: 분석가가 해야 할 가장 중요한 일은 관찰과 서술이다. 전이와 역전이 안에서 일어나고 있는 일에 대해 환자와 분석가가 동의할 수 있을 때, 그것의 의미 또는 해석은 차츰 그 두 사람 모두에게 명백해진다.

이 오리엔테이션은 정신분석 운동 안에서 매우 명백해진 특정한 어려움들로 인도한다: 특히, 직관들을 생성해내고, 환자들이 생각하고 느끼는 것을 알 수 있는 역량을 발달시키며, 그것을 매우 확실히 알기 위해 주의 깊은 관찰에 의존하는 멜라니 클라인과 에스더 빅 같은 사람들에게 그러했다. 문제는, 당신이 무엇을 직관했는지를 당신이 알고 그것을 말로 표현할 때, 그것은 마치 당신이 전지성을 갖고서, 즉 그것이 정확하다는 확실성을 갖고서 말하고 있는 것처럼 들린다는 것이다. 클라인과 에스더 빅 같은 사람들은 항상 독단적이고, 전능적이며, 그들이 표현하는 확실성의 정도를 통해서 모든 사람들에게 자신들의 견해를 강요하려고 시도한다는 비난을 받았다. 그러나 이것은 자신들이 옳다는 그들의 확신 때문이 아니었다. 그것은 정확하게 그들이 특정한 상황에 관해 자신들이 생각한 것과 느낀 것을 알고 있다는 느낌 때문이었다. 이것은 그들이 어떤 것을 "말했을" 때 그들이 "정말로 믿었다는 것"을 의미했고, 그들이 그것을 믿었을 때 그들은 그것이 협상의 여지가 없는 것이라고 생각했음을 의미했다. 의미에 대한 협상은 사람들이 자신들이 같은 생각을 하고 있다는 생각에 도달하는 일반적인 방식이다. 우리가 보고 있듯이, 세상 도처에서 일어나고 있는 실속 없는 평화 과정들은 모든 사람들이 자신들의 요구를 부풀려 말하고 나서는 그것의 절반이 수용되는 것에 만족해하는 협상들이다. 하지만 한 사람이 그들이 생각하고 느끼는 것을 명료하게 알고 있을 때, 그런 종류의 협상은 불가능하다.

그 다음의 어려움은 사람들이 클라인이나 빅에게 이런 불평을 할 때 발생한다: "하지만 당신은 어제 다른 것을 말했는데요!" 그리고 그들은 이렇게 대답한다: "내 생각이 바뀌었거든요." 어떻게 누군가가 어제 그토록 명백하게 본 것에 대해 생각을 바꿀 수 있는가? 그것은 새로운 증거가 있을 때이다.

상징과 알레고리[3]
(2000)

나는 얼마 동안 내가 작업해왔고 나를 매료시켰던 것을 예시해주는 두 개의 놀라운 꿈에 대해 이야기하고자 합니다. 첫 번째 꿈을 우리는 "밑바닥 꿈"(Bottom's Dream)이라고 부르는데, 그 이유는 그것이 「한 여름 밤의 꿈」(A Midsummer Night's Dream[Ⅳ.I. 99-217]에 나오는 꿈처럼 "밑바닥이 없는" 꿈이기 때문입니다—그것은 파면 팔수록 흥미롭고 실제로 전율을 가져다주는 자료를 갖고 있습니다. 중년 여성인 한 환자가 "나라들이 움직이고 있었어요"라고 하면서, 자신의 꿈에 대해 이야기하기 시작했습니다. 나는 그녀의 말뜻을 이해하지는 못했지만, 확실히 어떤 흥미로운 일에 대한 것이라고 느꼈는데, 그녀는 그것을 다음과 같이 지형학적으로 서술했습니다:

거기에는 평평하고 건조한 아프리카 평야처럼 보이는 첫

3) 2000년도 2월에 Florence에서 "Symbol and allegory"라는 제목으로 행한 강연의 원고임.

번째 층이 있었다. 무언가 긴급해 보이는 많은 사람들이 최대한으로 서둘러 이동하고 있었는데, 그들은 피난민들 같지 않게 자신들의 소지품들을 머리에 이고 있었고, 명백히 어딘가로 가고 있었다.
그녀 뒤로 보이는 두 번째 층은 높은 고원의 꼭대기에 있었는데, 거기에는 마치 코소보 에서 빠져나온 난민처럼 아주 남루한 옷을 걸친 채 기운 없어 보이는 사람들이 힘들게 앞으로 걸어가고 있었다. 그녀는 그들에게 어떤 위험한 일이 일어났다고 느꼈다. 그녀는 이 두 집단들—아래쪽에 있는 건조한 고원에 있는 사람들과 위쪽에 있는 마찬가지로 건조한 고원에 있는 사람들—중 어느 집단도 지평선을 볼 수 없었다고 느꼈다; 그들에게는 모든 것이 평평해보였다. 그들은 어떤 점에서 평평한 지구 위에 사는 사람들, 즉 지구가 평평하다고 믿는 사람들이었다. (함축된 의미는 물론 우리 모두가 결국에는 떨어지게 될 평평한 땅 위에 사는 사람들이라는 것임.)

그녀가 속해 있는 집단은 이 고원의 푸르게 보이는 쪽에, 즉 약간의 나무들과 함께 풀이 무성한 초원에 있었다. 그녀와 함께 이동하고 있는 사람들은 게으르기보다는 여유가 있었다; 그들은 어떤 곳에 도달하기 위해서 또는 어떤 곳에서 벗어나기 위해서 서두르는 것처럼 보이지 않았다—어떤 것에서 도망치는 것도 무언가를 얻으려는 것도 아닌 상태.

그녀의 연상은 이 두 개의 다른 층들이 지형학적 의미뿐만 아니라 지리학적 의미를 갖고 있는 것 같다는 것이었습니다. 그것은 지리적 변동이 지진과 화산 분출을 야기하는 방식을 생각나게 했습니다—파국이라는 함축을 지닌 지리적 층들. 그녀는 이 두 집단, 즉 도망가는 사람들의 집단과 어떤 목적을 추구하는 사람들의 집단이 갖는 함축적 의미는 매우 사회적인 것이라고 생각했습니다. 그 그림은 확실히 미국의 내전 당시 대대적인 흑인 노예의 해방이 이루어졌던 상황을 생각나게 하는 것이었습니다. 흑인들의 유명한 노래 안에 담겨있는 성경의 사고에서처럼, 요단강을 건너 약속의 땅으로 들어갈 것이라는 믿음을 갖고 행진하고 있는 해방된 노예들 말입니다. 비극은 이 노예들의 행렬이 강가에 도달했을 때, 그들은 행진을 계속했고, 강물 속으로 들어가 익사했다는 것입니다. 그것은 일종의 집단 자살의 망상을 지닌 채 앞으로 돌진하는 나그네쥐들과도 같았고, 명백히 박해와 불안으로부터 도망치면서 스스로 위험을 느끼고 있고 적극적으로 도망치고 있던 고원 위의 피난민들과는 사뭇 다른 모습이었습니다.

나는 이것 역시 정신 상태에 대해 말해주는 것이라고 생각했습니다: 예컨대, 프로이트가, 항상 뒤를 돌아다보고, 과거에 일어난 일에 대해 생각하면서, 과거의 갈등들과 불안들을 반복하고 싶어 하는, 그가 반복 충동이라고 부른 것에 매어 있는 사람이라고 말한 신경증 환자의 정신 상태 말입니다. 그가 분명히 말하지 않은 것은, 예컨대, 에미 폰 엔(Emmy von N) 같은 환자들이 끊임없이 미래를 엿보면서, 항상 "만약 이렇다면" 그리고 "만약 저렇다면"이라고 말하고 있다는 것입니다. 그들은 끊임없이 "만약 그런 일이 일어난다면"이라고 추측하는 상상속의 위험들로 인해 고통을 받고 있습니다. 우리는 임상 상황에서 이 두 상황 모두를 자주 만납니다: 사람들은 "만약 그랬더라면"이라는 과거에 대한 생각과 "만약 그런 일이 일어난다면"이라는 미래에 대한 생각

사이에 갇혀 있습니다; 과거에 대한 추측과 미래에 대한 추측이라는 두 층들 사이. 그리고 현재의 순간은 어떤 식으로든 과거 또는 미래와 함께 압축되어 있으면서, 현실로서 경험되지 않고 있습니다. 그들의 현실은 온통 과거와 미래일 뿐입니다; 현재는 빠르게 움직이는 기차에서 바라보는 풍경처럼 그저 지나쳐가는 덧없는 순간입니다—그 안에서 살 수는 없는, 섬광처럼 지나가는 과거 말입니다.

이것—여러 다양한 층들에서 발생하는 복잡한 이동—이 상징 형성의 본질적인 구조인 것처럼 보입니다. 나의 환자에게, 건조한 아프리카 평야를 가로지르는 이동은 또한 물이 있는 곳을 찾고 있는 동물들을 생각나게 했습니다. 그러므로 이 상징 안에는 여러 생각의 수준들—지형학적, 지리학적, 동물적, 인간적—과, 건조한 평야와 건조한 고원 사이의 초원에 의해 표상된 아마도 현재를 발견하고자 하는 시도에 대한 언급들이 있습니다. 이 초원 수준에서는 평화롭게 사는 것이 어느 정도 가능하고, 지구는 평평하지 않으며, 사람들은 자신들이 우주 안에서 움직이는 물체, 즉 발견될 수 있고, 예측이 이루어질 수 있으며, 측정이 가능한, 그 자체의 법칙을 가진 하나의 체계 안에서 살고 있다는 것을 알게 되는 방식으로 지평선을 바라볼 수 있습니다. 그러므로 그 체계는 고대 천문학과 연결되어 있고 점성술과 관련되어 있습니다. 고고학자가 고대 문명을 하나씩 발견하듯이, 그들은 항상 점성학적인 아이디어들과, 태양, 달 그리고 별들의 움직임을 측정하는 방식들을 갖고 있었던 것으로 보이며, 자신들이 행성 체계의 일부로서 살고 있다는 인식을 갖고 있었던 것으로 보입니다.

행성 체계에 대한 이러한 아이디어는 여러 가지 점에서 종교의 기원을 구성하고 있고, 실제로 모든 것에 적용될 수 있습니다. 그들 각자의 자기가 이룩한 추상화의 수준이 어떤 것이든 상관없이, 그것은 개인들이 스스로를 조직하는 보편적인 방법인 것처럼 보입니다: 그들은 자신들을 행성 체계로서 조직합니다. 그리고 물론 인간 가족은 인간의 삶이라는 행성을 구성하는 단위체입니다: 아이들이 마치 부모가 그들의 특별한 행성 체계 안에 있는 해와 달인 것처럼 그들을 맴도는 것은 자연스런 일입니다. 그리고 만일 아이들 중의 어느 하나라도 이 행성 체계를 떠난다면, (말사 해리스와 내가 우리의 모델에서 서술하려고 시도했듯이)[4] 그들은 부모의 인력이 작용하는 행성 밖으로 떨어져 나가 키엘케고르가 "절망"이라고 부른 상태 안으로 들어가게 될 것입니다. 가장 절망스러운 상황은 물론 개인들이 인류에게서 벗어나 표류하는 정신분열적 유형의 질병을 앓는 것입니다. 그 때 그들은 그 어떤 것에도 참여하지 못하고, 아무것도 하지 않으며, 아무것도 경험하지 못하는, 정신적 사건들이 없는 진공 상태에 처하게 되는데, 이 상태는 가족의 행성 체계라는 자명한 사실에 대한 대체물로서의 망상들의 체계적인 형성을 불러옵니다.

오늘날, 이 가족이라는 행성 체계가 산산조각이 났다는 많은 우려가 있는 것이 사실입니다—이혼 가족의 증가로 인해 아이들이 하나의 행성 체계로부터 양부모들과 함께 하는 또 다른 행성 체계로 던져지거나, 방치로 인해 공동체의 책임에 떠맡겨지고 있다는 견해. 이러한 가족의 퇴화는 종교적 믿음이 퇴색한 데 따른—소위 니체 이후에 등장한 "신의 죽음"이라는 생각, 가톨릭 교회의 붕괴, 그리고 이런 저런 종류의 수많은 종교적 집단들의 출현—결과라고 여겨지고 있습니다. 그것은 버지니아(Ungar Virginia)5)가 그녀의 글에서 서술하듯이, 혼돈을 가져다주는 것

4) Meltzer & Harris, "A Psychoanalytic Model of the Child-in-the-Family-in-the-Community"(1976), in Hahn 1994 (ed,) 「Sincerity: Collected Papers of Donald Meltzer」. 이 책 4장에 실린 발췌문을 보시오.

5) 아르헨티나 정신분석가, 2017~2018년 IPA 회장.

처럼 보이며, 우리가 출생 이전이나 이후의 아기의 정신적 상태라고 추측하는 상태를 생각나게 합니다. 그러나 그것은 아마도 실제로 그렇게 드러나지는 않을 것입니다. 우리는 아기의 유전적 구조가 수백만 년의 세월을 지나면서 마련된 것이고 그것이 결코 혼돈스럽지 않다는 사실을 잊곤 합니다. 아이들이 스스로 적응하고 배우는 속도가, 발달이 무수히 많은 과거 세대들을 거치면서 프로그램된 것임을 말해주는 증거입니다. 거기에는 발달을 위한 뿌리들이 내재된 상태로 있습니다. 부모 돌봄의 기술들은, 가족 수준이든, 지역 수준이든, 정부 수준이든, 또는 다른 가정된 부모 상황이든 간에, 이러한 프로그램된 발달적 뿌리들이 이미 존재하다는 사실을 우리는 성찰할 필요가 있습니다. 부모의 기능은 발달의 진전을 처방하는 것이 아니라, 이러한 뿌리들로부터 시작되는 성장을 돕는 것입니다.

이제 나는 휴일로 인해 분석을 쉬기 두 주 전에 꾸었던 첫 번째 꿈을 남겨두고, 그로부터 두 주 후인 분석을 쉬기 이틀 전에 꾼 꿈을 제시해보겠습니다:

> *그녀는 매우 멋지게 만들어진, 일종의 유람선처럼 보이는 아주 크고 호화스런 배 안에 있었습니다. 그녀는 그 배의 바닥을 보고 있었는데, 특별히 멋진 목재, 놋쇠 장식 등에 대해 감탄하고 있었습니다. 그녀는 테이블들과 의자들 그리고 바가 있는 라운지처럼 보이는 곳—호화 유람선이 분명한—에 있었습니다. 그녀는 그곳에 다른 사람들이 있었는지는 기억하지 못하지만, 아마도 그랬던 것 같다고 생각하고 있습니다. 그녀는 갑판으로 나갔고, 갑판 위에서 뱃머리 쪽으로 가다가, 배의 앞쪽에 정교하게 가꾼 꽃밭이 있는 것을 발견하고는 놀랐습니다. 그것은 바다를 향해하는*

유람선에서 볼 수 있을 거라고 기대할 수 있는 종류의 것이 아니었습니다. 그러고 나서 그녀는 그 배의 뒤쪽을 따라 한 바퀴 돌았고, 묘비들이 있는 교회 마당을 발견하고는 또 한 번 놀랐습니다.

이 꿈에 대한 그녀의 연상은 그 배가 그녀가 살고 있는 지역의 운하에 접해 있는 조선소에서 실제로 건조되고 있는 배의 유형과 비슷하다는 것이었습니다. 그 배는 한 번에 하나씩 건조하는, 일종의 선박의 "롤스-로이스"라고 부를 수 있는 우아한 배였습니다. 하지만 그 운하는 긴 배들에게만 적합했고 이러한 "롤스-로이스"급 배가 지나가기에는 너무 좁았습니다. 그래서 한 척의 배가 완성되면, 그 배는 항해를 시작하기 전에 수마일 떨어진 그랜드 유니언 운하까지 크레인에 의해 옮겨져야만 했습니다.

이런 연상들은 멋진 유람선에 대한 그녀의 서술과 결합하였고, "바보들의 배", 즉 다양한 소설들—예를 들면, 캐더린 앤 포터(Katherine Anne Porter, 1962)와 같은 소설가가 쓴—의 주제였던 중세 시대의 배를 생각나게 했습니다. 이 우아하고 호화스런 실내 장식은 배의 앞부분에 있는 꽃밭을 생각나게 했지만, 또한 배의 뒤쪽에 있는 교회 마당의 묘비들도 생각나게 했습니다. 이것은 탄생 그리고 삶과 죽음에 대한 유비임이 분명했습니다: 당신은 자궁이 제공하는 우아한 안락함과 호화스러움 속에서 아홉 달을 살았고, 그 다음에 세상에 태어나 상대적으로 짧은 기간 동안 인생의 꽃을 피우지만, 불가피하게 무덤을 향해 나아갈 것입니다. 그것은 인간의 낙관론을 조롱한다는 점에서 바보들의 배입니다; 이 배의 설계와 설비가 모두 인간의 창의성의 문제임을 가리키고 있는데, 그것이 바로 낙관론이 조롱받는 방식입니다. 인간의 창의성이 꽃밭과 묘비들을 가진 이 배를 만들었습니다—

마치 갑작스러움 및 역설과 함께 대상들과 그림자들이 놀라운 방식으로 서로 떨어져 있는, 초현실주의적 그림처럼 말입니다.

이제 이 꿈을 첫 번째 꿈과 나란히 두고 생각해보십시오. 나는 여기에서 발견하는 것이 알레고리와 상징의 구별이라고 생각합니다. (그리고 나는 Meg에게 이것에 대해 논평해줄 것을 요청할 겁니다.) 내가 생각하는 알레고리는 신비스럽고 알려지지 않은 것을 알려진 요소들로 창의적으로 대체하는 것으로 이루어져 있습니다; 그것은 알려지지 않은 것을 이미 알려진 영역(인생은 어리석은 것이다 … 등등) 안으로 데려오는 척한다는 점에서, 일종의 속임수입니다. 다른 한편, 상징은 실제로 세계사를 포함하고 있는 첫 번째 꿈의 다양한 차원들처럼, 아무리 파헤친다고 해도 끝이 없는, 신비로 가득한 밑바닥(Bottom) 꿈과도 같습니다; 그것의 많은 층들은 단지 창의적인 표상이 아닙니다. 상징은 겸손함의 선물을 담고 있습니다; 여러분은 그것을 결코 완전하게 이해할 수 없을 거라는 사실을 아주 잘 알고 있습니다.

13장
개인적 진술들

멜라니 클라인과 함께 했던 분석에 관해서[1]

멜라니 클라인은 당시에 70대의 나이에도 불구하고 여전히 큰 모자들을 좋아하고 패션 감각이 있는 아름다운 여성이었다. 그녀는 헴스테드 지역의 전망 좋은 언덕에 위치한 상당히 큰 아파트 1층에서 도우미, 파타임 비서, 그리고 고양이와 함께 혼자 살고 있었다. 그녀는 환자인 나에게 매우 정중했지만 차갑지는 않았고, 항상 내가 말하는 것의 요지에 주의를 기울이면서 많은 것을 관찰하고 말했다. 붕괴, 파국 또는 비참한 시기에도 그녀는 매우 강하고 두려움을 모르는 여인인 것처럼 보였다. 나는 그녀가 공적인 상황들로 인해 공격적이고 경멸적일 수 있다는 것을 알고 있었지만, 회기들에서 그녀는 나에게 공격적이지도 경멸적이지도 않았다. 그녀는 유혹 또는 아첨에 대해서는 면역력을 갖고 있는 것처럼 보였지만, 피분석자에 대한 개인적 감정에 관해서는 매우 모호할 수 있었다. 그 결과, 여러 해에 걸친 분석에서

1) 출간되지 않은 편지에서 발췌된 내용임.

나는 결코 그녀가 나를 좋아한다거나 좋아해야 한다고 정말로 느낀 적이 없다. 그녀는 피아노를 쳤고, 대기실에는 그랜드 피아노가 있었는데, 나는 그것이 거기 있다는 것을 아는 데 몇 년이 걸렸다. 그녀의 고양이는 이따금씩 상담실 안으로 들어왔는데, 그것은 신경에 거슬렸다. 그녀는 약속 시간과 청구서와 휴일 날짜를 정확하게 지켰다. 그녀의 기억력은 마지막까지 놀라웠다.

고안(invention)과 발견(discovery)[2)]

곧 바로 재능과 천재성 사이의 구별로 우리를 인도하는 문제인, 고안과 발견이라는 진지한 문제로 되돌아가 보겠다. 재능은 내가 자라면서 가슴이 벅차오르도록 점점 더 명백해진 기적들 중의 하나이다. 나는 피에트로 델라 프란체스카(Pietro della Francesca)보다 그리고 우셀로(Uccello)보다 더 잘 그린, 다섯 살 반 된 자폐증 소녀의 말 그림들이 실린 그림책을 보고 있었는데, 그녀가 그 말들을 그린 것은 기적이었다. 그 말들은 근육으로 가득했고, 활력이 넘쳤다; 하지만 사진 속에 있는 그녀 자신의 모습은 전혀 생기가 없어보였다. 젊었을 때 나는 재능이 단지 좋은 가르침과 힘든 노력의 문제일 뿐이고, 만약 누군가가 끈질기게 노력한다면, 자신의 재능들을 발견할 것이라고 생각했었다. 하지만 그것이 그렇지 않다는 사실을 깨닫는 데는 오랜 시간이 걸렸다. 나는 좋은 스승들을 가졌고, 열심히 노력했지만, 나에게는 아

2) N. Field (ed.), 「Ten Lectures of Psychotherapy and Spirituality」 (2005), pp. 131-36에 실린“The role of projective identification in the formation of weltanschauung” 이라는 제목의 강연 원고임.

무 일도 일어나지 않았다. 일어난 일은 너무 하찮은 것이어서 언급할 가치도 없는 것으로 여겨졌다: 나는 내가 좋은 꿈 해석자라는 것을 발견했는데, 그것은 전적으로 하찮은 것으로 보였다—꿈들이 놀랍고 신비스런 것이며, 인간의 마음은 우리가 실제로 전혀 알지 못하는 것에 관한 것임을 우리에게 일깨워준다는 사실을 제외하고는 말이다.

나는 결코 태어난 적이 없는 아이들이 존재한다는 사실, 즉 태반에 의존하는 상태로부터 젖가슴에 의존하는 상태로 옮겨가지 못함으로써, 비온이 모성적 몽상과 관련해서 언급한 의사소통에 접근할 수 없는 아이들이 존재한다는 사실을 발견했다. 확실히 나는 태어나는 데 실패한 아이들을 만나보았다고 생각한다. 그들 중의 일부는 과잉행동으로 불리고 있는데, 그들은 상징형성과 사고의 영역에서 전적인 무능을 드러내는 부류의 아이들이다. 그런 일이 어떻게 일어나는 것인지에 대해서, 나는 말할 수 있는 것이 없다.

하지만 그런 일이 일어나지 않는 이유에 대해서는 무언가를 말할 수 있다. 나는 내가 어린 아이들의 창조성에 대해 무언가를 발견했다고 생각하며, 그것이 그들의 초기 배설 경험과 연결되어 있는 방식에 대해 알고 있다고 생각한다: 어린 아이가 제대로 된 대변을 만들어내는 것이 성취와 승리이고, 이런 성취가 인정받을 필요가 있다는 것뿐만 아니라. 대부분의 엄마들은 자동적으로 이 성취를 알아본다는 것을 알고 있다. 그러나 엄마들은 사실상 그것의 기술적인 부분을 알지는 못한다. 좋은 냄새가 나는 대변처럼 잘-익은 대변을 생산하기 위해 아이는 무엇을 해야 하고 무엇을 하지 말아야 하는가? 사람들은 다음과 같은 사실들을 발견한다: 변비에 걸린 아이들에게서 볼 수 있는 지연된 배설의 역할; 배설 욕구가 별로 강한 것이 아니어서 배설을 지연시킬 수 있게 되는 바람에 너무 오랫동안 지연시키는 문제와 배설 욕구를 알아차리기 전에 바지에 변을 지리는 문제—그럴 때 아이는 바지에다 배설할 뿐만 아니라, 배설물의 냄새 또한 고약하다. 그 아이가 명백하게 발견해야 하는 것은 배설을 지연시키는 것이 아니라, 그 반대의 것, 즉 그의 배설 기관들이 잘-익은 대변을 생산할 수 있는 준비를 갖출 때까지 참을성 있게 기다리는 것이다.

이제 이것은, 마치 큐피드의 화살처럼, 실제로 동일시의 문제로 그리고, 내 생각에는, 사랑의 문제로 우리를 다시 데려다준다. 잘-익은 달콤한 냄새가 나는 대변을 산출하는 것은 사랑의 선물이다. 그리고 그렇게 할 수 없는 것은 아이들에게 끔찍한 고문이다. 그것은 나 자신의 삶의 경험, 즉 나로 하여금 나 자신 안에서 발견한 재능인 꿈을 해석할 수 있는 능력 배후에 놓인 경험에 관해 생각하게 만든다. 그리고 나는 그 재능이 내가 멜라니 클라인과의 사랑에 빠졌고, 그녀와의 분석을 받기로 결심했으며, 마치 활을 떠난 화살처럼 그녀에게 접근한 데 따른 결과로서 생겨났다는 생각에 도달한다. 그것은 욕망의 문제가 아니라, 삶과 죽음의 문제이다.

꿈 풍경[3)]

내 자신의 작업은 임상에 초점이 맞추어져 있고, 그것을 글로 쓰는 일에서 나는 그다지 상상적이지 못하다. 나는 상담실 안에

3) 출간되지 않은 편지에서 가져온 것임.

서만 충분히 상상력이 넘치는 사람이고, 따라서 나는 상담실에서 과학적이기보다는 예술적으로 작업한다. 꿈은 나의 풍경이다.

생각하는 젖가슴에 관하여[4)]

내가 다루고자 하는 두 명의 환자들에게서 두드러진 점은 그들이 의존을 거부하는 것이다. 여성 환자의 경우, 그 거부가 그다지 명백해 보이지 않는다; 그것은 마치 혼자서 모든 것을 해내려고 시도하는 데 따른, 일종의 분리를 견디지 못하는 문제인 것처럼 보인다. 첫 번째 환자인 남자 환자는 훨씬 더 과대적이고, 자신의 독립성을 주장하는 데 있어서 훨씬 더 오만해 보인다. 다른 사람의 입 안에 불붙은 성냥을 던져넣는 것을 통해서 그의 다른 자기(그의 형을 나타내는)를 죽이려고 시도하는 그의 꿈은 새로운 아이디어—새로운 아이디어를 주는 누군가—를 수용하는 것이 무엇을 의미하는지를 이해하지 못하는 그의 어려움에 대해 무언가를 말해주는 것처럼 보인다. 그의 관계 모델은 항상 대상이 그에게 의존해야만 하고, 그리고 그 대상이 그의 놀라운 작은 입—젖가슴 안으로 침을 분비하고 그로 하여금 폭스 트롯(fox trot)[5)]을 배울 수 있게 하는—에 의존해야만 하는 것이었다[꿈에서 드러났듯이]. 이것은 나에게 의존 문제의 본성을 명료하게 보여주었다.

---

4) 출간되지 않은 "Thought disorders"라는 제목의 강연 원고임, R. Oelsner에 의해 번역됨.

5) 볼룸 댄스의 한 유형.

우리가 항상 가정해왔다고 여겨지는 의존 모델은 엄마와 젖가슴에 대한 아기의 관계 모델이었고, 또한 그것은 이러한 마돈나와 아기를 보호해주는 아버지 역할의 일부를 포함하고 있었다. 그런데 비온은 알파 기능을 수행하고, 생각하는 데 필요한 상징들을 창조하는 역할을 하는, "생각하는 젖가슴"이라고 불리는, 젖가슴의 다른 기능이 존재한다고 제안했다. 이것이 의존의 중심적인 문제인 것 같다. 그것은 단순히 담아주기, 보호해주기, 위안 또는 쾌락 등의 문제가 아니다. 그것은 대상이 이 특별한 기능, 즉 꿈꾸기와 사고를 가능케 하는 상징들을 창조하는 기능을 수행할 수 있는가의 문제이다. 그것이 첫 번째 환자의 꿈에서는, 자신의 입속으로 불붙은 성냥 개피를 던져넣는 특별한 방식으로 또는 자신을 죽이려는 의도를 가진 또 다른 방식으로 표상되었다. … 그 이미지는 정말로 약간의 생각하기를 감당하는 것으로 보인다. 그것은 단순히 성냥불 붙이기와 젖가슴 불붙이기에 대한 말장난이 아니다. 거기에는 점화(點火)와 갑작스런 발화(發火) 등에 대한 무언가가 있다. 우리는 불에 관해서 매우 세련되어 있기 때문에, 실제로 불을 만들 수 있다는 것이 얼마나 소중한 것인지 기억하지 않는다. 나는 우리가 신들에게서 받은 이 선물을 기억하기 위해서 그리스 신화로 거슬러 올라갈 필요가 있다고 생각한다. 환자의 마음속에 불을 지피는 것이 분석가의 역할인 것 같다. 그것은 우리 모두가 근본적으로 할 수 없다고 느끼는 어떤 것이다. 우리는 사람들의 마음속에 불을 지피는 것은 말할 것도 없이, 저녁식사 테이블에서의 흥미로운 대화조차도 할 수 없다. 전이가 없다면, 우리는 우리의 환자들을 돕는 데 완전히 무기력할 것이다. 우리로 하여금 환자들을 위해 그들의 사고의 발달에 필수적인 기능들을 수행할 수 있게 해주는 것은 그러한 내적 대상들로부터 오는 전이이다.

종교와 정신분석[6]

모든 신학적 및 철학적인 체계가 씨름해온 문제는 마침내 심리적 현실(psychic reality)[7]에서 그것의 적절한 현장(venue)을 발견하게 되었다. 신의 존재에 대한 새로운 증거가 전혀 뜻하지 않게 본질적으로 성상파괴적인 방법을 통해서 생겨났다. 그 방법은 성상을 파괴하면서 동시에 신의 개념을 개인의 마음과 융합시켰고, 따라서 개인의 참여 너머에 있는 사회적 제도로서의 종교의 가능성에 영구적으로 종지부를 찍었다. 신은 외부 세계에서 죽었고, 내면에서 되살려졌는데, 하지만 우리가 알고 있듯이, 애도를 통해서만 되살려질 수 있었다. 만약 한 유대인이[8] 종교개혁을 그것의 논리적 종착점까지 수행한 것으로 드러난다면, 그것은 재미있는 역사적 농담일 것이다. 마음의 최상의 측면이 자기 너머에 있는데 반해, 자기는 의존을 통해서 그것의 내적 대상들과의 관계 안에서 진화해야 하고, 복종을 향해 성숙해야 하며, 고취된 독립의 수용에서 종결에 도달해야 한다는 점에서, 역설은 그대로 남아있다. 내적 대상들의 후원 하에!

경험된 종교(revealed religion)의 시작[9]

이것은 신생아의 초심리학을 공식화하기 위한 시도이다: 신생

---

6) 「Sexual States of Mind」(1973), p. 78에서 발췌된 내용임.

7) 바르셀로나 정신분석 그룹을 위해 씌어진 "A reverie of the baby's interior preoccupation"에서 가져온 표현임.

8) 역주: 여기에서 말하는 한 유대인은 프로이트를 가리키고 있는 것으로 보임.

아는 엄마의 정신성을 알지 못한 채, 수유와 수유 사이에 혼자 있으며, 엄마의 서비스의 리듬에 의해서만 훈련이 가능하고, 감각에 매어 있어서 상징을 형성할 수 없고, 의미 있는 꿈을 꿀 수 없으며, 심지어 선형적이지 못하고, 혼돈의 언저리를 맴돌고 있으며, 기껏해야 회상 안에서 일화적일 수 있는 존재이다. 설령 이 이야기가 마치 창세기의 스토리처럼 들린다고 해도, 놀랄 것이 없다. 최초에 수유가 있었다. 우리의 생존은 양극성(polarity)[10]에 주의를 기울이는 것에 의한 지능의 활성화(galvanizing of intelligence)에 달려있다. 왜냐하면 태초에 형태 없는 무한이 있었던 것이 아니라, 영양분을 공급해주는 일차적 대상으로서의 태반이 있었기 때문이다. 우리는 이것을 놀라움의 경험이라고 부를 수 있고, 또한 창세기를 탄생과 함께 시작되는 과정인 동시에 젖가슴을 발견하는 것에 대한 놀라움의 이야기로서 볼 수 있을 뿐만 아니라, 외부의 지능을 발견하는 놀라운 경험에 의해 공황 상태로부터 구원받는 과정으로서, 즉 경험된 종교의 시작으로서 다시 쓸 수 있을 것이다. 서술된 모든 기능들은 외적인 지능과의 동일시가 빚어낸 열매들이다. 처음에 대상관계와 동일시는 동시적이다.

제도화된 종교[11]

정신분석적 과정은 만들어낸 과정이라기보다는 발견되고 발

---

9) 바르셀로나 정신분석 그룹을 위해 씌어진 "A reverie of the baby's interior preoccupation"에서 발췌된 영어로 출간되지 않은 내용임.

10) 역주: 아름다움과 추함, 좋음과 나쁨 같은 분열과-이상화의 작용에 따른 산물.

11) 1960년대 후반부에 작성된 미출간 논문, "Conflicts within the analytic community"에서 발췌된 내용임.

달해온 자연적인 과정이다. 그 과정은 사람들로 하여금 그들의 유아기 갈등을 재경험할 수 있게 하고, 더 나은 해결을 통해 그것들을 작업해낼 수 있는 새로운 기회를 허용하기 위해 전이를 사용하는 것을 포함하는데, 그것은 세상에서 전혀 새로운 것이 아니다. 내 생각에, 정신분석의 역사는 무엇보다도 여러 세기들에 걸친 가족생활의 역사이며 또한 여러 세기들에 걸친 종교의 역사이기도 하다. 왜냐하면 종교는 항상 이러한 부모의 상황을 제도화해왔던 것으로 보이기 때문이다. 성인들은 그러한 제도화를 통해서 그들의 내적 관계들을 보존하고, 또 가능하다면 그것들을 개선하기 위해서 외부 세계 안에서 부모 인물들을 나타내는 대상들과의 관계 안에서 그들의 내적 상황에 대처하고 그것을 반복해서 작업해내려고 시도해왔다. 물론 종교의 역사가, 종교적 가르침이 오용되고, 종교가 이런 저런 종류의 억압과 통제를 위한 제도로 전환됨으로써 본래의 목적의 실패로 귀착되는 일들로 가득한 것이 사실이지만, 그런 것들은 종교 제도들의 기반을 이루고 있는 가르침들과는 전적으로 다른 것이다.

정신분석학은, 역사 안의 모든 종교들과는 대조적으로, 이 대상들을 최종적으로 외부 대상이 아니라 내적 대상들로서 분명히 위치시켰다는 점에서, 종교가 아니다. 하지만 정신분석학에는 항상 이것을 망각한 채, 정신분석학을 사고를 통제하고 군림하는 조직으로 전환시키는 방향으로 나아가고자 하는 위험한 경향성이 있다.

이상화의 사용[12)]

이상화된 부모들은 심지어 그들의 나쁨 안에서조차도 유아기 투사적 동일시들(청소년의 특질을 가진)에 의해 방해받지 않은, 내적 대상들의 발달을 가능케 하는 좋음을 보여준다. 좋음과 나쁨 사이의 구획화를 견고하게 확립하는 것은 진실됨, 좋음 그리고 지혜의 무한성, 즉 신성으로 추정되는, 이 부모 인물들의 마음의 특질들의 진화를 위한 전제조건인 것처럼 보인다.

아동 심리치료 훈련의 원리에 대하여[13)]

나는 정신분석협회나 심지어 정신분석가라는 직업 자체가 있기 전부터 이 직업과의 오랜 인연을 유지해오면서, 이 직업이 빅 여사의 지도하에 타비스톡에서 아주 작게 시작하는 것과, 말사 해리스의 지도하에 꽃을 피우는 것을 지켜보았다. 말사 해리스는 남편인 롤랜드 해리스(Roland Harris)의 현명한 조언을 따라, "격려와 고취"(enabling and inspiring)를 교육의 원리로 삼는 프로그램을 계획하고 실행했다.

이 두 원리는, 긍정적인 측면과 부정적인 측면 모두에서, 다중적인 결과들을 발생시켰다. 그것들은 열심히 연구하도록 격려하고, 어려움에 처한 학생들을 지원하며, 학생들 사이에서와 직원들과의 관계에서 친절한 관심을 갖는 학풍(esprit)을 북돋우기 위한 것이었다. 똑 같이 중요한 목표로서, 그 두 원리는 엘리트주

12) 「The Claustrum」(1992), p. 66에서 발췌한 내용임.
13) 아동 심리치료협회에 보낸 공개서한에서 가져온 미출간된 내용, 1992.

의, 경쟁 그리고 과시주의를 저지하고, 복종과 박해 불안을 최소화하기 위한 것이었다.

마티(Mattie)의 고무적인 본보기를 따라, 타비스톡 훈련과정은 꽃을 피웠고, 유럽과 남미에서 새롭게 유행한 아동분석 모델이 되었다. 개방적으로 학생을 선발하고, 교사들에 대해 간섭하지 않으며, 힘든 과정을 마친 즉시 자격을 부여하는 정책은 명백히 성공적이었다. 그녀가 은퇴해서 시니어 지도교수로 있는 동안에, 그녀의 기능들은, 점점 더 증가하는 분석가 훈련을 위한 과제로 인해 압력을 받고 있는, 다른 경력자들 집단에 의해 수행되었다. 위원회-구성(committee-formation)이라는 기치 하에, 제도화의 물결이 숨어 들어오기 시작했다.

"위원회가 어때서요?"라고 질문할 수 있을 것이다. 나는 내 경험에 기초해서 나의 정직한 견해를 말할 것이다. 위원회는 책임을 민주적으로 공유한다는 구실 하에 불가피하게 무책임한 독재를 위한 가면이 된다. 그것이 위원회의 장점이자 단점이다. 위원회가 번창하는 곳에서 정신은 복종으로 인도하고, 열정은 야망에 밀려나며, 진실은 숨기 시작한다. 위원회들은 격려와 고무가 끼어들 수 없는 기능들을 기분 좋게 떠맡는다. 그것은 표준을 따르고 기관의 품격을 추구한다는 이름으로 행해진다. 이 유혹적인 가면 아래 개인 멤버는 피난처를 찾도록 초대받는다. 무엇으로부터의 피난처인가? 동료들의 부적절한 행동으로부터인가? 그렇다면 당신 자신의 작업의 질을 보라. 법정이나 입법가들에 의한 박해로부터인가? 그렇다면 당신 자신의 작업 윤리를 돌아보라. 왜냐하면 당신이 확실히 개인의 책임감을 희생시키고 집단의 정체성 안에서 피난처를 찾는 만큼, 당신은 겁먹은 눈으로 미래를 응시하고 현재의 과제들에 태만한 채 박해 불안에 의해 시달릴 것이기 때문이다.

슈퍼비전의 본성에 대하여[14)]

M.B.O.: 당신은 슈퍼비전을 환자에 대한 최상의 시각(super vision), 또는 매우 특별한 시각이라고 생각하시는지요?

D.M.: 아시겠지만, 정신분석 초기에는 슈퍼비전을 끔찍스런 명칭인 "컨트럴" 케이스—슈퍼바이저가 분석가를 통제해야 한다는 의미에서—라고 불렀습니다; 처음부터 학생들은 통제받는 것을 싫어했죠. 슈퍼바이저는 젊은 분석가나 학생보다도 경험이 많아야 한다는 의미에서, 그의 견해는 최상의 것이었습니다; 슈퍼비전에서 거의 모든 슈퍼바이저는 실제로 그의 경험에 대한 증거를 보여주어야만 합니다. 왜냐하면 우리는 수학화하거나 수량화할 수 있는 종류의 과학적인 작업을 하고 있지 않기 때문입니다. 우리는 사물의 질에 대해서,특히 정서의 질에 대해서 작업하고 있습니다.그리고 물론 우리 모두는 삶의 경험을 갖고 있습니다.

여러 가지 점에서, 나이든 사람들은 그들의 풍부한 인생 경험 때문에 젊은 사람들보다 현명할 것을 기대 받습니다. 그리고 그들은 일반적으로 젊은 사람들보다 현명합니다. 나이든 분석가들은 확실히 더 많은 임상적 상황들을 경험했고, 따라서 한 분석적 상황과 다른 분석적 상황 사이의 차이를 구별하는 데 더 풍부한 능력을 갖고 있을 것을 기대 받고, 또 실제로 그런 능력을 갖고 있습니다; 그리고 이것이 그들이 기여하는 것, 또는 기여해야만 하는 것입니다.

슈퍼비전이 수유 상황이 되어야만 한다는 것이 정신분석의

---

14) R. & M.B. Oelsner가 멜처와 인터뷰한 내용인 "On the nature of supervision"에서 발췌한 내용으로서, 「British Journal of Psychotherapy」(2005), Vol. 21(3), pp. 455-61에 게재되었음.

정신에 잘 부합되는 생각입니다. 그러나 그것은 강요된 수유 상황이 아니라, 슈퍼바이저가 제공한 것을 학생이나 슈퍼바이지가 자신에게 맞는 것을 선택하는 종류의 수유 상황이어야 합니다. 슈퍼비전을, 그것을 받는 사람이 먹을 수 있는 것으로 만드는 일은 실제로 임상적 자료에 대한 슈퍼바이저의 아이디어와 풍부함과 힘에 맡겨져야 한다고 나는 생각합니다. 이런 이유로, 슈퍼바이저는 이론적 상황들을 맴돌 것이 아니라, 임상적 자료에 매달리는 것이 매우 중요합니다. 나의 견해로는, 이론적 고려들은 수업시간이나 세미나 등에서 다루어야 하는 것입니다.

물론 그러기 위해서는 슈퍼바이저를 찾아오는 사람이 주의깊게 준비된 자료를 가져와야 합니다. 가장 좋은 것은, 여러분이 여기에서 그렇게 하듯이, 구어체의 언어와 문어체의 언어를 동시에 사용하는 형태인데, 그럴 때 슈퍼바이저는 자신이 읽는 것과 듣는 것 사이의 상호작용을 포착할 수 있습니다. 심지어 사용되는 언어가 외국어일 경우에도, 다시 말해서 불어나 스페인어나 이태리어를 들으면서 그 언어와 목소리가 제공하는 음악을 번역된 문장과 함께 듣는다면, 그것은 임상적 상황에 대한 매우 풍부한 인상을 줄 수 있습니다.

나에게는 환자의 모습이 어떤지와 그가 어떻게 행동하는지에 대한 시각적 느낌을 얻는 것이, 그래서 내가 진행되고 있는 분석적 상황에 상상력을 갖고서 실제로 참여할 수 있게 되는 것이 마찬가지로 중요합니다. 만약 그런 식으로 행해진다면, 슈퍼비전은 매우 즐거운 일이 될 수 있고, 분석가는 실제로 스트레스를 받지 않을 것입니다. 그것은 전선(戰線)에서 멀리 떨어진 후방에 있는 장군이 되는 것과는 전혀 다른 것이며, 슈퍼바이저가 치료사에게로 가는 정서적 불안을 전달하는 자가 되지 않는 한, 상상력이 넘치는 일입니다. 슈퍼비전에서 우리는 임상적 상황에 대한 두 번째 핵심적인 또는 파생적인 그림을 얻습니다.

그럴 때 이것은 또 다른 문제, 즉 환자들이 정직한 자료를 가져올 수 있기 위해서는 슈퍼바이저가 위협적이지 않은 존재가 되어야 한다는 문제에 대한 고려에로 인도합니다. 슈퍼바이저가 제공한 해석들을 정확하고 적절한 것으로 보이게 만들기 위해, 자료를 손보고, 이발사가 머리를 다듬듯이 다듬는 일이 너무 쉽게 일어납니다. 나는 종종 사람들에게 그들이 정말로 시도해야 하는 것은 해석보다는 주로 임상적 자료를 제공하는 것이라고 말합니다. 젊은 사람들은 자신들의 해석에 대해 매우 수줍어하고, 그것들을 슈퍼바이저에게 말하는 순간에 위협적이라고 느낍니다. 따라서 학생들의 경우에, 나는 항상 그들에게 자료만을 제시하도록 격려하고, 어떤 의미에서든 탁상공론을 하듯이 그들의 해석들을 판단하지 않으면서, 그 자료에 대해 생각해보고, 상상력을 가지고 그 자료 안으로 들어가려고 노력하는 편입니다.

물론 이것은 부분적으로 내가 해석들을 정신분석 역사 안에서 전통적으로 견지해왔던 것만큼 중요하게 생각하고 있지 않기 때문입니다. 나는 분석가와 환자 사이의 관계가 단지 말뿐만 아니라 음악에도 마찬가지로 담겨 있다고 생각합니다. 그것은 대단히 중요하며, 거기에는 여러분들이 슈퍼바이저로서 그 음악을 여러분 자신의 음악을 통해 약간 감미로운 것으로 만들기 위해 노력하는 것 외에는 할 수 있는 것이 아무것도 없습니다. 나는 여러분들이 사물들을 친절하고 유머스럽게 바라볼 때, 그것은 여러분들의 목소리 안에서 표현되고, 환자에게 전달되며, 분위기를 활성화시키는 방식으로 작용한다고 생각합니다. 여러분들은 단지 분위기를 제시할 수 있을 뿐입니다.

이것이 슈퍼비전에 대한 나의 생각입니다. 여러분들이 볼 수 있는 것은 음악의 대가가 가르치는 교실의 장면이 아닙니다. 그것은 좀 더 많은 참여가 이루어지는 것입니다—오케스트라에서 연주하는 것에 더 가까운 것; 단지 기여하는 것 […]. 나는 인간의 언어와 인간의 목소리의 음악이 매우 근본적인 것(primal)이라고 생각합니다. 엄마의 음악은 아기에게 전달됩니다. 전이의 심화는 이 음악에 크게 달려있고 여러분들이 해석에 의해 소통할 수 있는 지적인 통찰에 훨씬 더 적게 달려있습니다.

역전이와 "그것을 보여주기"에 대하여[15)]

역전이는 정신분석에서 모든 것입니다. 분석가는 역전이를 의사소통해서는 안 된다는 과거의 아이디어는 환상입니다. 여러분은 여러분의 목소리의 음악을 통해서 항상 그것을 의사소통하고 있습니다. 여러분은 여러분의 음악에 관해 좀 조심해야 합니다. 왜냐하면 그래야만 역전이가 폭군적이거나 너무 교육적인 것이 되지 않을 수 있기 때문입니다. 그러나 역전이를 숨길 수 있는 방법은 없습니다. 여러분은 과도함을 피하기 위해 그것을 조절할 수 있을 뿐입니다. 그것은 절대적으로 환자가 듣는 것입니다: 그는 역전이를 듣습니다. 그가 해석을 통해서 듣는 의미는 이차적인 것입니다.

15) "On the nature of supervision"에서 발췌된 내용임.

역전이를 보여주기[16)]

「미래에 대한 비망록」 제3권에 담긴 메시지들 중의 하나는 사고가 발달하기 위해서는 의사소통이 필요하다는 것입니다. 사고를 현실에서 시험하는 데는 행동화를 필요로 하지 않습니다. 그것은 우리를 사고의 한계와 의사소통의 한계로 데려다줍니다. 의사소통에 한계가 있다는 것, 말로 할 수 있는 것에 한계가 있다는 것은 아마도 사실일 것입니다. 그러나 역전이를 말하는 것이 유일한 의사소통의 형태는 아닙니다. 거기에는 또한 행동화가 아닌 방식으로, 즉 행동이 아닌 방식으로 그것을 보여줄 수 있는 가능성이 있습니다. 어떻게 우리는 그것을 보여주는 것과 역전이 안에서 행동화(회기 안과 밖에서)하는 것을 구별할 수 있을까요? 나는 그 물음에 대한 답이 보여주기와 관련해서 여러분이 여러분 자신 안에서 분별할 수 있는 의도 안에 있다고 봅니다.

이것은 역전이와 관련되어 있고, 분석가가 얼마나 많은 역전이를 사고 발달의 필수적인 요소인 의사소통 과정의 일부로서 환자에게 보여주는가와 관련되어 있습니다. 나는 분석가가 의도하는 것보다 훨씬 더 많이 자신의 역전이를 환자에게 보여준다는 것과, 민감하고 세련된 환자가 분석가의 정서적 상태를 매우 정확하게 짚어낸다는 것이 사실이라고 봅니다. 그리고 그것이 우리가 접촉이라고 부르는 모체(matrix)의 일부입니다. 텅 빈 화면이라는 과거의 이상적인 목표는 신화일 뿐이며, 바람직한 것이 아닙니다.

우리는 이것들을 아동 분석에서 배우는데, 그 이유는 아동 분

---

16) 1995년에 부에노스 아이레스에스 행한 강연 내용임. R. Oelsner에 의해 번역된 미출간 원고.

석에서 많은 보여주기가 사용되기 때문입니다. 아이들과 분석적 상황을 확립하기 위해서 분석가는 불가피하게 자신의 역전이를 많이 보여주어야만 합니다. 분석가는 아이를 단순히 방안에 머무르게 하는 데에도 자신의 많은 감정들을 보여줄 필요가 있습니다.

관찰과 역-꿈꾸기에 대하여[17)]

첫 번째 단계는 "관찰 상태"가 본질적으로 쉬는 상태임을 인정하는 것이다. 두 번째 단계는 그것이 또한 높은 수준으로 깨어있는 상태임을 인정하는 것이다. 나는 그것을 밤중에 하얀 꼬리털에서 반사되는 섬광과 함께 어둠속에서 풀을 뜯고 있는 사슴이 나타나기를 기다리는 것에 비교한다. 이 밤중에 깨어있는 사람은 사냥감의 움직임에, 즉 인내심과 함께 "틀이 만들어지기 전"의 갓 생겨난 의미의 패턴이 형성되는 것을 볼 수 있는 부분-대상의 미세한 움직임들에 민감하다. 이러한 틀이 만들어지기 이전의 갓 생겨난 의미를 포획하는 것이, 개연성과 상관없이, "가능성에 열려있는" 수용적 상상력의 기능이다. 긴장감으로 가득 차 있기에 그것은 필수적으로 피곤하게 만들고, 심지어 지치게 만든다. 하지만 그것은 시를 발생시키는 자이다.

---

17) M. H. Williams의 「The Vale of Soulmaking」(2005), pp. 181-82에서 발췌한 내용임.

역-꿈꾸기(counter-dreaming)

역-꿈꾸기 기술을 설명하기란 어렵다. 환자가 말을 하는 동안에 잠이 드는 것으로는 충분하지 않다. 그것은 자료의 전체를 이해하고, 초점을 맞추고, 해석의 형태를 선택한 다음, 만족스러운 상태(쉼)를 기다리는 과정을 필요로 한다. 자료를 기억하는 것은 필수적이고, 지치게 하며, 불안으로 가득하다. 논쟁적일 수 있는 기회들은 넘치고, 논쟁을 초청하는데, 그것은 분석가를 피곤하게 만드는 또 다른 영역이다. 그것은 모두 조롱에 열려있다 … 그것은 분석가가 박해의 "전체 범위"를 통과해야 하는 것에 해당된다. 능력(그리고 신앙)에 대한 시험으로서, 그것의 결과는 피로와 짜증스러움이다. 이것이 저항 또는 철수와 같은 용어에 실체를 준다.

행운을 빕니다[18)]

분석에서 여러분은 항상 무슨 일이 일어나고 있는지, 아니면 아무 일도 있어나고 있지 않는지를 알기 위해 기다려야만 합니다. 이곳이 바로 신비가 놓여 있는 곳입니다: 신비스런 어떤 일이 일어났고, 분석가와 환자에 의해 창조된 이 공간 안에서, 즉 이 심리적 현실의 신화적 공간 안에서 일어났습니다. 환자는 전에는 결코 발견해본 적이 없는 경험들을 발견하고, 분석가에게 자신이 전에는 그런 경험을 해본 적이 없다고 말합니다; 그리고 분

18) 2002년도에 바르셀로나에서 열린 컨퍼런스에서 발표된 강의 원고로서, R. Castella, C. Tabbia & L. Farre (eds), 「Supervision with Donald Meltzer」(2003), pp. 317-18에 "Good luck"이라는 제목으로 게재되었음.

석가는 그 말을 믿는데, 그것은 그가 어떤 일이 발생했다고 믿고 싶기 때문입니다. 발생한 그것은 실제로 정의할 수 없는 것이지만, 비온이 말하는 기억과 욕망이 없는 공간—더 정확하게는 무지라고 불리는—안에서 일어난 것으로서, 일종의 쉼(relaxation)과 그것 자체의 추진력(momentum)을 갖고 있는 것이고, 또한 분석 과정—말을 넘어서는 표현 수단을 발견하는—에 대한 신뢰를 필요로 하는 것입니다.

[…]

바로 그것입니다. 적은 후퇴하고 있습니다—여러분의 지혜 때문에 후퇴하는 것이 아니라 그들의 어리석음으로부터, 그리고 얼어붙은 공간을 사로잡고 그 공간 안에서 스스로를 얼어붙게 하려는 그들의 시도로부터 후퇴하고 있습니다. 그것이 여러분들이 하고 있는 게임입니다. 이제 이런 종류의 게임에서 살아남는 것은 행운이라고 불리는 것에 달려 있습니다. 행운을 빕니다. 그리고 "행운"이라는 말을 바꾸어 말한다면, 그것은 좋은 대상들을 신뢰하는 것을 의미합니다. 여러분이 결코 계획할 수 없었던, 그리고 여러분의 모든 영리함과 창의성에도 불구하고 발생한 살아남는 행운이 있기를 빕니다.

멜처의 저서들과 개념들

멜처의 저서들

1967 The Psychoanalytical Process

이 과정은 전이를 모으는 것으로부터 시작해서, 지형학적 및 지대적 혼동들을 정리하는 작업을 거쳐 우울적 자리의 문턱에 도달할 때까지 진전한 다음, 이유 과정에 의해 완성된다.

1971 Sincerity: a study in the atmosphere of human relations

임상적 자료와 해롤드 핀터의 세 개의 극들의 맥락에서, 거짓말과, "진정성"을 가질 수 없는 무능을 구별한다(1994년에 Hahn[ed.]에 의해 최초로 출간되었음).

1973 Sexual States of Mind

성(性)은 근저의 무의식적인 원색 장면 환상을 따라 마음의 아동적, 성인적, 또는 변태적 상태들에서 모습을 드러낸다.

1975 Explorations in Autism (John Bremner, Shirley Hoxter, Doreen Weddell, Isca Wittenberg 공저)

멜처가 슈퍼비전을 수행한 아동 사례들에 대한 서술로서, 정신적 공간 안에서 대상들에 의한 강렬한 정서적 충격을 완화하려는 시도들을 감동적으로 보여준다. 이는 자폐증뿐만 아니라 정신적 갈등 일반에 대한 우리의 이해와도 관련되어 있다.

1976 A psychoanalytical model of the child-in-te-family-in-the-community (Martha Harris와 공저); Hahn(ed.), 1994.

비온의 "경험에서 배우기"를 가족과 교육 상황에 적용한 것으로서, 내적 차원성과 정신적 및 사회적 기구의 유형들에 대한 분석을 담고 있다.

1978 The Kleinian Development(1권, 프로이트의 임상적 발달; 2권, 리챠드 사례에 대한 주간별 검토; 3권, 비온의 작업이 갖는 임상적 의미)

정신분석의 역사에 대한 강의들은 원래 타비스톡 클리닉의 학생들을 위해 행해진 것이다. 멜처는 이 사고의 흐름이 내재적으로 논리적인 것으로 보지만, 이론가로서의 프로이트와 임상가로서의 프로이트 사이에 분열이 존재한다고 본다. 클라인은 신학적 모델을 첨가했고; 비온은 인식론적인 모델을 첨가했다.

1983 Dream Life: a re-examination of the psychoanalytical theory and technique

꿈은 단순히 해독되어야 할 수수께끼, 과거 외상, 또는 소망-성취의 결과가 아니라, 내적으로나 외적으로 스스로 현실을 지향하려는 정신의 시도이다.

1986 Studies in Extended Metapsychology: clinical applications of Bion' s ideas

집단 안에서와 개인 안에서, 사고하는 정신과 사고하지 않는 정신 사이의 본질적인 구별을 강조한다. 동료들이 수행한 초기 아동기부터 그 이후 시기까지 다양하게 분포되어 있는 임상 사례들에 대한 논의가 포함되어 있다.

1988 The Apprehension of Beauty: the role of aesthetic conflict in development, art and violence (Meg Harris Williams와 공저)

미적 갈등은 탄생 시에 엄마의 무드와 행동의 수수께끼에 대한 반응에서 시작된다. 이 책은 미적 대상으로서의 정신분석적 과정이 지닌 함축들을 추구하며, 문학 비평에 대한 유비들과 함께 예술의 한 형태로서의 정신분석이라는 관념을 소개한다.

1992 The Claustrum: an investigation of claustrophobic phenomena

생명 본능과 죽음 본능의 작용 대신에, 멜처는 구획화된 내적 엄마 안에 거주하는 환상들과 관련된 세 개의 뚜렷한 자기애적 세계에 대해 말한다.

멜처의 정신분석적 개념들

미리-형성된 전이와 전이 모으기

의사소통을 가로막거나 분석가를 유혹할 수 있는, 피분석자에 의한 선입견을 진정한 전이(현재 관계)와 구별한다. (The Psychoanalytic Process)

변기-젖가슴

가장 초기 대상으로서의 젖가슴의 본질적 기능. (The Psychoanalytic Process)

투사적 및 침범적 동일시

엄마/대상을 통제하려는 병리적 시도로부터 의사소통적인 투사적 동일시(발달에 필수적인)를 구별한다. (Studies in Extended Metapsychology)

점착성 동일시

자신들의 대상을 "해체하는"(dismantle) 자폐 아동들과의 작업에 의해 조명된 빅의 개념. (Explorations in Autism)

미적 갈등

시적 개념; 정신적 발달을 위한 열쇠로 간주됨. 타고난 생명 본능과 죽음 본능 대신에 탄생 시부터 시작되는 엄마/대상에 대한 사랑과 증오 사이의 긴장이 있다. (The Apprehension of Beauty)

결합된 대상

클라인에 의해 관찰되고 공식화된 개념으로서, 그녀는 그것을 어둡고 압도하는 개념으로 제시했다; 이것은 멜처에 의해 "파국적 변화"라는 비온의 개념과의 연결을 통해 필수적이고 유익한 발달적 세력을 나타내는 것으로 사용되었다. (The Kleinian Development)

성(性)

프로이트에 따르면, 성은 모든 것의 열쇠이다; 그러나 멜처는, 특별히 청소년들의 경우에, 심리성적 탐구와 변태를 구별하며, 그것의 의미를 찾을 수 있는 열쇠는 무의식적 환상—행동이 아니라—이라고 본다. (Sexual States of Mind)

폐소

투사적 동일시의 확장과 정교화로서, 내적 엄마의 세 신체 영역, 즉 성기, 직장(直腸), 머리-젖가슴 안으로 침범해 들어가는 동일시에 대한 설명.

거짓-성숙

알지 못함을 견디지 못하는, 폐소의 머리-젖가슴 방에서 사는데 따른 결과.

폭정

폐소의 직장의 방 안에서 사는 데 따른 가피학적 결과.

꿈-생활과 상징 형성

사고의 단계들에 대한 멜처의 견해(비온의 좌표에 의해 지원받는)는 "환상의 극장" 안에서 주인공으로 연기하는, 클라인이 말하는 부분-대상들(엄마의 또는 아버지의)의 드라마 위에 굳건히 세워져 있다. (Dream Life and Studies in Extended Metapsychology)

역전이 꿈

비온이 말하는 몽상과 동등한 멜처의 개념으로서, 그것이 현재 발생하는 상호적인 의사소통을 나타낼 경우, 그것은 정신분석적 작업을 위한 필수적인 마음의 상태이다. 그것은 엄마-아기 의사소통에 기초해 있다. (Meltzer, "Creativity and the countertransference", chapter 8 in M.H. Williams, The Vale of Soulmaking)

참고 문헌

Bick, E. (1968). The experience of the skin in early object relations. *International Journal of Psycho-analysis*, 49: 484-86. Reprinted in M. H. Williams (Ed.), *Collected Papers of Martha Harris and Esther Bick* (pp. 114-120). Perthshire: Clunie Press, 1987.

Bion, W. R. (1962). *Learning from Experience*. London: Heinemann.

Bion, W. R. (1965) *Transformations*. London: Heinemann.

Bion, W. R. (1967). *Second Thoughts*. London: Heinemann.

Bion, W. R. (1970). *Attention and Interpretation*. London: Tavistock.

Bion, W. R. (1977). *Seven Servants*. New York: Aronson (reprints *Learning from Experience*, *Elements of Psycho-analysis, Transformations, and Attention and Interpretation*).

W. R. Bion (1991). *A Memoir of the Future* (first published 3 vols. 1975 – 79). Single volume edition London: Karnac.

Bronte, E. (1847). *Wuthering Heights*. Ed. D. Daiches, Harmondsworth: Penguin, 1965.

Breuer, J., & Freud, S. (1895). *Studies on Hysteria S.E.*, 2.

Cassese, S. F. (2002). *An Introduction to the Work of Donald Meltzer*. London: Karnac.

Cassirer, E. (1923) *The Philosophy of Symbolic Forms*. Vol. 1: *Language*, trans. R. Manheim. New Haven: Yale University Press, 1955.

R. Castella, C. Tabbia, & L. Farre (Eds.). *Supervisions with Donald Meltzer*. London: Karnac, 2003.

Field, N. (Ed.). *Ten Lectures on Psychotherapy and Spirituality*. Karnac, 2005.

Freud, S. (1900). *The Interpretation of Dreams*. S.E., 4-5. London: Hogarth.

Freud, S. (1911). Formulations on the two principles of mental functioning. *S.E*, 12: 218-26. London: Hogarth.

Freud, S. (1917). *Mourning and Melancholia. S.E.*, 14: 239-58. London: Hogarth.

Freud, S. (1918). *From the history of an infantile neurosis. S.E.*, 17:7-122. London: Hogarth.

Freud, S. (1923). *The Ego and the Id. S.E.*, 19:3-66. London: Hogarth.

Glover, N. (2009). *Psychoanalytic Aesthetics*. London: Harris Meltzer Trust.

Gosso, S. (2004). *Psychoanalysis and Art: Kleinian Perspectives*. London: Karnac.

Hahn, A. (1994). (Ed.). *Sincerity: Collected papers of Donald Meltzer*. London: Karnac.

Harris, M. (1978). The individual in the group: on learning to work with the psycho-analytical method. In M. H. Williams (Ed.), *Collected Papers of Martha Harris and Esther Bick* (pp. 322-39). Perthshire: Clunie Press, 1987.

Isaacs, S. (1952) The nature and function of phantasy. In: J. Riviere (Ed.), *Developments in Psycho-analysis* (pp. 67-121). London: Hogarth.

Kierkegaard, S. (1941). *Fear and Trembling*. Princeton University Press.

Klein, M. (1932). *The Psycho-Analysis of Children*. London: Hogarth.

Klein, M. (1946). Notes on some schizoid mechanisms. In: M. Klein, P. Heimann, S. Isaacs & J. Riviere (Eds.), *Developments in Psycho-Analysis* (pp. 292-230). London: Hogarth, 1952.

Klein, M. (1957) *Envy and Gratitude*. London: Hogarth.

Klein, M. (1951). *Narrative of a Child Analysis*. London: Hogarth.

Langer, S. (1942). *Philosophy in a New Key*. Cambridge Mass: Harvard University Press.

Meltzer, D. (1967). *The Psycho-Analytical Process*. London: Heinemann. Reprinted: Harris Meltzer Trust, 2008.

Meltzer, D. (1973a). *Sexual States of Mind*. Perthshire: Clunie Press. Reprinted: Harris Meltzer Trust, 2008.

Meltzer, D. (1973b). Routine and inspired interpretations. In: A. Hahn (Ed.), 1994, pp. 290-306.

Meltzer, D. (1975). *Explorations in Autism*. Perthshire: Clunie Press. Reprinted: Harris Meltzer Trust, 2008.

Meltzer, D. (1976). Temperature and distance as technical dimensions of interpretation. In: A. Hahn (Ed.), 1994, pp. 374-86.

Meltzer, D. (1978). *The Kleinian Development*. 3 vols. Single-volume edition. Perthshire: Clunie Press. Reprinted: Harris Meltzer Trust, 2008.

Meltzer, D. (1981). Does Money-Kyrle' s concept of "misconception" have any unique descriptive power? In: A. Hahn (Ed.), 1994, pp. 496-513.

Meltzer, D. (1983). *Dream Life*. Perthshire: Clunie Press. Reprinted: Harris Meltzer Trust, 2009.

Meltzer, D. (1986). *Studies in Extended Metapsychology: Clinical Applications of Bion's Ideas*. Perthshire: Clunie Press. Reprinted: Harris Meltzer Trust, 2008.

Meltzer, D. (1992). *The Claustrum*. Perthshire: Clunie Press. Reprinted: Harris Meltzer Trust, 2008.

Meltzer, D. (1995a). Thought disorders. Unpublished lecture. Ed. R. Oelsner.

Meltzer, D. (1995b). Talk on Bion's Grid. In press, in: C. Mawson (Ed.), *Bion Today*. London: Routledge, 2010.

Meltzer, D. (1997a). The evolution of object relations. *British Journal of Psychotherapy* 14(1): 60-66.

Meltzer, D. (1997b). Concerning signs and symbols. *British Journal of Psychotherapy 14(*2): 175-81.

Meltzer, D. (2003). Good Luck. In: R. Castella, C. Tabbia & L. Farre (2003), pp. 315-24. London: Karnac.

Meltzer, D. and Harris, M. (1976). A Psychoanalytical Model of the Child-in-the-Family-in-the-Community. In: A. Hahn (Ed.), 1994, pp. 387-54.

Meltzer, D. & Williams, M.H. (1988). *The Apprehension of Beauty: the Role of Aesthetic Conflict in Development, Art and Violence*. New edition: Harris Meltzer Trust, 2008.

Meltzer, D. & Stokes, A. (1963). Concerning the social basis of art. Reprinted in: D. Meltzer & M. H. Williams (1988), pp. 206-26.

Money-Kyrie, R. (1968). Cognitive Development. *International Journal of Psycho-analysis*, 49: 691-98. Reprinted in: D. Meltzer (Ed.), *Collected Papers of Roger Money-Kyrle* (pp. 416-433). Perthshire: Clunie Press, 1978.

Paine, T. (1776). *The Crisis*. Reprinted in Collected Writings of Thomas Paine. New York: Classic House Books, 2009.

Phillips, H.B. (1960). (Ed.). *Felix Frankfurter Reminisces*. New York: Reynal.

Pinter, H. (1959). **The Birthday Party**. New York: Grove Press.

Porter, K. A. (1962). *Ship of Fools*. New York: Little Brown.

Rousseau, J. (1762). *The Social Contract*. Trans. M. Cranston. Harmondsworth: Penguin, 1968.

Segal, H. (1952). A psycho-analytical approach to aesthetics. *International Journal of Psycho-analysis,* 33: 196-207. Reprinted in S. Gosso (Ed.), 2004, pp. 42-61.

Sharpe, E. F. (1937). *Dream Analysis*. London: Hogarth Press.

Stokes, A. (1963). *Painting and the Inner World*. London: Tavistock.

Sullivan, H. S. (1953). *The interpersonal theory of psychiatry*. New York: Norton.

Thoreau, H. D. (1949). On the duty of civil disobedience. [Resistance to civil government.] In: E. Peabody (Ed.), *Aesthetic Papers* (pp. 189-213). Boston: The Editor.

Williams, M. H. (1986). Knowing the mystery: against reductionism. *Encounter*, 67 (June): 48-53.

Williams, M. H. (2005). *The Vale of Soulmaking: the Post-Kleinian Model of the Mind*. London: Karnac.

Wittgenstein, L. A. P. (1922). *Tractatus Logico-Philosophicus*. London: R and K Paul.

Wittgenstein, L. (1953). *Philosophical Investigations*. Oxford: Blackwell.

색 인

ㅂ

ㅇ

ㅈ

ㅊ

ㅎ

한국심리치료연구소 총서

순수 심리치료 분야

놀이와 현실
Playing and Reality
by D. W. Winnicott / 이재훈

울타리와 공간
Boundary & Space
by D. Wallbridge
& M. Davis / 이재훈

유아의 심리적 탄생
Psychological Birth
of the Human Infant
by M. Mahler & F. Pine / 이재훈

꿈상징 사전
Dictionary of Dream Symbols
by Eric Ackroyd / 김병준

그림놀이를 통한 어린이 심리치료
Therapeutic Consultation
in Child Psychiatry
by D. W. Winnicott / 이재훈

자기의 분석
The Analysis of the Self
by Heinz Kohut / 이재훈

편집증과 심리치료
Psychotherapy
& the Paranoid Process
by W. W. Meissner / 이재훈

멜라니 클라인
Melanie Klein
by Hanna Segal / 이재훈

정신분석학적 대상관계이론
Object Relations
in Psychoanalytic Theories
by J. Greenberg & S. Mitchell / 이재훈

프로이트 이후
Freud & Beyond
by S. Mitchell & M. Black
/ 이재훈 · 이해리 공역

성숙과정과 촉진적 환경
Maturational Processes
& Facilitating Environment
by D. W. Winnicott / 이재훈

참자기
The Search for the Real Self
by J.F. Masterson / 임혜련

내면세계와 외부현실
Internal World & External Reality
by Otto Kernberg / 이재훈

자폐아동을 위한 심리치료
The Protective Shell in Children and Adult by Frances Tustin / 이재훈외

박탈과 비행
Deprivation & Delinquency
by D. W. Winnicott / 이재훈외

교육, 허무주의, 생존
Education, Nihilism, Survival
by D. Holbrook / 이재훈외

대상관계 개인치료 Ⅰ · Ⅱ
Object Relations Individual Therapy by Jill Savege Scharff & David E. Scharff / 이재훈 · 김석도 공역

정신분석 용어사전
Psychoanalytic Terms and Concepts
Ed. by Moore and Fine / 이재훈 외

하인즈 코헛과 자기심리학
H. Kohut and the Psychology of the Self
by Allen M. Siegel / 권명수

성격에 관한 정신분석학적 연구
Psychoanalytic Studies of the Personality by Ronald Fairbairn / 이재훈

대상관계 이론과 임상적 정신분석
Object Relations
& Clinical Psychoanalysis
by Otto Kernberg / 이재훈

나의 이성, 나의 감성
My Head and My Heart by De Gregorio, Jorge / 김미겸

환자에게서 배우기
Learning from the Patient by Patrick J. Casement / 김석도

의례의 과정
The Ritual Process
by Victor Turner / 박근원

순수 심리치료 분야

대상관계이론과 정신병리학
Object Relations Theories and Psychopathology by Frank Summers /이재훈

정신분석학 주요개념
Psychoanalysis : The Major Concepts, by Moore & Fine/이재훈

대상관계 단기치료
Object Relations Brief Therapy by Michael Stadter/이재훈 • 김도애

임상적 클라인
Clinical Klein by R. D. Hinshelwood/ 이재훈

살아있는 동반자
Live Company by Anne Alvalez /이재훈 외

대상관계 가족치료
Object Relations Family Therapy by Jill Savege Scharff & David E. Scharff/이재훈

대상관계 집단치료
Object Relations, the Self and the Group by Charles Ashbach & Victor L. Shermer/이재훈

스토리텔링을 통한 어린이 심리치료
Using Storytelling as a Therapeutic Tool with Children by Sunderland Margot/이재훈 외

아동 자폐증과 정신분석
Autismes De L'enfance by Roger Perron & Denys Ribas/권정아 • 안석

하인즈 코헛의 자기심리학 이야기 1/홍이화

초보자를 위한 대상관계 심리치료
The Primer of Object Relations Therapy by Jill & David Scharff/오규훈 • 이재훈

인격장애와 성도착에서 의공격성
Aggression and Perversions in Personality Disorders/이재훈 • 박동원

대상관계 단기부부치료
Short Term Object Relations Couple Therapy by James Donovan /이재훈 • 임영철

왜 정신분석인가?
Une Psychanalyse Pourquoi? by Roger Perron/표원경

애도
Mourning, Spirituality and Psychic Change by Susan Kavaler-Adler/이재훈

독이 든 양분
Toxic Nourishment by Michael Eigen/이재훈

무의식으로부터의 불꽃
Flames from the Unknown by Michael Eigen/이준호

정신분석학 주요개념 Ⅱ
Psychoanalysis : The Major Concepts, by Moore & Fine/이재훈

대상의 그림자
The Shadow of the Object by Christopher Bollas/이재훈 외

환기적 대상
The Evocative Object by Christopher Bollas/이재훈

끝없는 질문
The Infinite Question by Christopher Bollas/이재훈

순수 심리치료 분야

소아의학을 거쳐 정신분석학으로
Through Paediatrics to Psycho-Analysis by D. W. Winnicott/이재훈

감정이 중요해
Feeling Matters by Michael Eigen/이재훈

흑암의 빛줄기
A Beam of Intense Darkness by Grotstein/이재훈

C.G. 융과 후기 융학파
Jung and the post-Jungians by Andrew Samuels/김성민

깊이와의 접촉
Contact With the Depth by Michael Eigen/이재훈

심연의 화염
Flames From the Unconscious by Michael Eigen/이재훈

정신증의 핵
The Psychotic Core by Michael Eigen/이재훈

난 멀쩡해 도움 따윈 필요없어
I am not sick I Don't Need Help by Xavier Amador/최주언

분석적 장
The Analytic Field ed. Antonino Ferro & Roberto Basile/이재훈

신앙과 변형-마이클 아이건 서울 세미나 II-
Faith & Transformation by Michael Eigen Seoul Seminar II/이재훈

아스퍼거 아동으로 산다는 것은?
What is it like to be me? by Alenka Klemenc 외/이재훈

아기에게 말하기
Talking to Babies by Myriam Szejer, M.D./김유진 • 이재훈

자폐아동의 부모를 위한 101개의 도움말
101 Tips for Parents of Children with Autism by Arnold Miller and Theresa C. Smith/최주언

"그러나 동시에 또 다른 수준에서 I"
"But at the Same Time and on Another Level I" by James S. Grotstein/이재훈 외

C.G.융
C.G. Jung by Elie G. Humbert/김유빈

자폐적 변형
Autistic Transformations by Celia Fix Korbivcher/최윤숙/이재훈

상상을 위한 틀
A Framework for the Imaginary by Judith Mitrani/이재훈

정신분열증 치료와 모던정신분석
Modern Psychoanalysis of the Schizophrenic Patient by Hyman Spotnitz/이준호

100% 위니캇
100% Winnicott by Anne Lefèvre/김유빈

순수 심리치료 분야

"그러나 동시에 또 다른 수준에서"
"But at the Same Time and on Another Level II" by James S. Grotstein/
박동원 • 이재훈 외

정신분석과 이야기하기
Psychoanalysis as Therapy and Storytelling by Antonino Ferro/김유진 • 이재훈

비온 정신분석 사전
The Dictionary of the Work of Bion by Rafael E. Lopez-Corvo/이재훈

전이담기
Taking Transeference by Judth Mitrani/이재훈 • 최명균

가정, 우리 정신의 근원
Home is Where We Start From by Donald W. Winnicott/김유빈

내면의 삶
Inside Lives by Margot Waddell/
이재훈

상호주관적 과정과 무의식
Intersubjective Processes and the Unconscious by Lawrence J. Brown/
이재훈 • 김유진

숙고
Cogitation by Wilfred R. Bion/
이재훈

코헛의 프로이트 강의
Kohut's Freudian Vision by Heinz Kohut & Philip F. D. Seitz/이천영

아이, 가족, 그리고 외부 세계
The Child, the family, and the Outside World by D.W. Winnicott/이재훈

성서와 개성화
김재성

그들을 잡아 줘, 떨어지기 전에
Catch Them Before They Fall by Christopher Bollas/박미경 • 이재훈

정신분석 아카데미 씨리즈

성애적 사랑에서 나타나는 자기애와 대상애/문현아

싸이코패스는 누구인가?/박문현

영조, 사도세자, 정조, 그들은 왜/서정미

정신분석에서의 종결/윤종민

정신분열증, 그 환상의 세계로 가다/박순아

자폐적 대상에 대한 정신분석적 연구/이경숙

정신분석과 은유/문은정

사라짐의 의미/김명훈

제 4차 산업혁명에 대한 정신분석적 고찰/박보린

기독교 신앙과 관련된 심리치료 분야

종교와 무의식
Religion & Unconscious
by Ann & Barry Ulanov / 이재훈

희망의 목회상담
Hope in the Pastoral Care
& Counseling
by Andrew Lester / 신현복

살아있는 인간문서
The Living Human Document
by Charles Gerkin / 안석모

인간의 관계경험과 하나님경험
Human Relationship
& the Experience of God
by Michael St. Clair / 이재훈

신데렐라와 그 자매들
Cinderella and Her Sisters
by Ann & Barry Ulanov / 이재훈

현대정신분석학과 종교
Contemporary Psychoanalysis
& Religion
by James Jones / 유영권

살아있는 신의 탄생
The Birth of the Living God
by Ana-Maria Rizzuto / 이재훈

인간의 욕망과 기독교 복음
Les Evangiles au risque
de la Psychanalyse
by Françoise Dolto / 김성민

신학과 목회상담
Theology & Pastoral Counseling
by Debohra Hunsinger
/ 이재훈 · 신현복

성서와 정신
The Bible and the Psyche
by E. Edinger / 이재훈

목회와 성
Ministry and Sexuality
by G. L. Rediger / 유희동

상한 마음의 치유
Healing Wounded Emotions
by M. H. Padovani외 / 김성민 외

신경증의 치료와 기독교 신앙
Les Maladies Nerveuses et leur Guérison
by A. Lechler/ 김성민

전환기의 종교와 심리학
Religion and Psychology in Transition
by James Johns/이재훈

영성과 심리치료
Spirituality and Psychotherapy
by Ann Belford Ulanov/ 이재훈

치유의 상상력
The Healing Imagination
by Ann Belford Ulanov/ 이재훈

외상, 심리치료 그리고 목회신학
/ 김정선

그리스도인의 원형
The Christian Archetype
by Edward F. Edinger/ 이재훈

융의 심리학과 기독교 영성
De l'inconscient à Dieu: Ascèse Chrètienne et psychologie de C.G. Jung by Erna van de Winckel/ 김성민

정신분석과 기독교 신앙
les évangiles et la foi au risque de la psychanalyse
by Françoise Dolto/ 김성민

성서와 개성화
/김재성